古典文獻研究輯刊

四 編

潘美月・杜潔祥 主編

第 17 冊

《史記・五帝本紀》輯證

康 全 誠 著

荀悅《漢紀》之研究

曾 慶 生 著

國家圖書館出版品預行編目資料

《史記・五帝本紀》輯證 康全誠著／荀悅《漢紀》之研究 曾慶生著 — 初版 — 台北縣永和市：花木蘭文化出版社，2007〔民 96〕

序 2+ 目 2+124 面 + 目 2+134 面：19×26 公分
（古典文獻研究輯刊 四編：第 17 冊）
ISBN：978-986-6831-23-2（全套精裝）
ISBN：978-986-6831-10-2（精裝）
1. 史記－研究與考訂 2. 漢紀－研究與考訂
610.11   96004469

ISBN - 9866831102

古典文獻研究輯刊
四 編 第十七冊
ISBN：978-986-6831-10-2

《史記・五帝本紀》輯證
荀悅《漢紀》之研究

作 者	康全誠 曾慶生
主 編	潘美月 杜潔祥
企劃出版	北京大學文化資源研究中心
出 版	花木蘭文化出版社
發 行 所	花木蘭文化出版社
發 行 人	高小娟
聯絡地址	台北縣永和市中正路五九五號七樓之三
	電話：02-2923-1455／傳眞：02-2923-1452
電子信箱	sut81518@ms59.hinet.net
初 版	2007 年 3 月
定 價	四編 30 冊（精裝）新台幣 46,500 元

《史記・五帝本紀》輯證

康全誠　著

作者簡介

康全誠，臺灣省台南縣人，民國四十二年生。中國文化大學中文系、中國文學研究所碩士班、博士班畢業。曾兼任高雄海洋科技大學副教授，現為遠東科技大學通識教育中心專任副教授，教授易經、台灣民俗文化、大一國文。著有《清代易學八家研究》等書。

提　　要

　　古來有關五帝之說，各家略有不同；約可分兩大系：其一，黃帝、顓頊、帝嚳、堯、舜。《大戴禮記‧五帝德》、《世本》、《史記‧五帝本紀》主之，《呂氏春秋》高《注》、〈五帝本紀‧正義〉引譙周、應劭、宋均說皆同。其二，大暤、炎帝、黃帝、少暤、顓頊，《呂氏春秋‧十二紀》及《禮記‧月令》，《淮南子‧天文訓篇》主之，《漢書‧魏相傳》載魏相所奏亦同。太史公撰《五帝本紀》，資料採掇之方，本網羅天下放失舊聞，並擇言雅馴者；張守節《正義》曰：太史公依《世本》、《大戴禮》作〈五帝本紀〉。然以秦火之後，古史事物多為泯沒，往後諸家傳說紛紜，若覺若夢，亦為神異。審覽先秦百家之言，古史故事、神話記載暨後世史籍著作零碎，而頗多可采。及有清一代，樸學大師輩出，其於《史記》著述甚為可觀；梁玉繩之於考訂，王念孫之於訓詁，張文虎之於校勘，崔適之於辨偽；近世日人瀧川資言之《會注考證》，張森楷之《新校注稿》，皆有功遷史。本文創作之旨有二：一是為求統理之功，故有黃帝、顓頊、帝嚳三帝史料之輯證。二是因太史公述堯、舜〈本紀〉，取材多本《尚書‧堯典》，兼採《孟子》、《左傳》、民間傳說。史遷取材《尚書》，引用《書》文，輒以假借字、訓詁字代今傳《尚書》。故今較諸經史，考辨其文句異同，循經義訓詁之用，以探源史遷《尚書》學之梗概，明其採錄《尚書》，多本歐陽一家也。

　　本文共分七章，前三章乃輯錄上古黃帝、顓頊、帝嚳之史料，以證史遷取材多本《大戴禮記‧五帝德》之說。另採擷諸家訓釋、《路史外紀》、唐宋類書，以正《三家注》、《考證》之失，補苴罅漏，疏通證明，重為詮次。復以錢賓四先生《史記地名考》重訂上古地名之今稱，俾明古今地理之沿革。第四、五章則因太史公博采經記，而為堯、舜〈本紀〉，故文中比合經史，俾明史遷以假借字代本字，本字代假借字，假借代假借字，訓詁字代經史，史文檃括經文諸例，並及《尚書》今古文之別。第六章為贊辭之疏證，第七章為結語，乃綜聚眾說，析論《尚書》今古文之學官始末，並汲深博覽，著以己見。結語之末，則輯史遷采錄尚書所用訓詁、假借諸例，彙選排比，以見大端。

目錄

序　言

　　古來有關五帝之說，各家略有不同；約可分兩大系：其一，黃帝、顓頊、帝嚳、堯、舜。《大戴禮記・五帝德》、《世本》、《史記・五帝本紀》主之，《呂氏春秋》高注五帝本紀正義引譙周、應劭、宋均說皆同。其二，大皞、炎帝、黃帝、少皞、顓頊，《呂氏春秋》十二紀及《禮記・月令》，《淮南子・天文訓》篇主之，《漢書・魏相傳》載魏相所奏亦同。太史公撰〈五帝本紀〉，資料採掇之方，本「網羅天下放失舊聞」，並擇言雅馴者；張守節《正義》曰：「太史公依《世本》、《大戴禮》作〈五帝本紀〉。」然以秦火之後，古史事物多爲泯沒，往後諸家傳說紛紜，若覺若夢，亦爲神異。審覽先秦百家之言，古史故事、神話記載暨後世史籍著作，實具零碎，而頗多可采。及有清一代，樸學大師輩出，其於《史記》著述甚爲可觀；梁玉繩之於考訂，王念孫之於訓詁，張文虎之於校勘、崔適之於辨偽；近世日人瀧川資言之《會注考證》、張森楷之《新校注稿》，皆有功遷史。茲爲求統理之功，故有黃帝、顓頊、帝嚳三帝史料之輯證。再則太史公述堯、舜本紀，取材多本《尚書・堯典》，兼採《孟子》、《左傳》、民間傳說。史遷取材《尚書》，引用《書》文，輒以假借字、訓詁字代今傳《尚書》。今較諸經史，考辨其文句異同，循經義訓詁之用，以探源史遷《尚書》學之梗概，明其採錄《尚書》，多本歐陽一家，此則著作斯篇之要旨也。

　　本篇前三章乃輯錄上古黃帝、顓頊、帝嚳之史料，以證史遷取材多本《大戴禮記・五帝德》之說。另採摭諸家訓釋、《路史・外紀》、唐宋類書，以正三家注、考證之失，補苴罅漏，疏通證明，重爲詮次。復以錢賓四先生《史記地名考》重訂上古地名之今稱，俾明古今地理之沿革也。

　　太史公博采經記，而爲堯、舜本紀，本篇四、五章則比合經史，俾明史遷以假借字代本字，本字代假借字，假借代假借字，訓詁字代經文，史文檃括經文諸例，並及《尚書》今古文之別。

　　《史記》所據《尚書》，本於今文歐陽之學，篇末結語則綜覈眾說，析論《尚書》今古文立學官始末，並汲深博覽，著以己見。結語之末，則輯史遷采錄《尚書》所用訓詁、假借諸例，彙選排比，以見大端。

　　子曰：「夏禮，吾能言之，杞不足徵也。殷禮，吾能言之，宋不足徵也。文獻不足故也。」太史公作〈五帝本紀〉，取孔子所傳〈五帝德〉及〈帝繫姓〉，而斥不雅馴之百家，余雖以旁搜遠紹上古佚存史料，詳加徵引，察覈考究，間附案語，微言《書》義於筆端；然椎輪大路，尚多闕遺；布濩星稠，未免疏漏。重以資質駑鈍，學識疏淺，草創之餘，幸蒙許師諄諄指正，教思無限，卒成斯篇，自度疏失難免，博雅君子，幸垂教焉。

　　　　　　　　中華民國六十八年六月康全誠謹識於華岡中國文學研究所

凡 例

一、本篇正文以北宋景祐監本爲據，蓋今傳《史記》刊本以北宋景祐本爲最早，
　　其內附裴駰《集解》，故兩者兼行采之。

二、本篇《集解》、《索隱》乃據南宋紹熙間黃善夫本，即涵芬樓百衲本廿四史《史
　　記》，宋刊《史記三家注》合者惟此爲第一，此除《集解》外，餘錄二家之注。

三、本篇除引錄三家注外，日人瀧川資言《史記會注考證》，久獲盛譽，亦撝用之，
　　與三家注皆書於正文之後。

四、本篇考證本所補《正義》，其文具在，若爲繁贅觭出者，不復錄出。苟三家注
　　文與《考證》本有所出入，則據水澤利忠《校補本》訂正之。

五、本篇案語，所輯上古史料，前人訓解注說及己意匡謬正訛者，條分例析，書
　　於正文暨輯注之後。

六、本篇前後體例略有不同；黃帝、顓頊、帝嚳三帝大抵爲上古史料之輯錄，並
　　間輔類書考證字句正誤。堯、舜二帝則以史公所據《尚書》，參以經學家注疏，
　　經史互較，探索文義脈絡，俾明史實，而統名曰「輯證」。

七、清人治學嚴謹，鈐鍵在握，說經皆較翔實。本篇於《史記》、《尚書》相較處，
　　多采孫星衍《尚書今古文注疏》、段玉裁《古文尚書撰異》、陳喬樅《今文尚
　　書經說考》、皮錫瑞《今文尚書考證》四家之言，以正史遷作史之意。

八、本篇有關假借字聲韻之考訂；古聲之歸類，蓋以蘄春黃氏古本聲十九紐爲據，
　　古韻之分部，則依段氏古音十七部諧聲表爲準。

九、《史記》校勘，張氏《新校注》、瀧川《會注考證》、水澤利忠《會注考證校補》
　　暨今人王叔岷先生《斠證》，已燦然大備，本篇皆依擇采，無待旁求。惟版本
　　名稱則本諸家原引簡稱，爲權輕重，全名無復刊錄。

第一章　黃　帝

　　黃帝者，少典之子，姓公孫，名曰軒轅。生而神靈，弱而能言，幼而徇齊，長而敦敏，成而聰明。

黃帝者，

集解：徐廣曰：「號有熊。」

索隱：案：有土德之瑞，土色黃，故稱黃帝，猶神農火德王而稱炎帝然也。此以黃帝爲五帝之首，蓋依《大戴禮・五帝德》。又譙周、宋均亦以爲然。而孔安國、皇甫謐《帝王代紀》及孫氏註《系本》並以伏羲、神農、黃帝爲三皇；少昊、高陽、高辛、唐、虞爲五帝。註「號有熊」者，以其本是有熊國君之子故也。都軒轅之丘，因以爲名，又以爲號，又據《左傳》，亦號帝鴻氏也。

正義：《輿地志》云：「涿鹿本名彭城，黃帝初都，遷有熊也。」按黃帝有熊國君，乃少典國君之次子，號曰有熊氏，又曰縉雲氏，又曰帝鴻氏，亦曰帝軒氏。母曰附寶，之祁野，見大電繞北斗樞星，感而懷孕，二十四月而生黃帝於壽丘。壽丘在魯東門之北，今在兗州曲阜縣東北六里，生日角龍顏，有景雲之瑞，以土德王，故曰黃帝。封泰山，禪亭亭，在牟陰。

案：《帝王世紀》：「黃帝有熊氏，少典之子，姬姓也。母曰附寶，其先即炎帝母家有嬌氏之女，世與少典氏婚，故《國語》兼稱焉。及神農氏之末，少典氏又取附寶，見大電光繞北斗樞星，照郊野，感附寶孕二十五月，生黃帝於壽邱。」（《初學記》一、《御覽》七引亦同）《路史・後紀》五注引《河圖握拒》云：「附寶之郊，見電繞斗樞星，照郊野，感而生軒。」《金樓子・興王篇》：「黃帝有熊氏，……少典之子。……少典娶有嬌女附寶，見大電光繞北斗樞星，

－1－

照郊野，附寶孕二十月生黃帝。」是知《正義》「祁」爲「郊」之譌。〔註1〕
又《路史‧後紀》六有帝鴻氏，次黃帝後，云釐姓，帝律生帝鴻，是爲帝休。
羅苹注云：「《山海經》以律爲黃帝字，則帝鴻是黃帝子也。」干寶《革命論》
云：「黃鴻世及以一民也，黃帝安得亦號帝鴻氏哉？」案羅說爲是，然《索
隱》說本杜預，而《集解》、杜說又本之賈逵，則沿誤久矣。〔註2〕清杭世駿
《史記考證》云：「牟陰，漢唐皆無其縣。《漢書‧地理志》，泰下郡鉅平縣
下云：有亭亭山祠。然則牟陰是鉅平二字之誤。」《正義》之說非是。

少典之子，

集解：譙周曰：「有熊國君，少典之子也。」皇甫謐曰：「有熊，今河南新鄭是也。」

索隱：少典者，諸侯國號，非人名也。又按：《國語》云：「少典娶有蟜氏女，而生
炎帝。」然則炎帝亦少典之子。炎黃二帝雖則相承，《帝王代紀》中間凡隔
八帝，五百餘年。若以少典是其父名，豈黃帝經五百餘年而始代炎帝後爲天
子乎？何其年之長也！又按：〈秦本紀〉云：「顓頊氏之裔孫曰女脩，吞玄鳥
之卵而生大業，大業娶少典氏而生柏翳」。明少典是國號，非人名也。黃帝
即少典氏後代之子孫，賈逵亦以《左傳》高陽氏有才子八人，亦謂其後代子
孫而稱爲子是也。譙同字允南，蜀人，魏散騎常侍，徵不拜。此註所引者，
是其人所著《古史考》之說也。皇甫謐字士安，晉人，號玄晏先生。今所引
者，是其所作《帝王世紀》也。

案：《國語‧晉語》：「昔少典取於有蟜氏，生黃帝炎帝。」韋昭注：「賈侍中云：『少
典，黃帝、炎帝之先；有蟜，諸侯也。炎帝，神農也。』虞唐云：『少典，
黃帝、炎帝之父。』」又揚子雲〈劇秦美新〉：「紹少典之苗，著黃虞之裔。」
呂向注：「黃帝，少典之子也。」（《增補六臣注文選》卷四十八）並與《集
解》之說同，《索隱》之說未允。

姓公孫，名曰軒轅。

索隱：按皇甫謐云：「黃帝生於壽丘，長於姬水，因以爲姓。居軒轅之丘，因以爲名，
又以爲號」。是本姓公孫，長居姬水，因改姓姬。

會注考證：《大戴禮‧帝繫篇》：「少典產軒轅，是爲黃帝。」博士家本《史記異字》，
引鄒誕生音云：「作軒冕之服，故曰軒轅。」愚按《大戴禮‧五帝德》，無姓

〔註1〕見王叔岷先生《史記斠證》，〈五帝本紀〉第一、頁19，載《中央研究院歷史語學研
　　　究所集刊》。
〔註2〕見張森楷《史記新校注稿》二百六十五卷，頁38，中國學典館復館籌備處印行。

公孫三字，未詳史公所本。崔述曰：「公孫者，公之孫也。公族未及三世則無民，氏之以公孫，非姓也，況上古之時，安有是哉？」

案：崔述之說是也。黃帝者，少典國君之後，故稱公孫，軒轅是其號。《漢書·律歷志》云：「黃帝始垂衣裳，有軒冕之服，故天下號曰軒轅氏。」然則黃帝何姓？曰姓姬，《國語》晉胥臣云：「黃帝以姬水成，」蓋炎帝之所賜也。黃帝何名？曰：不可考矣。《路史·後紀》載帝名字皆讖緯雜說，不足信爾。〔註3〕

生而神靈，弱而能言，

索隱：弱謂幼弱時也。蓋未合能言之時而黃帝即言，所以為神異也。潘岳有〈哀弱子篇〉，其子未七旬曰弱。

正義：言神異也。《易》曰：「陰陽不測之謂神」，《書》云：「人惟萬物之靈」，故謂之神靈也。

會注考證：林伯桐曰：「〈曲禮〉：二十曰弱，在幼之後。〈黃帝紀〉：弱而能言，則在幼之前，與〈曲禮〉不同。下文云：成而聰明，此成字，乃〈曲禮〉所謂弱也。」

案：《路史·後紀》五：「黃帝生而紫炁充房，身逾九尺，附函挺朶，脩髯花瘤，河目隆顙，日角龍顏。」此史遷所謂神靈也。《說文》：「嫋，弱也。」《釋名》釋長幼，人始生曰嬰兒。唐蘇鶚《蘇氏演義》曰：「兒者，嫋也。謂嬰兒嫋嫋，幼弱之象也。」（《永樂大典》引）蓋黃帝在始生為嬰兒時即能言，故謂弱而能言耳。〔註4〕

幼而徇齊，

集解：徐廣曰：「墨子曰：『年踰十五，則聰明心慮無不徇齊矣。』」駰案：徇，疾；齊，速也。言聖德幼而疾速也。

索隱：斯文未明。今案：徇，齊，皆德也。《書》曰：「聰明齊聖」，《左傳》曰：「子雖齊聖」，齊謂聖德齊肅。又按：《孔子家語》及《大戴禮》共作「叡齊」，一本作「慧齊」。叡，慧，皆智也。太史公採《大戴禮》而為此紀，今彼文無作徇者。《史記》舊本亦有作濬齊。蓋古字假借「徇」為「濬」，濬，深也，義亦並通。《爾雅》「齊」「速」俱訓為「疾」。《尚書大傳》曰：「多聞而齊給」。鄭注云：「齊，疾也」。今裴氏注云徇亦訓疾，未見所出。或當讀「徇」為迅，迅於《爾雅》與齊俱訓疾，則迅濬雖異字，而音同也。又《爾雅》曰：「宣，

〔註3〕見梁玉繩《史記志疑》三十六卷，頁7，學生版。
〔註4〕見施之勉先生《史記會注考證訂補》，頁1，華岡版。

徇，遍也。潛，通也」。是「遍」之與「通」義亦相近。言黃帝幼而才智周徧，且辯給也。故《墨子》亦云：「年踰五十，則聰明心慮不徇通矣」。俗本作十五，非是。按謂年老踰五十不聰明，何得云十五？

會注考證：查德基曰：「徇，當作佝；《說文》人部：佝，疾也。」徐鍇〈繫傳〉引《史記》：「幼而佝齊」，《群書治要》引同。張文虎曰：「如《索隱》所言，則相承作徇久矣。」

案：《素問‧上古天眞論》：「黃帝幼而徇齊，長而敦敏。」王冰注云：「徇，疾也。」《說文》無「徇」字，至六朝俗書从人从彳之字輒相爲亂，世人習見「徇」，罕見「佝」，自魏晉而後沿譌久矣，故王筠謂當據改正。〔註5〕

長而敦敏，成而聰明。

正義：成謂年二十冠，成人也。聰明，聞見明辯也。此以上至軒轅，皆《大戴禮》文。

會注考證：以上采〈五帝德〉。

案：《大戴禮‧五帝德》孔子曰：「黃帝，少典之子，曰軒轅。生而神靈，弱而能言，幼而慧齊，長而敦敏，成而聰明。」《孔子家語‧五帝德》引言亦與此相近。

軒轅之時，神農氏世衰。諸侯相侵伐，暴虐百姓，而神農氏弗能征。於是軒轅乃習用干戈，吕征不享，諸侯咸來賓從。而蚩尤最爲暴，莫能伐。炎帝欲侵陵諸侯，諸侯咸歸軒轅。軒轅乃修德振兵，治五氣，蓺五種，撫萬民，度四方，教熊羆貔貅貙虎，以與炎帝戰於阪泉之野。三戰，然後得其志。蚩尤作亂，不用帝命。於是黃帝乃徵師諸侯，與蚩尤戰於涿鹿之野，遂禽殺蚩尤。而諸侯咸尊軒轅爲天子，代神農氏，是爲黃帝。天下有不順者，黃帝從而征之，平者去之，披山通道，未嘗寧居。

軒轅之時，神農氏世衰。

集解：皇甫謐曰：「《易》稱庖犧氏沒，神農氏作，是爲炎帝。」班固曰：「教民耕農，故號曰神農。」

索隱：世衰，謂神農氏後代子孫道德衰薄，非指炎帝之身，即班固所謂「參盧」，皇甫謐所云：「帝榆罔」是也。

正義：《帝王世紀》云：「神農氏，姜姓也。母曰任姒，有蟜氏女，登爲少典妃，遊華陽，有神龍首，感生炎帝。人身牛首，長於姜水。有聖德，以火德王，故號炎帝。初都陳，又徙魯。又曰魁隗氏，又曰連山氏，又曰列山氏。」《括地志》云：「厲山在隨州隨縣北百里，山東有石穴。曰神農生於厲鄉，所謂列山氏也。春秋時爲厲國。」

會注考證：張文虎曰：「《正義》山東有石穴，曰神農生於厲鄉，疑有脫誤。」

　案：《漢書・律曆志》：「《易》曰：『炮犧氏沒，神農氏作。』言共工伯而不王，雖有水德，非其序也。以火承木，故爲炎帝。教民耕農，故天下號曰神農氏。」《淮南子・時則訓》：「南方之極，赤帝祝融之所司者萬二千里。」高誘注：「赤帝、炎帝，少典之子，號爲神農，南方火德之帝也。」《路史・後紀》三：「炎帝，神農氏，姓伊耆，一曰石年，是爲後帝皇君，炎精之君也。母安登感神於常羊，生神農於列山之石室。」此以炎帝、神農爲一，《御覽》七十八引《帝王世紀》說同。又案《正義》之言有脫誤，張文虎曰：「續漢《郡國志》南陽郡隨縣下注引《荆記》曰：『縣北界有重山，山有一穴，云是神農所生。』是說較完具。」〔註6〕

諸侯相侵伐，暴虐百姓，而神農氏弗能征。於是軒轅乃習用干戈，以征不享。

索隱：謂用干戈以征諸侯之不朝享者。本或作「亭」，亭訓直，以征諸侯之不直者。

會注考證：博士家本《史記異字》，引《楓山》、《三條》、《南化本》云：「能征之征，作正。」洪頤煊曰：《詩・韓奕》：「榦不庭方」，《國語・周語》：「以待不庭不虞之患」，《左氏》襄十六年傳：「同討不庭」，不亭乃不庭，古字通用。

　案：《御覽》三百四引能征之「征」亦作「正」，征猶正也。《國語・周語上》：「穆王將征犬戎。」韋昭注：「征，正也。」又《周本紀》云：「賓服者享、有不享則修文、予必以不享征之。」《大戴禮・五帝德》：「禹舉干戈以征不享、不庭、無道之民。」王聘珍《解詁》云：「《穀梁》昭三十二年傳曰：『諸侯不享、覲。』范甯注：『享、獻也。』」或本作「亭」未允。

諸侯咸來賓從。而蚩尤最爲暴，莫能伐。

集解：應劭曰：「蚩尤，古天子。」瓚曰：「《孔子三朝記》曰：『蚩尤，庶人之貪者』。」

索隱：按：此紀云：「諸侯相侵伐，蚩尤最爲暴」，則蚩尤非爲天子也。又《管子》曰：「蚩尤受盧山之金而作五兵」，明非庶人，蓋諸侯號也。劉向《別錄》云：

「孔子見魯哀公問政，比三朝，退而爲此記，故曰《三朝》。凡七篇，並入《大戴禮》」。今此文見〈用兵篇〉也。

正義：《龍魚河圖》云：「黃帝攝政，有蚩尤兄弟八十一人，並獸身人語，銅鐵額，食沙，造五兵仗刀戟大弩，威振天下，誅殺無道，萬民欽命黃帝行天子事，黃帝以仁義不能禁止蚩尤，乃仰天而歎。天遣玄女下授黃帝兵符，伏蚩尤，後天下復擾亂，黃帝遂畫蚩尤形像以威天下，咸謂蚩尤不死，八方皆爲殄滅。」《山海經》云：「黃帝令應龍攻蚩尤。蚩尤請風伯、雨師以從，大風雨。黃帝乃下天女曰魃，以止雨。雨止，遂殺蚩尤。」孔安國曰：「九黎君號蚩尤」是也。

會注考證：《尚書‧呂刑》：「蚩尤惟始作亂，延及於平民，罔不寇賊，鴟義姦宄，奪攘矯虔。」《呂氏春秋‧蕩兵篇》：「蚩尤作兵，非作兵也。未有蚩尤之時，民固剝林木以戰矣。」

案：《路史‧後紀》四注引《龍魚河圖》云：「黃帝之初，有蚩尤氏，兄弟七十二人，銅頭鐵額，食沙石，制五兵之器，變化雲霧。」梁任昉《述異記》上亦云：「軒轅之初立也，有蚩尤氏，兄弟七十二人。」並與《正義》作「八十一人」者異。又《管子‧地數篇》：「黃帝問於伯高曰：『吾欲陶天下而以爲一家，爲之有道乎？』伯高對曰：『山之見其榮者，君謹封而祭之。修教十年，而葛盧之山，發而出水，金從之，蚩尤受而制之，以爲劍鎧矛戟，是歲相兼者諸侯九。雍狐之山，發而出水，金從之，蚩尤受而制之，以爲雍狐之戟，芮戈，是歲相兼者諸侯十二。』」《世本‧作篇》：「蚩尤以金作兵器。」張澍輯注云：「《太白陰經》：『伏羲以木爲兵，神農以石爲兵，蚩尤以金爲兵。』」是兵起于大昊，蚩尤始以金爲之。」

炎帝欲侵陵諸侯，諸侯咸歸軒轅。軒轅乃修德振兵，

正義：振，整也。

案：炎帝即蚩尤。〔註7〕既曰神農氏弗能征，又稱炎帝欲侵陵諸侯，記事弗相類，知此炎帝非指神農而言。《路史》後紀四〈蚩尤傳〉：「阪泉氏蚩尤，姜姓，炎帝之裔也。……帝楡岡立，諸侯攜貳，胥伐虐弱，……蚩尤產亂出羊水，登九淖，以伐空桑，逐帝而居于濁鹿，興封禪，號炎帝。」應劭亦曰：「蚩尤古天子。」《逸周書‧史記解》云：「蚩尤逐帝楡岡而自立，號炎帝，亦曰阪泉氏。」是知蚩尤嘗襲炎帝之稱號，登天子王位。《文子》曰：「赤帝爲火

〔註7〕同註2書，頁43。

災。」《淮南子・兵略訓》：「炎帝爲火災，故黃帝擒之。」是火災者，蚩尤之所爲，故號炎帝也。〔註8〕

治五氣，

集解：王肅曰：「五行之氣。」

索隱：謂春甲乙木氣，夏丙丁火氣之屬，是五氣也。

案：周敦頤《太極圖說》：「陽變陰合，而生水、火、木、金、土。五氣順布，四時行焉。」

蓺五種，

集解：蓺，樹也。《詩》云：「蓺之荏菽」。《周禮》曰：「穀宜五種」。鄭玄曰：「五種，黍、稷、菽、麥、稻也。」

索隱：藝音蓺，藝，種也，樹也。五種即五穀也，音朱用反。此註所引見《詩・大雅・生民之篇》。《爾雅》云：「荏菽，戎也。」郭璞曰：「今之胡豆」，鄭氏曰：「豆之大者」是也。

正義：藝音魚曳反。種音腫。

會注考證：〈五帝德〉作設五量。

案：《周禮・夏官・職方氏》：「正北曰并州，……其穀宜五種。」鄭玄注：「五種，黍、稷、菽、麥、稻也。」《荀子・儒效篇》：「視墝肥，序五種。」楊倞注：「五種，黍、稷、豆、麥、麻。」《漢書・食貨志》：「種穀必雜五種，以備災害。」顏師古注：「種即五穀，謂黍、稷、麻、麥、豆也。」

撫萬民，度四方，

集解：王肅曰：「度四方而安撫之。」

正義：度音徒洛反。

案：《詩・大雅・下武》：「受天之祜，四方來賀。」孔穎達疏：「故四方諸侯之國皆貢獻慶之。」《周禮・夏官・訓方氏》：「掌道四方之政事。」鄭玄注：「四方，諸侯也。」《禮記・中庸》：「柔遠人則四方歸之。」孔穎達疏：「四方則蕃國也。」

教熊羆貔貅貙虎，

索隱：《書》云「如虎如貔」，《爾雅》云：「貔，白狐」，《禮》曰：「前有摯獸，則載貔貅」是也。《爾雅》又曰：「貙獌似狸」。此六者猛獸，可以教戰。《周禮》

〔註8〕見蒙文通《古史甄微》，頁39，商務版。

有服不氏，掌教擾猛獸。即古服牛乘馬，亦其類也。

正義：熊音雄。羆音碑。貔音毗。貅音休。貙音丑于反。羆如熊，黃白色。郭璞云：「貔，執夷，虎屬也。」按：言教士卒習戰，以猛獸之名名之，用威敵也。

會注考證：林伯桐曰：「《正義》之說最確，後世軍陣之名，實昉於此」。愚按林說雖巧，難從，史文但當以字解耳。

案：《論衡·率性篇》：「黃帝與炎帝爭爲天子，教熊羆貔虎以戰於阪泉之野。」〈吉驗篇〉：「黃帝長大率諸侯，諸侯歸之，教熊羆戰，以伐炎帝，炎帝敗績。」《列子·黃帝篇》：「黃帝與炎帝戰於阪泉之野，師熊羆狼豹貙虎爲前驅。」《劉子·閱武篇》：「貔貅戾獸，而黃帝教之戰。」王維楨曰：「教熊羆貔貅貙虎，上古聖人能馴擾禽獸，其理自然，不可謂其誣也。」軒轅以力使獸明矣，《正義》之說未允。

以與炎帝戰於阪泉之野。

集解：服虔曰：「阪泉，地名。」皇甫謐曰：「在上谷。」

正義：阪音白板反。《括地志》云：「阪泉，今名黃帝泉，在媯州懷戎縣東五十六里。出五里至涿鹿東北，與涿水合。又有涿鹿故城，在媯州東南五十里，本黃帝所都也。晉太康《地理志》云：『涿鹿城東一里有阪泉，上有黃帝祠』。」按阪泉之野則平野之地也。

會注考證：〈五帝德〉：炎帝作赤帝，僖二十五年《左傳》：「遇黃帝戰于阪泉之兆」，阪泉今在直隸保定境。

案：魯實先先生云：「《史記·五帝紀》言黃帝與炎帝戰於阪泉，與蚩尤戰于涿鹿，《莊子·盜跖篇》亦謂黃帝與蚩尤戰於涿鹿之野，《戰國策·秦策》蘇秦說秦惠王曰：『黃帝伐涿鹿而禽蚩尤』是古籍多以涿鹿之戰屬之蚩尤，不言戰於阪泉。案《新書·制不定篇》：『黃帝行道，炎帝不聽，故戰于涿鹿之野』。《漢書·刑法志》：『黃帝涿鹿之戰以定火災。』文穎注曰：『《國語》云：黃帝，炎帝弟也。炎帝號神農，火行也。』是古籍亦有言黃帝與炎帝戰于涿鹿者。可知阪泉、涿鹿之戰，或以屬蚩尤，或以屬炎帝，古有互易，蚩尤之說，諸書不同，有以爲炎帝臣者，有以爲神農臣者，詳見高步瀛《文選·李注義疏西京賦》。於是蚩尤秉鉞奮鬣，被般下據，此則黃帝與炎帝戰于阪泉，謂即蚩尤之事者，亦無不可。左氏僖廿五年《傳》：『晉侯使卜偃卜之，遇黃帝戰于阪泉之兆』，亦指蚩尤。《周書》《史記解》稱蚩尤曰阪泉氏。雷學淇《介庵經說》卷二謂大戴記所謂黃帝與赤帝戰於阪泉之野者，赤帝即是蚩尤，本

亦神農之後；〈五帝本紀〉謂黃帝先伐炎帝于阪泉，後伐蚩尤于涿鹿，誤矣。阪泉、涿鹿本是一地，梁氏《史記志疑》卷一亦謂阪泉之戰即涿鹿之戰。是《易林》言黃帝與蚩尤戰于阪泉，固爲古義。」〔註9〕蔣觀雲《中國人種考》亦以爲蚩尤逐炎帝而冒炎帝之號。〔註10〕

三戰，然後得其志。

正義：謂黃帝克炎帝之後。

會注考證：崔述曰：「《漢書・律歷志》以炎帝爲神農氏，太皞爲庖犧氏，後人纂古史，皆遵之無異詞。」以余考之，不然。《易傳》曰：「包犧氏沒，神農氏作；神農氏沒，黃帝堯舜氏作」，是庖犧神農在黃帝之前也。《春秋傳》曰：「黃帝氏以雲紀，炎帝氏以火紀，共工氏以水紀，太皞氏以龍紀」，是炎帝太皞在黃帝之後也。然則庖犧氏之非大皞，神農氏之非炎帝也明矣。《史記・五帝紀》曰：「軒轅氏之時，神農氏世衰，諸侯相侵伐，暴虐百姓，而神農氏弗能征。」又曰：「炎帝欲侵陵諸侯，軒轅乃脩德振兵，以與炎帝戰於阪泉之野，三戰，然後得其志。」夫神農氏既不能征諸侯矣，又安能侵陵諸侯？既云世衰矣，又何待三戰，然後得志乎？且前文言衰弱，凡兩稱神農氏，皆不言炎帝，後文言征戰，凡兩稱炎帝，皆不言神農氏；然則與黃帝戰者自炎帝，與神農無涉也。其後又云：諸侯尊軒轅爲天子，代神農氏，又不言炎帝；然則帝於黃帝之前者神農氏，與炎帝無涉也。《封禪書》云：「古者封泰山，禪梁父者七十二家，而夷吾所記者十有二焉。神農封泰山，禪云云，炎帝封泰山，禪云云。」夫十有二家中，既有神農，復有炎帝，其爲二人明甚，烏得以炎帝爲神農氏也哉！《戰國策》曰：「神農氏伐補遂，黃帝伐涿鹿而擒蚩尤」，亦列神農於黃帝前，而不云炎帝。《晉語》曰：「黃帝以姬水成，炎帝以姜水成」，亦列炎帝於黃帝後，而不云神農，神農之非炎帝也明矣。愚按治五氣、藝五種以下采〈五帝德〉，《慶長本》引《古鈔本》、《楓山》、《三條》、《南化本》，得下有行字。

案：《御覽》三百八引「得」下亦有「行」字，《大戴禮》，《金樓子》並同。

蚩尤作亂，不用帝命。

正義：言蚩尤不用黃帝之命也。

案：《御覽》九云：「蚩尤氏能徵風召雨，黃帝爭強，滅之中冀。」《類聚》十一、

〔註9〕見魯實先先生《史記會注考證駁議》，頁77、湘芬書局印行。
〔註10〕見河洛版《中國神話故事》，頁109。

《御覽》七十九引《龍魚河圖》:「萬民欲令黃帝行天子事,黃帝仁義,不能禁止蚩尤。」

於是黃帝乃徵師諸侯,與蚩尤戰於涿鹿之野,

集解:服虔曰:「涿鹿,山名,在涿郡。」張晏曰:「涿鹿在上谷。」

索隱:或作濁鹿,古今字異耳。按:《地理志》上谷有涿鹿縣,然則服虔云「在涿郡」者,誤也。

會注考證:涿鹿,今直隸宣化保安州南。

案:《莊子‧盜跖篇》:「黃帝不能致德,與蚩尤戰於涿鹿之野,流血百里。」《釋文》:「涿,本又作濁。司馬云:涿鹿,地名。故城在今上谷郡西南八十里也。」《淮南子‧兵略訓》:「黃帝戰於涿鹿之野。」許慎注:「黃帝與蚩尤戰於涿鹿。涿鹿,在上谷。」此上谷即今察哈爾涿鹿縣;然以古代征戰之迹言之,似嫌太遠。〔註11〕錢穆云:「注家說涿鹿在今察哈爾省之涿鹿縣,黃帝豈遽遠跡至此,《索隱》:『涿鹿或作濁鹿』,疑即山西解縣之濁澤也。《寰宇記》:『安邑縣南十八里有蚩尤城』。《安邑縣志》:『鹽池東南二里許有蚩尤村』,則黃帝戰蚩尤之傳說,最先當溯源於此。」〔註12〕今從此說。

遂禽殺蚩尤。

集解:《皇覽》曰:「蚩尤冢在東平郡壽張縣闞鄉城中,高七丈,民常十月祀之。有赤氣出,如匹絳帛,民名為蚩尤旗。肩髀冢在山陽郡鉅野縣重聚,大小與闞冢等。傳言黃帝與蚩尤戰於涿鹿之野,黃帝殺之,身體異處,故別葬之。」

索隱:按:皇甫謐云:「黃帝使應龍殺蚩尤于凶黎之谷」。或曰,黃帝斬蚩尤于中冀,因名其地曰「絕轡之野」。《皇覽》,書名也。記先代冢墓之處,宜皇王之省覽,故曰《皇覽》。是魏人王象,繆襲等所撰也。

會注考證:〈殷本紀〉引〈湯誥〉云:「昔蚩尤與其大夫作亂百姓」,《戰國策》:「黃帝伐涿鹿而擒蚩尤。」

案:《山海經‧荒北經》:「蚩尤作兵伐黃帝,黃帝及命應龍攻之冀州之野。應龍畜水,蚩尤請風伯雨師,縱大風雨。黃帝乃下天女曰魃,雨止,遂殺蚩尤。」《逸周書‧嘗麥解》:「赤帝命蚩尤宇少昊,以臨四方,蚩尤攻逐帝于涿鹿,黃帝乃執蚩尤殺之。」

而諸侯咸尊軒轅為天子,代神農氏,是為黃帝。天下有不順者,黃帝從

〔註11〕見開明版《先秦史》,頁59。
〔註12〕見錢穆先生《史記地名考》,頁27,龍門書店出版。

而征之，平者去之，

正義：平服者即去也。

案：《路史‧後紀》五：「黃帝年三十七，戮蚩尤于中冀，於是炎帝諸侯咸進委命，乃即帝位，都彭城。王承塡而土行，故色尚黃而天下號之黃帝。」《鹽鐵論》云：「軒轅戰涿鹿，殺兩暤蚩尤而爲帝。」崔豹《古今注》：「黃帝與蚩尤戰于涿鹿之野，蚩尤作大霧，兵士皆迷，於是作指南車以示四方，遂擒蚩尤而即帝位，故後常建焉。」又《御覽‧皇王部》引《蔣子‧萬機論》云：「黃帝之初，養性愛民，不好戰伐，而四帝各以方色，交共謀之。邊城日驚，介胄不釋。黃帝歎曰：『夫君危於上，民安於下；主失於國，其臣再嫁。厥病之由，非養寇邪？今處民萌之上，而四盜亢衡，遞震於師。』於是遂即營壘，以滅四帝。向令黃帝若不龍驤虎變，而與俗同道，則其民臣亦嫁於四帝矣。」（《繹史》引同）又《拾遺記》云：「軒轅去蚩尤之凶，遷其民善者於鄒屠之地，遷惡者於有北之鄉，其先以地名族，後爲鄒氏、屠氏。」此史遷所謂「平者去之」也。

披山通道，未嘗寧居。

集解：徐廣曰：「披，他本亦作陂。字蓋當爲詖。詖者，旁其邊之謂也。披語誠合今世，然古今不必同也。」

索隱：披音如字，謂披山林草木而行以通道也。徐廣音詖，恐稍紆也。

案：披，陂古相通。《說文》：「披，從旁持曰披。」段玉裁注引此文，並引徐廣注及《索隱》，云：「按：披，陂皆有『旁其邊』之意，中散能知之；而《索隱》云『披音如字，謂披山林草木而行以通道也。』此則司馬貞不知古義之言。」其說是也。〔註13〕

　　東至于海，登丸山，及岱宗。西至于空桐，登雞頭。南至于江，登熊、湘。北逐葷粥，合符釜山，而邑于涿鹿之阿。遷徙往來無常處，以師兵為營衛。官名皆以雲命，為雲師。置左右大監，監于萬國。萬國和，而鬼神山川封禪與為多焉。獲寶鼎，迎日推策。舉風后、力牧、常先、大鴻以治民。順天地之紀，幽明之占，死生之說，存亡之難。時播百穀草木，淳化鳥獸蟲蛾，旁羅日月星辰水波，土石金玉，勞動心力耳目，節用水火材物。有土德之瑞，

〔註13〕同註1，頁22。

故號黃帝。

東至于海，登丸山，

集解：徐廣曰：「丸一作凡。」駰案：《地理志》曰：「凡山在郎邪朱虛縣。」

索隱：丸音扶嚴反。

正義：丸音桓。《括地志》云：「丸山即丹山，在青州臨朐縣界朱虛故縣西北二十
里，丹水出焉。」凡音紈。守節：《括地志》唯有凡山，蓋凡山丸山是一山
耳。諸處字誤，或丸或凡也。《漢書‧郊祀志》云：「禪丸山」，顏師古云：「在
朱虛亦與《括地志》相合，明丸山是也。」

  案：〈封禪書〉：「風后、封巨、岐伯令黃帝封東泰山，禪凡山。」《漢書‧郊祀志》
引同「凡」，《路史‧後紀》五：「東薄海，禪凡山。」梁玉繩云：「凡乃古丸
字。」蓋丸字从反仄，隸變作凡，即 仄 轉爲凡，再變爲丸，此乃文字體形
之轉變次第。〔註 14〕。《記纂淵海》六引丸作「几」，几爲譌字。《初學記》
九引此文丸作桓，與《正義》音合。丸、桓在聲同屬來紐，在韻同屬桓部，
可相通假。

及岱宗。

正義：泰山，東岳也。在兗州博城縣西北三十里也。

  案：《白虎通‧巡狩》云：「東方爲岱宗者何？言萬物更相代於東方也。」《風俗通
義‧山澤》云：「岱者，長也。萬物之始，陰陽交代，雲觸石而出，膚寸而
合，不崇朝而徧雨天下，其惟泰山乎，故爲五嶽之長。」

西至于空桐，

集解：應劭曰：「山名。」韋昭曰：「在隴西。」

  案：《列子‧湯問篇》：「唯黃帝與容成子居空峒之上。」《莊子‧在宥篇》：「黃帝
立爲天子十九年，令行天下，聞廣成子在於空同之上，故往見之。」成玄英
疏、《路史‧後紀》五注引「空同」並作「空桐」；而《藝文類聚》七、《初
學記》九，《御覽》四四、七九，《記纂淵海》、《一切經音義》八五，《北堂
書鈔》一二、八五，《藝文類聚》七八引「空桐」皆作「崆峒」。蓋字形之異
乃流俗累增字之故也。空桐即在今甘肅平涼縣西三十里處。〔註 15〕

登雞頭。

〔註 14〕同註 2，頁 47。

〔註 15〕見張其昀先生，《中華五千年史》，頁 25，中國新聞出版公司印行。

索隱：山名也。後漢王孟塞雞頭道，在隴西。一曰崆峒山之別名。

正義：《括地志》云：「空桐山在肅州祿福縣東南六十里。《抱朴子·內篇》云：『黃帝西見中黃子，受九品之方，過空桐，從廣成子受自然之經』，即此山。」《括地志》：「又云笄頭山一名崆峒山，在原州平陽縣西百里，〈禹貢〉涇水所出。《輿地志》云或即雞頭山也。酈元云蓋大隴山異名也。《莊子》云廣成子學道崆峒山，黃帝問道於廣成子，蓋在此。」按：二處崆峒皆云黃帝登之，未詳熟是。

會注考證：成孺曰：「崆峒古祗作空桐，當是隴西地名，非山也。《史記》於丸山岱宗雞頭熊湘，竝繫以登，而東至于海，西至于空桐，南至于江，空桐但與江漢類列，則其爲地名而非山可知。韋昭曰：『在隴右。』《索隱》前說云：『在隴西』，最合。應劭及《索隱》後說竝非也。」

案：《御覽》四十四及七十九兩引此文並作登雞頭山，《路史·後記》五作款笄屯，羅苹注云：「即鎮戎之空桐山，俗呼雞頭山。」雞頭一名笄頭，一作汧屯，又名薄洛；《淮南子·墜形訓》：「涇出薄洛之山。」高誘注：「薄落之山，一名笄頭山。」《漢志》：「涇陽縣，开頭在西，涇水所出。」《括地志》、《元和志》、《寰宇記》皆云雞頭山在平高縣西百里，與今涇水發源處不合；西當作南，山當在今平涼西北固原界。〔註16〕成氏說空桐，山以地名，甚允。

南至于江，登熊湘。

集解：〈封禪書〉曰：「南伐至于召陵，登熊山。」《地理志》曰：「湘山在長沙益陽縣。」

正義：〈括地志〉云：「熊耳山在商州洛縣西十里，齊桓公登之以望江漢也。湘山一名編山，在岳州巴陵縣南十八里也。」

會注考證：成孺曰：「黃帝所登熊耳與湘山相近，自當以在益陽者爲是，《集解》以桓公所登者釋之，誤。」

案：王駿圖云：「《春秋》僖四年，盟于召陵。杜預曰：『潁川縣也』。今名召陵岡，在河南郾城縣東三十五里。〈封禪書〉：『南伐至召陵，登熊耳山，以望江漢』。考〈封禪書〉之熊耳山即《漢志》所稱弘農郡盧氏熊耳山在東者是。若黃帝所登熊山，亦名熊耳山，在今湖南益陽縣西。黃帝所登熊耳與湘山相近，自當以在益陽者爲是，而《集解》復引〈封禪書〉桓公所登者釋之，亦誤。至《正義》引《括地志》曰：在商州上洛西，齊桓公登之以望江漢，此

熊耳則《漢志》所稱弘農上雒熊耳，獲輿山在東北者也，今在陝西商州西南，在宜陽熊耳西南數百里外，去召陵陘山太遠，非桓公所登明矣。湘山，《漢志》謂在益陽北，《正義》則以編山當之。考〈秦始皇本紀〉：『浮江，至湘山祠。逢大風，幾不得渡。上問博士曰：湘君何神？博士對曰：聞之，堯女，舜之妻，而葬此。於是始皇大怒，使刑徒三千人皆伐湘山樹，赭其山。』《水經‧湘水注》：『洞庭湖中有君山編（編）山。湘君之所遊處。故曰君山，東北對編山，兩山相次數十里。』據此則湘山編山本屬二山，湘山自是君山之別名，《正義》合湘山編山而一之，殆更非也。」〔註17〕近人錢穆云：「熊湘乃一山耳，熊湘正當在今襄城縣境。莊子謂黃帝遊襄城之野而七聖皆迷。今襄城縣南五里有首山，山脈迤邐，直接嵩華。舊說黃帝所遊疑即熊湘而後人迷失其名耳。」〔註18〕此說為長，今從之。

北逐葷粥，

集解：〈匈奴傳〉曰：「唐虞以上有山戎，獫狁、葷粥、居于北蠻。」

索隱：匈奴別名也，唐虞已上曰山戎，亦曰薰粥，夏曰淳維，殷曰鬼方，周曰獫狁，漢曰匈奴。

正義：葷音薰。粥音育。

 案：《孟子‧梁惠王下》：「惟智者為能以小事大，故太王事獯鬻。」葷、獯在聲同屬曉紐，在韻同屬文部；粥、鬻，在聲同屬喻紐，在韻同屬屋部，同音通段。《藝文類聚》七引葷粥作獯鬻，同。《初學記》亦引「葷」作「獯」。

合符釜山，

索隱：合諸侯符契圭瑞，而朝之於釜山，猶禹會諸侯於塗山然也。又按：郭子橫《洞冥記》稱東方朔云：「東海大明之墟有釜山，山出瑞雲，應王者之符命」，如堯時有赤雲之祥之類。蓋黃帝黃雲之瑞，故曰「合符應於釜山」也。

正義：《括地志》云：「釜山在嬀州懷戎縣北三里，山上有舜廟。」

 案：河南閿鄉縣南二十五里有荊山，山下有鑄鼎，傳說即黃帝採首陽之銅鑄鼎處，其山亦名覆釜山。〔註19〕《路史‧後紀》五羅苹注：「合符者，合諸侯之瑞也。如虞帝之集瑞，傳所謂黃帝合而不死者釜山，覆釜山也。昔魏明元獵牛川，發釜山，臨儵繁之水而南觀乎九十九泉是矣。在荊山之前，帝鑄鼎處，

〔註17〕見王駿圖、王駿觀《史記舊注平議》，頁1，正中版。
〔註18〕同註12，頁29。
〔註19〕同註12書，頁31。

《索隱》及引郭子橫說，以爲在東海中妄也。」又《一統志》：荊山，在河南陝州閿鄉縣南三十五里；《唐志》：湖城有覆金山，一名荊山。〔註20〕

而邑于涿鹿之阿。

正義：廣平曰阿。涿鹿，山名，已見上。涿鹿故城在山下，即黃帝所都之邑於山下平地。

　案：《爾雅・釋地》：「廣平曰原，高平曰陸，大陸曰阜，大阜曰陵，大陵曰阿。」〈釋丘〉曰：「偏高，阿丘。」劉熙《釋名》：「阿，荷也。如人擔荷物，一邊偏高也。」《正義》謂帝都在涿鹿山下平地，未允，當爲偏高之義。

遷徙往來無常處，以師兵爲營衛。

正義：環繞軍兵爲營以自衛，若轅門即其遺象。

　案：《史記評林》引有井範平云：「『遷徙往來無常處』句，暗含未嘗寧居之意。」《孫子・軍爭篇》曹公注：以車爲營曰轅門。

官名皆以雲命，爲雲師。

集解：應劭曰：「黃帝受命，有雲瑞，故以雲紀事也。春官爲青雲，夏官爲縉雲，秋官爲白雲，冬官爲黑雲，中官爲黃雲。」張晏曰：「黃帝有景雲之應，因以名師與官。」

會注考證：昭公十七年《左傳》引郯子言曰：「昔者黃帝氏以雲紀官，故爲雲師而雲命。」史公所本，又見《家語・辨物篇》。

　案：《孔子家語・辨物篇》：「郯子朝魯，魯人問曰：『少昊氏以鳥名官，何也？』對曰：吾祖也。我知之，昔黃帝以雲紀官，故爲雲師而雲名。」景雲見以雲紀官蓋在帝二十年。其象爲：「有景雲之瑞，赤方氣與青方氣相連。赤方中有兩星，青方中有一星，凡三星皆黃色，以天清明時見於攝提，名曰景星。」〔註21〕

置左右大監，監于萬國。

正義：監，上監去聲，下監平聲。若周邵分陝也。

　案：王嘉《拾遺記》：「黃帝置四史以主圖籍，使九行之士以統萬國。九行者，孝、慈、文、信、言、忠、恭、勇、義，以觀天地，以祠萬靈，亦爲九德之臣，詔令百辟群臣受德教者，先列珪玉於蘭蒲席上，然沈榆之香，春雜寶爲屑，以沈榆之膠和之，爲泥以塗地，分別尊卑華戎之位也。」（《繹史》卷五引）

〔註20〕同註4，頁5。
〔註21〕見《古今圖書集成・，皇極典第七卷・帝紀部》，頁63，文星版。

崔述則以此文致上下文爲營衛，置大監，皆言兵事者。〔註22〕此說較允。

萬國和，而鬼神山川封禪與爲多焉。

集解：徐廣曰：「多，一作朋。」

索隱：與音羊汝反。與猶許也。言萬國和同，而鬼神山川封禪祭祀之事，自古以來帝皇之中，推許黃帝以爲多，多猶大也。

會注考證：中井積德曰：「言鬼神封禪之事，於其政理中許多也。」徐孚遠曰：「此皆武帝時方士附會，詳在〈封禪書〉中，〈本紀〉略舉其遠。」

案：〈封禪書〉：「封禪七十二王，唯黃帝得上太山封。黃帝時萬諸侯，而神靈之封居七千。天下名山八，而三在蠻夷，五在中國。中國華山、首山、太室、泰山、東萊，此五山黃帝之所常游，與神會。黃帝且戰且學僊。患百姓非其道者，乃斷斬非鬼神者。百餘歲然後得與神通。黃帝郊雍上帝，宿三月。鬼臾區號大鴻，死葬雍，故鴻冢是也。其後黃帝接萬靈明廷。明廷者，甘泉也。」又《河圖挺佐輔》云：「黃帝脩德立義，天下大治，乃召天老而問焉？余夢見兩龍挺白圖以授余於河之都。天老曰：『河出龍圖，洛出龜書，紀帝錄列聖人之姓號，興謀治太平，然後鳳凰處之。今鳳凰以下三百六十日矣，天其授帝圖乎？』黃帝乃祓齋七日，至於翠嬀之川，大鱸魚折溜而至，乃興天老迎之，五色畢具，魚汎白圖，蘭葉朱文，以授黃帝，名曰錄圖。」太史公所謂山川封禪與爲多者，蓋即此類也。〔註23〕

獲寶鼎，迎日推策。

集解：晉灼曰：「策，數也，迎數之也。」瓚曰：「日月朔望未來而推之，故曰迎日。」

索隱：〈封禪書〉曰：「黃帝得寶鼎神策」，下云「於是推策迎日」，則神策者，神蓍也。黃帝得蓍以推筭歷數，於是逆知節氣日辰之將來，故曰推策迎日也。

正義：筴音策。迎，逆也。黃帝受神筴，大橈造甲子，容成造歷是也。

案：〈封禪書〉、《漢書・郊祀志》云：「黃帝作寶鼎三，象天地人。」〈孝武本紀〉：「黃帝得寶鼎宛侯，問於鬼臾區。區對曰：『黃帝得寶鼎神筴，是歲己酉朔旦冬至，得天之紀，終而復始。』於是黃帝迎日推筴。」筴乃策之通假字。至於迎日推筴之人。《呂氏春秋・勿躬篇》：「大撓作甲子，黔如作虜首，容成作麻，羲和作占日，尚儀作占月，后益作占歲。」《淮南子・修務訓》：「昔者蒼頡作書，容成造歷。」《世本》又謂：「黃帝使羲和占日，常儀占月，臾

〔註22〕見崔述《史記探源》，頁2，廣文版。
〔註23〕見凌稚隆《輯評史記評林》一百三十卷，〈五帝本紀〉頁4，蘭臺版。

—16—

區占星氣，伶倫造律呂，大撓作甲子，隸首作算數，容成綜六律而著調曆。」（《史記‧曆書‧索隱》引）是推策者皆黃帝之臣，惟創作之功而歸於其主耳。〔註24〕

舉風后、力牧、常先、大鴻，以治民。

集解：鄭玄曰：「風后，黃帝三公也。」班固曰：「力牧，黃帝相也。」大鴻，見〈封禪書〉。

正義：舉，任用。四人皆帝臣也。《帝王世紀》云：「黃帝夢大風吹天下之塵垢皆去，又夢人執千鈞之弩，驅羊萬群。帝寤而嘆曰：『風為號令，執政者也。垢去土，后在也。天下豈有姓風名后者哉？夫千鈞之弩，異力者也。驅羊數萬群，能牧民為善者也。天下豈有姓力名牧者也？』於是依二占而求之，得風后於海隅，登以為相，得力牧於大澤，進以為將。黃帝因著《占夢經》十一卷。」〈藝文志〉云：「《風后兵法》十三篇，圖三卷，《孤虛》二十卷，《力牧兵法》十五篇。」鄭玄云：「風后，黃帝之三公也。」按：黃帝仰天地置列侯眾官，以風后配上台，天老配中台，五聖配下台，謂之三公也。〈封禪書〉云：「鬼臾區號大鴻，黃帝大臣也。死葬雍，故鴻冢是。」〈藝文志〉云：「《鬼容區兵法》三篇也。」

會注考證：崔述曰：「黃炎之世，卿相之名，未有見於傳者，則四人恐亦後人託言，縱使有之，而其時未有典冊，則兵法非其所著明矣。」

案：風后者，《後漢書‧張衡傳》注引《春秋內事》曰：「黃帝師於風后，風后善於伏羲氏之道，故推演陰陽之事。」《管子‧五行篇》：「黃帝得六相而天地治，神明至。蚩尤明乎天道，故使為當時。太常察乎地利，故使為廩者。奢龍辯乎東方，故使為工師。祝融辯乎南方，故使為司徒，大封辯於西方，故使為司馬。后土辯乎北方，故使為李。」此大封為司馬，掌兵事，與風后蓋為一人。力牧者；《淮南子‧覽冥訓》：「昔者黃帝治天下，而力牧、太山稽輔之。」高誘注：「力牧，太山稽，黃帝師。孟子曰：王者師臣也。」而力牧亦有作力墨者；陶潛〈集聖賢羣輔錄上〉引《論語摘輔象》云：「力墨受準斥。」宋均注：「準斥凡事也。力墨或作力牧。」又作力黑者；《御覽》八二引《詩含神霧》云：「禹之興，黑，風會紀。」注：「黑，力黑也。風，風后也，並黃帝臣。」《廣雅‧釋器》：「墨，黑也。」故牧、墨、黑古字通用，人必同一。常先者；《路史‧後紀》五：「恆先為司空，建九法。」《白孔六

帖》：「恆常先爲大司馬，掌建邦之九法。」恆、常義近可通，《六帖》並舉
者，爲兩存之也。〔註25〕

順天地之紀，

正義：言黃帝順天地陰陽四時之紀也。

會注考證：李笠曰：順字蒙下三句，《爾雅‧釋詁》：順，陳也。

　案：《史記評林》引有井範平曰：「順天地之紀處，與前軒轅乃修德云云，相映作
　　　致。」今從之。

幽明之占，

正義：幽，陰；明，陽也。占，數也。言陰陽五行，黃帝占數而知之。此文見《大戴
　　　禮》。

會注考證：〈五帝德〉、《家語》，占作故。李笠曰：占疑是故之爛文。

　案：《大戴禮》、《家語‧五帝德》：「幽明之故」，《路史‧後紀》五亦作：「知幽明
　　　生死之故」。王叔岷《斠證》云：「占蓋古之誤，古猶故也。《爾雅‧釋詁》：
　　　『古，故也。』」

死生之說，

集解：徐廣：「一云：『幽明之數，合死生之說。』」

正義：說謂儀制也。民之生死。此謂作儀制禮則之說。

　案：《家語‧五帝德》作「達生死存亡之說」，《路史‧後紀》六注引「死生」亦作
　　　「生死」，此與下文存亡之難，文理較合。

存亡之難，

索隱：存亡猶安危也。易曰「危者安其位，亡者保其存」是也。難猶說也。凡事是
　　　非未盡，假以往來之詞，則曰難。又上文有「死生之說」，故此云「存亡之
　　　難」，所以韓非著書有〈說林〉、〈說難〉也。

正義：難音乃憚反。存亡猶生死也。黃帝之前，未有衣裳屋宇。及黃帝造屋宇，制
　　　衣服，營殯葬，萬民故免存亡之難。

會注考證：李笠曰：「《家語》云：『以順天地之紀，知幽明之故，達死生存亡之說。』
　　　曰知曰達亦即陳順之意，以死生存亡和作一句者，避說字之複也。」小司馬云：
　　　難猶說是矣。然韓子〈說難〉謂游說之不易，辨難之義，與彼無涉，愚按難猶
　　　變也。

―――――――

〔註25〕同註1，頁24。

案：《正義》之說，增字解經，未允，《索隱》之說得之。〔註26〕

時播百穀草木，

集解：王肅曰：「時，是也。」

索隱：爲一句。

正義：言順四時之所置而布種百穀草木也。

會注考證：時讀爲蒔。

案：《家語》作「播時百穀」。《集解》引《家語》王肅注：「時，是也。」則所據正文亦必作「播時」，若作「時播」則無緣訓時爲是矣。本篇下文「汝后稷播時百穀。」（《書·堯典》同。）《集解》引鄭玄曰：「時讀曰蒔。」《廣雅·釋地》：「蒔，種也。」此文時亦當訓種，於義爲長。

淳化鳥獸蟲蛾，

索隱：爲一句。蛾音牛綺反。一作豸。豸言淳化廣被及之。

正義：蛾音魚起反。又音豸，豸音直氏反。蟻，蚍蜉也。爾雅曰：「有足曰蟲，無足曰豸。」

會注考證：索隱豸下脫音，言字當在化字下。

案：《大戴禮·五帝德》：「故教化淳鳥獸昆蟲」。此「教」字殆爲衍文。「淳」當作「醇」，《易》「萬物化醇」，言萬物變化而精醇也。朱子《本義》醇謂厚而凝也，音常倫切又朱倫切。《周禮·考工記》：「鍾氏淳而漬之。」鄭玄注：「淳，沃也。」與淳化義近。〔註27〕又蛾，《索隱》音「牛綺反」，《正義》音「魚起反」。並讀爲螘，惟據《正義》：「蟻，蚍蜉也。」則似讀蛾爲蟻。《說文》：「螘，蚍蜉也。」《禮記·學記》：「蛾子時術之。」鄭玄注：「蛾，蚍蜉也。」蛾與螘同。蟻，俗字也。〔註28〕

旁羅日月星辰水波土石金玉，

集解：徐廣曰：「波一作沃。」

索隱：旁，非一方。羅，廣布也。今按：《大戴禮》作「歷離」。離即羅也。言旁德旁羅日月星辰水波，及至土石金玉。謂日月揚光，海水不波，山不藏珍，皆是帝德廣被也。

正義：旁羅猶遍布也。日月，陰陽時節也。星，二十八宿也。辰，日月所會也。水

〔註26〕同註2，頁53。

〔註27〕同註2。

〔註28〕同註1，頁25。

波，瀾漪也。言天不異災，土無別害，水少波浪，山出珍寶。

會注考證：凌稚隆曰：「旁羅乃測天度之器，如今之日晷地羅也。」愚按百穀草木，
　　鳥獸蟲蛾，日月星辰土石金玉，心力耳目，水火材物，皆物；時播、淳化、
　　旁羅、水波、勞勤、節用，皆事。水波未詳；或云：水，壞字扁旁存者，波
　　當從徐氏一本作沃。《大戴禮》作「極畋」，阮氏《補注》云：「畋，治也。」
　　極，言至於四邊，亦不通。

　　案：《說文》：「旁，溥也。」《廣雅‧釋詁》：「旁，廣也。」《家語》作「考日月星
　　辰」，是旁羅有廣汎考測之意，非測天之器。《拾遺記》：「軒轅考定曆紀，以
　　玉律正璇衡。」《路史‧後紀》五：「黃帝命臾區蓲占星，羲和占日，尚儀占
　　月，車區占風。」等皆可證其事，凌說未允。又水疑㢈之壞字，波當從一本
　　作沃。沃之作波，由水字聯想而誤耳。㢈借為窮極字；《呂氏春秋‧大樂篇》：
　　「極則復反。」高誘注：「極，窮。」《大戴禮》作「極」是也。《詩‧衛風‧
　　氓》：「其葉沃若」，朱熹《傳》：「沃若，潤澤貌。」「潤澤」謂之沃，「潤澤
　　之」亦謂之沃。「㢈沃土石金玉」猶言「窮潤土石金玉」也。〔註29〕

勞動心力耳目，節用水火材物。

正義：節，時節也。水，陂障決洩也。火，山野禁放也。材，木也。物，事也。言
　　黃帝教民，江湖陂澤山林原隰皆牧採禁補以時，用之有節，令得其利也。《大
　　戴禮》云：「宰我問於孔子曰：『予聞榮伊曰黃帝三百年。請問黃帝者人耶？
　　何以至三百年？』孔子曰：『勞動心力耳目，節用水火林物，生而民得其利
　　百年，死而民畏其神百年，亡而民用其教百年，故曰三百年也。』」

會注考證：中井積德曰：「材物是一件泛稱。」愚按順天地之紀以下采〈五帝德〉。

　　案：《冊府元龜》卷五十六引「勞動」作「勤勞」，《說文》：「勤，勞也。」勞勤當
　　為複語。又《家語‧五帝德》、《冊府元龜》五十八引「材物」作「財物」，
　　材、財古字通用。《黃帝內傳》云：「帝升為天子，地獻草木，述耕種之利，
　　因之以廣耕種。」（《繹史》卷五引）譙周《古史考》：「黃帝作釜甑，始蒸穀
　　為飯，蒸穀為粥。」此則所謂節用水火材物也。

有土德之瑞，故號黃帝。

索隱：炎帝火，黃帝土代之，即「黃龍地螾見」是也。螾，土精，大五六圍，長十
　　餘丈。螾音引。

正義：螾音以刃反。

會注考證：《呂氏春秋・應同篇》：「黃帝之時，天先見大螾大螻。黃帝曰：『土氣勝』，土氣勝；故其色尚黃，其事則土。」《史記・封禪書》云：「黃帝得土德，黃龍地螾見。」崔述曰：「近代纂古史者咸云：伏羲以木德王，神農以火德王，黃帝以土德王，少皞以金德王，顓頊以水德王，帝嚳堯舜以降，皆以五行，周而復始。」余按：帝王之興，果以五行終始，則此乃天下之大事也。二帝之典，三王之誓誥必有言之者，即不言，若《易》、《春秋傳》，窮陰陽之變，徵黃炎之事，述神怪之說詳矣。猶絕無一言及之，然則是戰國以前原無此說也明矣。〈洪範〉曰：「水曰潤下，火曰炎上，木曰曲直，金曰從革，土爰稼穡。」不言其為帝王受命之符也。夫天下之事，孰有大於帝王受命者，曲直從革之屬抑末矣。何故舍其大者不言而但言其細者乎？《傳》曰：「黃帝氏以雲紀，炎帝氏以火紀，共工氏以水紀，大皞氏以龍紀，少皞氏以鳥紀」，是帝王之興，各因物以取義，不必於五行也。各因義以立名，無所謂終始也，不然以水以火可矣。以雲龍鳥何說焉？《傳》曰：「陳，水族也。」又曰：「衛，顓頊之虛也。」其星為大水，此自謂顓頊之應乎水耳，非謂帝王皆以五行相終始也。若皆以五行相終始，則舜以土德王，何以論陳者，不近係之舜之土，而反遠係之顓頊之水乎？夫五行之說，昉於〈洪範〉，上古帝王之事，詳於《春秋傳》，〈洪範〉不言，《春秋傳》之說不合，然則是為五德終始之說者，乃異端之說，而非聖賢之旨也明矣。五德終始之說，起於鄒衍，而其施諸朝廷政令，則在秦并天下之初，《史記・封禪書》及〈始皇本紀〉、〈孟子荀卿列傳〉言之詳矣。其說以為黃帝得土德，黃龍地螾見，夏得木德，青龍止於郊，殷得金德，銀自山溢，周得火德，有赤鳥之符，皆以所不勝者遞推之。是以秦之代周，自謂水德，而漢賈誼公孫臣，皆謂漢當土德，太初改制，服色尚黃，用衍說也。蓋自周道既衰，異端並起，大略分為六術，《史記・自敘》所謂儒墨道德名法陰陽是也。而衍以陰陽專門名家，《漢志》九流，次陰陽於道家法家之間，而其書目有《騶子》四十九篇，《騶子終始》五十六篇。《史記》亦云：「騶衍以陰陽主運顯於諸侯，燕齊海上之方士傳其術，怪迂阿諛苟合之徒，自此不可勝數也」。則是司馬遷固已非之矣，且龍止銀溢，皆荒唐無可證，赤鳥之符雖見於河內女子之〈泰誓〉，然白魚入舟，不又為金德乎？此固大雅君子所不道也。以秦之愚，至於焚《詩》《書》求神仙，其為衍說所欺固宜，後之學者，何為而亦為其所欺耶！

案：土螻獸名，《山海經・西山經》：「昆侖之丘有獸焉，其狀如羊而四角，名曰土螻，是食人。」《竹書紀年》注有大螻如羊，即土螻也。魏公卿上尊號，奏

有熊之興，地出大螻，是土德之應也。王嘉《拾遺記》稱：「軒轅母曰昊樞，以戊巳之日生，故以土德王，有黃星之祥，是稱黃帝。」然崔述曰：「各本中云有土德之瑞，故號黃帝，此非太史公言也，是時尙無五德說。然則黃字之義何居？《白虎通義・號篇》曰：『黃者，十和之色，自然之性，萬事不易，黃帝始作制，得其中和，故稱黃帝也。』〈諡篇〉曰：『黃帝始制法度，得道之中，萬世不易，後世雖聖莫能與同也。後世德與天同，亦得稱帝，不能制作，故不得復稱黃帝。』然則黃帝稱黃，豈與蒼赤白黑爲輩乎？土德之言，依〈三統歷〉竄入也，今正。」〔註30〕崔說爲長。

黃帝二十五子，其得姓者十四人。黃帝居軒轅丘，而娶於西陵之女，是爲螺祖。螺祖爲黃帝正妃，生二子，其後皆有天下：其一曰玄囂，是爲青陽，青陽降居江水；其二曰昌意，降居若水。昌意娶蜀山氏女，曰昌僕，生高陽，高陽有聖德焉。黃帝崩，葬橋山。其孫昌意之子高陽立，是爲帝顓頊也。

黃帝二十五子，其得姓者十四人。

索隱：舊解破四爲三，言得姓十三人耳。今按：《國語・胥臣》云：「黃帝之子二十五宗，其得姓者十四人，爲十二姓，姬、酉、祁、己、滕、葳、任、荀、僖、姞、儇、依是也。唯青陽與夷鼓同己姓。」又云「青陽與蒼林爲姬姓」。上則十四人爲十二姓，前儒共疑。其姬姓青陽當爲玄囂，是帝嚳祖本與黃帝同姬姓。其《國語》上文青陽，即是少昊金天氏爲已姓者耳。既理在不疑，無煩四爲三。

正義：僖音力其反，姞其吉反，儇音在宣反。

會注考證：黃帝二十五子以下，本〈晉語〉胥臣言。崔述曰：「上古之時，人情樸略，容有未受姓者，故因錫土而遂賜之。所以〈禹貢〉有錫土姓之文，非每人皆賜之以姓也，安有同父而異姓者哉？姓也者生也，有姓者所以辨其所由生也。苟同父而各姓其姓，則所由生者無可辨，有姓曷取焉。且十二姓之見於傳者，姬祁己任姞五姓而已，然皆相爲昏姻，后稷取於姞，王季取於任，春秋時，晉之欒與祁昏，魯之孟與己昏，而姬劉祁范乃世爲昏姻，皆無譏者，果同祖也，可爲昏乎？若同祖者，易其姓而即可爲昏，則吳之孟子何譏焉。《春秋傳》云：『任宿須句顓臾，風姓也，實司大皞與有濟之祀。』又云：『炎

〔註30〕同註22。

帝爲火師，姜姓其後也』，觀其文皆似古帝王之子孫，世守其姓而不改者，唯虞後本姚姓，而陳乃嬀姓，故晉史趙以爲周之所賜，蓋偶然之事，時或有他故焉。要之嬀猶姚耳，非姚與嬀之遂可以相爲昏也。自《國語》始有一人子孫分爲數姓之說，而《大戴記》從而衍之，《史記》又從而采之，遂謂唐虞三代共出一祖，而帝王之族姓，遂亂雜而失其眞矣。然則是誣古聖而惑後儒者，皆《國語》爲之濫觴也。」

案：《國語‧晉語》：「黃帝之子二十五人，其同姓者二人而已；惟青陽與夷鼓皆爲己姓。青陽，方雷氏之甥也；夷鼓，彤魚氏之甥也。其同生而異姓者，四母之子，別爲十二姓。凡黃帝之子二十五宗，其得姓者十四人，爲十二姓：姬、酉、祁、己、滕、葴、任、荀、僖、姞、儇、依是也。惟青陽與蒼林氏同于黃帝，故皆爲姬姓；同德之難如是也。」《國語》說略有矛盾。〔註31〕考《路史》作：「黃帝子二十五，別姓者十二。」羅苹注以祁、酉、滕、葴、任、荀、釐、結、儇、依及二紀爲十一姓。二紀謂青陽、夷皷，餘循姬姓，與此之姬己在列爲十二姓及青陽、夷鼓同己姓；又青陽、蒼林同姬者異。青陽非姬姓，史公既承《國語》之誤，小司馬又仍之，實則別姓及二己之外，餘並同姬姓耳。〔註32〕又《路史‧後紀》五荀、僖、嬛並作苟、釐、儇。《廣韻》上聲四十五厚引《國語》荀正作苟，釐爲僖之叚借；釐、僖同屬段氏古音第一部，可相通叚。今本《國語》嬛亦作儇；嬛、儇在聲同屬曉紐，在韻同屬段氏古音第十四部，可相通叚。

黃帝居軒轅之丘，

集解：皇甫謐曰：「受國於有熊，居軒轅之丘，故因以爲名，又以爲號。《山海經》曰：『在窮山之際，西射之南。』」張晏曰：「作軒冕之服，故謂之軒轅。」

案：《山海經‧海外西經》：「軒轅之國，在此窮山之際，女子國北，窮山在其北，不敢西射，畏軒轅之丘。」郭璞注：「言敬畏黃帝威靈，故不敢向西而射也。」《集解》以爲射爲地名、殊誤。〈西山經〉云：「玉山西四百八十里，曰軒轅之邱。」軒轅之丘蓋今河南新鄭縣西北，即古有熊氏地也。

〔註31〕見林乾祐著〈國語中之五帝——黃帝顓頊帝嚳堯舜─及禹〉一文。引言：「從這兩段記載看起來，我們發現兩個矛盾點：第一，『黃帝之子二十五人，其同姓者二人而已』。這一句話如果正確，那末，『其得姓者十四人，爲十二姓，』便是錯誤，因爲應該有十三姓。第二，開頭明明寫著『惟青陽與夷鼓皆爲己姓』，接著又寫：『惟青陽與蒼林氏同于黃帝，故皆爲姬姓。』那末，青陽可爲己姓，同時又可爲姬姓了，難道二十五人中有兩個青陽嗎？」

〔註32〕同註2，頁55。

而娶於西陵之女，是爲嫘祖。

集解：徐廣曰：「祖，一作俎。嫘，力追反。」

正義：西陵，國名也。嫘一作傫。

會注考證：陵下氏字，各本脫，依《古鈔本》、《楓山本》、《三條本》、及《御覽》引
　　　　《史記補》，《大戴禮‧帝繫篇》亦有。

　案：王念孫《史記雜志》云：「西陵下脫氏字，下文昌意娶蜀山氏女，帝嚳娶陳鋒
　　　氏女，皆有氏字，《太平御覽‧皇王部‧皇親部》，引此並作西陵氏，《大戴
　　　禮‧帝繫篇》亦作西陵氏。」又案：《正義》引嫘一作傫，《路史》作儽，傫
　　　即儽之省；《御覽》七九引嫘下注云：「音纍。」一三五引嫘作累，引《帝王
　　　世紀》亦同。

嫘祖爲黃帝正妃，生二子，其後皆有天下：

索隱：按：黃帝立四妃，象后妃四星。皇甫謐云：「元妃西陵氏女，曰累祖，生昌意。
　　　次妃方雷氏女，曰女節，生青陽。次妃彤魚氏女，生夷鼓，一名蒼林。次妃
　　　嫫母，班在三人之下。」按：《國語》夷鼓、蒼林是二人。又按：《漢書‧古
　　　今人表》彤魚氏生夷鼓，嫫母生蒼林，不得如謐所說。太史公乃據《大戴禮》，
　　　以累祖生昌意及玄囂，玄囂即青陽也。皇甫謐以青陽爲少昊，乃方雷氏所生，
　　　是其所見異也。

　案：《路史》言儽祖生昌意、玄囂、龍苗、則是三子，非二子也。然龍苗已不經見，
　　　殆以其後未有天下，故諸記載皆略不及也。〔註33〕

其一曰玄囂，是爲青陽，

索隱：玄囂，帝嚳之祖。按皇甫謐及宋衷皆云玄囂青陽即少昊也。今此紀下云「玄
　　　囂不得在帝位」，則太史公意青陽非少昊明矣。而此又云「玄囂是爲青陽」，
　　　當是誤也。謂二人皆黃帝子，並列其名，所以前史因誤以玄囂青陽爲一人耳。
　　　宋衷又云：「玄囂青陽是爲少昊，繼黃帝立者，而史不敘，蓋少昊金德王，
　　　非五運之次，故敘五帝不數之也。」

　案：雷學淇曰：「案〈晉語〉：黃帝子有兩青陽。一與夷鼓同爲己姓，一與倉林同
　　　爲姬姓。姬姓者，黃帝元妃西陵氏之女嫘祖所生，即玄囂也，不得在帝位，
　　　降居江水。昔楚人獻青陽以西于秦，即今湖南長沙等處古湘江地。茶陵雲陽
　　　山有青陽冢，蓋玄囂實因于此。己姓者，黃帝次妃方雷氏之女女節所生，名
　　　質，即清陽也。其裔孫代軒轅氏有天下，即帝摯己。故《漢書‧律曆志》引

〔註33〕同註2，頁56。

考德曰：『少昊曰清。清者，黃帝之子清陽也。是其子孫名摯，立；土生金，故爲金德，天下號曰金天氏。』曹植帝少昊贊曰：『祖自軒轅，青陽之裔；金德承土，鳳儀帝世。』是帝摯，爲清陽之裔子，明矣。蓋青者地名，山南曰陽，水北亦曰陽。黃帝子質，初居少昊而邑于清，即春秋時晉之清邑也。故逸書謂之少昊清，諸侯以國爲號，國在清之陽，故曰清陽。青清古字通。故質與玄囂，同爲青陽也。《春秋》隱公四年經曰『公及宋公遇于清』，地在今山東東阿縣東北。《圖經》謂青州等地，古少昊地。此則帝摯之所居也。《尸子》謂金天氏邑于窮桑。杜預皇甫謐皆謂窮桑在魯北。考魯北，正古之青齊地，而東阿亦在魯北。是質以後，自少昊之清，遷居東土。故摯自窮桑躋帝位，徙都曲阜也。少昊之王天下，不止帝摯一世。《春秋緯》言少昊傳八世，殆非盡誣。」〔註34〕

青陽降居江水，

正義：《括地志》云：「安陽故城在豫州新恩縣西南八十里。應劭云古江國也，《地理志》亦云安陽古江國也。」

會注考證：〈帝繫篇〉；江水作泜水。

案：《御覽》七九、《路史·發揮》三引青陽二字並未疊用，此處殆衍文。《路史·後紀》五又云：「玄囂姬姓，降居泜水。」注云：「《史記》：『玄囂降居江水』，江水即泜水，今之湔泜水。」考《漢書·地理志》蜀郡湔氐道下，「禹貢；崏山在西徼外，江水所出」。緜虒縣下云：「玉壘山，湔水所出」。此不云更有泜水，亦不聞更有湔泜水。今岷江流經崇慶新津間，土人謂之南河，即是岷江水上流，當即此江水也。〔註35〕

其二曰昌意，降居若水。

索隱：降，下也。言帝子爲諸侯，降居江水。江水、若水皆在蜀，即所封國也。《水經》曰：「水出旄牛徼外，東南至故關爲若水，南過邛都，又東北至朱提縣爲盧江水。」是蜀有此二水也。

案：《漢書·地理志》：「若水出旄牛、徼外，南至大莋入繩。」酈道元《水經·若水》注：「若水沿流間關蜀土，黃帝長子昌意，德劣不足紹承大位，降居斯水，爲諸侯焉。」今四川打箭爐廳西南二百八十五里有鴉龍江，即古若水。（《汲冢紀年存眞》引）小司馬引水經謂蜀有此二水，其意蓋以盧江爲江水，

〔註34〕同註4，頁8。
〔註35〕同註2，頁57。

不知瀘江在朱提爲今敘府宜賓縣西南，地在故蜀州南數百里，西北距故若水國千餘里，不可從也。〔註36〕

昌意娶蜀山氏女，曰昌僕，生高陽，

會注考證：黃帝居軒轅以下采〈帝繫〉，《古鈔》、《楓山》、《三條》、《南化本》、《慶長本》標記引《鄒誕本》，僕作漢，與〈帝繫〉合。

案：《路史‧後紀》八昌僕作景僕。注云：「一作景僕，即史云昌僕。《大戴禮》作昌僕。《搜神記‧帝紀》作景僕。」《御覽》一三五引《史記》亦作昌僕。今本《大戴禮‧帝繫篇》作昌濮。《藝文類聚》十一，《初學記》九、《御覽》七九引《帝王世紀》並作景僕。僕、濮、僕古相通。

高陽有聖德焉。

正義：《華陽國志》及《十三州志》云：「蜀之先肇於人皇之際。黃帝爲子昌意娶蜀山氏，後子孫因封焉。帝顓頊高陽氏，黃帝之孫，昌意之子，毋曰昌僕，亦謂之女樞。」《河圖》云：「瑤光如蜺貫月，正白，感女樞於幽房之官，生顓頊，首戴干戈，有德文也。」

案：張文虎所引《宋本》「德」字作「悳」；悳，古德字。《正義》引《河圖》云云，又見《初學記》九、《御覽》七九，顓頊上並有「黑帝」二字。《潛夫論‧五德志》亦云：「搖光如月，正白，感女樞幽防之宮，生黑帝顓頊。」

黃帝崩，

集解：皇甫謐曰：「在位百年而崩，年百一十一歲。」

索隱：按《大戴禮》：「宰我問孔子曰：『榮伊言黃帝三百年，請問黃帝何人也？抑非人也？何以至三百年乎？』對曰：『生而人得其利百年，死而人畏其神百年，亡而人用其教百年。』」則士安之說略可憑矣。

正義：《列仙傳》云：「軒轅自擇亡日與羣臣辭。還葬橋山，山崩，棺空，唯有劍舄在棺焉。」

會注考證：林伯桐曰：「《史記》於〈黃帝紀〉最愼，所謂擇其言尤雅者也。《正義》於蚩尤則引《龍魚河圖》，於風后力牧則引《帝王世紀》，於黃帝崩則引《列仙傳》，皆不雅馴之言，豈史公之意乎？」

案：〈封禪書〉：「黃帝采首山銅，鑄鼎於荆山下。鼎既成，有龍垂胡頷下迎黃帝。黃帝上騎，羣臣後宮從上者七十餘人，龍乃上去。」乘龍昇天，或乃秦漢方

〔註36〕同註2，頁58。

士之說，此言黃帝崩，下述葬橋山，當可祛後世之疑。〔註37〕

葬橋山，

集解：《皇覽》曰：「黃帝冢在上郡橋山。」

索隱：《地理志》橋山在上郡同陽縣，山有黃帝冢。

正義：《括地志》云：「黃帝陵在寧州羅川縣東八十里子午山。」《地理志》云：「上
　　　郡陽周縣橋山南有黃帝冢。」按：陽周，隋改爲罷川。《爾雅》云：「山銳而
　　　高曰橋也。」

　案：《論衡‧道虛篇》：「黃帝葬於橋山。」顧祖禹《讀史方輿紀要‧陝西‧延安府》：
　　　「橋山在縣治北，亦曰子午山，亦曰子午嶺，自慶陽府境綿亙於延安西，其
　　　南麓跨於縣界。《志》云：沮水至縣北，穿山而過，因以橋名，相傳黃帝葬
　　　衣冠於此。」《冊府元龜》：「唐大曆五年，鄜坊節度使上言坊州有軒轅黃帝
　　　陵，請置廟列祀典。」《寰宇記》：「橋山在坊州西二里。」唐宋坊州即今中
　　　部縣，屬陝西省。〔註38〕此橋陵之地分也。

其孫昌意之子高陽立，是爲帝顓頊也。

　案：《汲冢紀年存眞》：「黃帝死七年，其臣左徹乃立顓頊。」朱右曾《輯錄》：「黃
　　　帝之後尚有少昊金天氏，顓頊繼少昊而登帝位，左氏有明證也，此與《史記》
　　　並略金天一代，蓋洪荒邃古傳聞異詞。」此說甚允；《山海經‧海內經》亦
　　　云：「黃帝妻雷祖生昌意，昌意降處若水，生韓流。韓流擢首謹耳，人面豕
　　　喙，麟身渠股，豚止，取淖子曰阿女，生帝顓頊。」郭璞注曰：「《竹書》云：
　　　『昌意降居若水，產帝乾荒。』乾荒即韓流也，生帝顓頊。」

第二章 顓 頊

　　帝顓頊高陽者，黃帝之孫而昌意之子也。靜淵以有謀，疏通而知事；養材以任地，載時以象天，依鬼神以制義，治氣以教化，絜誠以祭祀。北至于幽陵，南至于交阯，西至于流沙，東至于蟠木。動靜之物，大小之神，日月所照，莫不砥屬。帝顓頊生子曰窮蟬。顓頊崩，而玄囂之孫高辛立，是為帝嚳。

帝顓頊高陽者，黃帝之孫而昌意之子也。

集解：皇甫謐曰：「都帝丘，今東郡濮陽是也。」

索隱：宋衷云：「顓頊名高陽，有天下號也。」張晏曰：「高陽者，所興地名也。」

會注考證：張文虎曰：「案《史記》篇自為卷，脈絡相貫，後人取便簡閱，中斷提行，然亦有改之未盡者。舊刻毛本，此紀帝堯接帝嚳不提行，是其迹也。他合傳亦有類是者，今槩不提行，以歸一例，後傲此。」愚按《南化本》云：顓音專，頊，許錄反。

案：《帝王世紀》：「帝顓頊父昌意雖黃帝之嫡，以劣降居若水，為諸侯。及顓頊生十年而佐少昊，十二年而冠，二十年而登帝位。」《路史·後紀》八：「顓頊年十五而佐少昊，封于高陽，都始孤棘，二十爰立，乃徙商丘，以故柳城衛僕俱為顓頊之虛，兆迹高陽，故遂以高陽氏黑精之君也。」

靜淵以有謀，疏通而知事；養材以任地，

索隱：言能養材物以任地。《大戴禮》作養財。

案：《大戴禮·五帝德》「靜淵」作「洪淵」，《藝文類聚》十一引「淵」則作「深」，蓋唐人避高祖諱而改也。《孔子家語·五帝德》「養材」作「養財」，材、財古字通。

載時以象天，

索隱：載，行也。言行四時以象天。《大戴禮》作「履時以象天」。履亦踐而行也。

案：《孔子家語‧五帝德》「載」作「履」，《御覽》七九引「象」作「像」，像，从人象聲，同音通叚。

依鬼神以制義，

索隱：鬼神聰明正直，當盡心敬事，因制尊卑之義，故《禮》曰：「降于祖廟之謂仁義」是也。

正義：鬼之靈者曰神也。鬼神謂山川之神也。能興雲致雨，潤養萬物也，故已依馮之劕義也。劕，古制字。

案：《說文》：「鬼，人所歸為鬼。」；「神，天神引出萬物者也。」《易》曰：「聖人以神通設教，而天下服矣。」鬼神之靈，昭著森列，因乎人心自然之感，而其精爽如或見焉。依鬼神以制義者，人心之誠，敬之出於不能自己者也。據史公所記，則祭祀之禮，實始於顓頊氏，張氏謂鬼神山川之神，誤矣。〔註1〕又《正義》以劕為古制字；王念孫云：「張說非也。制與劕聲不相近，無緣通用劕字。篆字制字作 𥝠，隸作 判，形與劕相似，因譌為劕，非古字通用也。」〔註2〕此說甚允。《廣韻》「劕」同「劌」，劌；細割，旨芮切，形雖近「制」，音誼絕不相通，劕即制字隸書形近之誤。《老子》二十八章：「是以大制不割。」唐《景龍鈔本》制作劕，《文心雕龍‧原道篇》：「劕詩緝頌。」《御覽》五八五引「劕」作「制」，皆其例證也。

治氣以教化，

索隱：謂理四時五行之氣以教化萬人也。

案：「教化」疑本作「教民」，《索隱》「教化萬人」正以釋「教民」之義。惟避太宗諱，易「民」為「人」耳。《大戴禮》作「教民」可證。《家語》作「教眾」，「教眾」猶「教民」也。今本「民」作「化」，蓋涉《索隱》「教化」字而誤；或唐人諱民為化，亦未可知，唐人避諱字無定也。〔註3〕

絜誠以祭祀。北至于幽陵，

正義：幽州也。

〔註1〕見郭嵩燾《史記札記》，頁9。
〔註2〕見王念孫《讀書雜志‧史記雜志》，商務版，第二冊，頁2。
〔註3〕見王叔岷先生《史記斠證‧五帝本紀第一》，頁29，載中央研究院歷史語學研究所集刊。

案：《大戴禮》、《家語・五帝德》「絜」並作「潔」，絜，潔古今字。《楚辭・大招》：
「北至幽陵，南交趾只。」王逸注：「幽陵猶幽州也。」

南至于交阯，

正義：趾音止，交州也。

案：《黃善夫本》「阯」作「趾」。《治要》、《藝文類聚》十一引此亦作趾，《大戴
禮》、《家語》並同。阯、趾古通，《御覽》七九引《大戴禮》作「阯」。《說
文》：「止，下基也，象艸木出有阯，故以止爲足。」《爾雅・釋言》：「趾，
足也。」趾、止之累增字。錢穆云：「漢交趾郡治羸𨻻，今安南東京州西，
後漢交州刺史治龍編，今安南河內省。」（《史記地名考》引）

西至于流沙，

集解：《地理志》曰流沙在張掖居延縣。

正義：濟，渡也。《括地志》云：「居延海南，甘州張掖縣東北千六十四里是。」

案：王念孫《史記雜志》曰：「西至本作西濟，此涉上下三至字而誤也。《正義》
曰：『濟，渡也。』則本作濟明矣。唐魏徵《羣書治要》引此正作濟，《大戴
禮・五帝篇》同。」此說甚允；《藝文類聚》卷十一〈帝王部〉顓頊高陽氏
引此亦作「西濟」。水澤利忠曰：「《札記》、〈李將軍傳〉、《正義》南作在，
無千字。案《郡縣志》甘州張掖縣居延海在縣東北一千六百里，疑此『十四』
二字即『百』字之譌。」〔註4〕

東至于蟠木。

集解：〈海外經〉曰：「東海中有山焉，名曰度索。上有大桃樹，屈蟠三千里。」

會注考證：錢大昕曰：「蟠木，扶木也。《呂覽・爲欲篇》：『西至流沙，東至扶木。』
又〈求人篇〉：『禹東至榑木之地。』《說文》：『榑桑，神木，日所出也。』
榑與扶通，扶木即扶桑，古音扶，如酺聲，轉爲蟠。」

案：張文虎云：「《評林本》、《殿本》、《局本》、《合刻本》《集解》屈蟠三千里下有
『東北有門，名曰鬼門，萬鬼所聚也。天帝使神人守之，一名鬱壘，主閱領
萬鬼，若害人之鬼，以葦索縛之，射以桃弧，投虎食也。』」今補脫。《漢書・
天文志》：「一曰晷長爲潦，短爲旱，奢爲扶。」鄭氏曰：「扶當爲蟠，齊魯
之間聲如酺，酺扶聲近。」〔註5〕是爲義同形異之故。

〔註4〕見水澤利忠《史記會注考證校補》，頁20，廣文版。
〔註5〕見錢大昕《二十二史考異》，頁1，中文出版社印行。

動靜之物，大小之神，

正義：動物謂鳥獸之類，靜物謂草木之類。大謂五嶽、四瀆，小謂丘陵墳衍。

案：《黃善夫本》、《家語》「大小」作「小大」。王念孫《史記雜志》云：「小大當從《宋本》作大小，（此吳氏荷屋所藏單刻《集解宋本》）寫者誤倒耳，《正義》先釋大後釋小，則本作大小明矣。《羣書治要》引此正作大小，《大戴禮》同。」《藝文類聚》卷十一引亦同此。

日月所照，莫不砥屬。

集解：王肅曰：「砥，平也。四遠皆平而來服屬。」

索隱：依王肅音止屬，據《大戴禮》作「砥礪」也。

會注考證：帝顓頊以下采〈五帝德篇〉。

案：「砥屬」疑本作「砥厲」。《北堂書鈔》十引此作「底厲，」厲，俗屬字。今本《家語》亦作「底厲」王肅注底字同，與《集解》所據本異。底當作厎，厎與砥同。（《說文》：「厎，柔石也。」重文作砥。）厲當作礪，（礪，俗書作礪，與厲形近，往往相亂。）《廣雅‧釋器》：「砥，礪也。」厲、礪古今字。砥字引申之義爲平，「砥屬」複語，義亦爲平。今本《大戴禮》作「祇厲，」乃「砥厲」之借字。《御覽》七九引《大戴禮》作「砥礪，」與《索隱》所據本同。〔註6〕《帝王世紀》云：「顓頊平九黎之亂，以水承金，位在北方，主冬，以水事紀官，命南正重司天以屬神，北正黎司地以屬民。於是民神不雜，萬物有序。」

帝顓頊生子曰窮蟬。

索隱：《系本》作窮係。宋衷云：「一云窮係，諡也。」

正義：帝舜之高祖也。

會注考證：以上采〈帝繫〉。

案：《大戴禮‧帝繫篇》：「顓頊產窮蟬，窮蟬產敬康，敬康產句芒，句芒產蟜牛，蟜牛產瞽叟，瞽叟產重華，是爲帝舜。」此以窮蟬爲舜高祖敬康之父，則所謂五世祖也。呂梁碑，無句芒一代，適是高祖，《正義》殆據彼爲說。然彼固不云即顓頊子也。〔註7〕

顓頊崩，

集解：皇甫謐曰：「在位七十八年，年九十八。」《皇覽》曰：「顓頊冢在東郡濮陽頓

〔註6〕同註3，頁30。
〔註7〕見張森楷《史記新校注稿》二百六十五卷，頁65，中國學典館復館籌備處印行。

丘城門外廣陽里中。頓丘者城，名頓丘道。」

索隱：皇甫謐云：「據《左氏》，歲在鶉火而崩，葬東郡。」又《山海經》曰：「顓頊
　　　葬鮒魚山之陽，九嬪葬其陰。」

　案：《藝文類聚》十一、《御覽》七九引《帝王世紀》並作「在位七十八年，年九
　　　十一歲。」《初學記》九引作「年九十八歲。」與《集解》所引合。又案：《山
　　　海經・大荒北經》：「東北海之外，大荒之中，河水之間，附禺之山，帝顓頊
　　　與九嬪葬焉。」〈海外北經〉：「務隅之山，顓頊葬於陽，九嬪葬於陰。」〈海
　　　內東經〉：「漢水出鮒魚之山，帝顓頊葬於陽，九嬪葬於陰，四蛇衛之。」附
　　　禺、務隅、鮒魚音義均同。〔註8〕《路史》作「葬東郡頓丘廣陽里務顒之陽。」
　　　羅苹注曰：「務顒之陽，《九城志》作鮒鰅，《十道志》云鮒鰅即廣陽山之別
　　　名。」

而玄囂之孫高辛立，是爲帝嚳。

會注考證：《楓山》，《三條》，《南化本》云：「嚳一作俈，音國。」

　案：《管子・封禪篇》：「帝嚳封泰山。」〈封禪書〉：「帝俈封泰山。」嚳作俈古字
　　　通用。《御覽》七九引嚳作俈，有注云：「與嚳同。」《禮記・禮器・孔疏》、
　　　《藝文類聚》三九、《御覽》五三六引俈皆作嚳，三代世表則作俈，皆爲此
　　　例。《風俗通義》云：「嚳者，考也，成也。言其考明法度醇美也。」

〔註 8〕見《史學年報》第三期吳晗著〈山海經中的古代故事及其系統〉，頁83。

第三章　帝　嚳

　　帝嚳高辛者，黃帝之曾孫也。高辛父曰蟜極，蟜極父曰玄囂，玄囂父曰黃帝。自玄囂與蟜極皆不得在位，至高辛即帝位。高辛於顓頊為族子。高辛生而神靈，自言其名。普施利物，不於其身。聰以知遠，明以察微。順天之義，知民之急。仁而威，惠而信，脩身而天下服。取地之財而節用之，撫教萬民而利誨之，曆日月而迎送之，明鬼神而敬事之。其色郁郁，其德嶷嶷。其動也時，其服也士。帝嚳溉執中而徧天下，日月所照，風雨所至，莫不從服。

帝嚳高辛者，

集解：張晏曰：「少昊之前，天下之號象其德。顓頊以來，天下之號因其名。高陽、高辛皆所興之地名；顓頊與嚳皆以字為號，上古質故也。」

索隱：宋衷曰：「高辛地名，因以為號。嚳，名也。」皇甫謐云：「帝嚳名夋也。」

正義：《帝王紀》云：「俈母無聞焉。」

　案：《寰宇記》：「故高辛城，在穀孰縣西南四十五里。」《地理志》：「梁國穀孰縣西南有高辛城。」《帝系譜》：「帝嚳年十五、佐顓頊有功，封為諸侯，邑於高辛，即此城也。」《一統志》：「高辛城，在歸德府高丘縣南，今名高立里。」〔註 1〕又《索隱》言帝嚳名夋，畢沅《山海經新校正》主其說，凡有三證：其一，《帝王世紀》云：「帝嚳生而神異，自言其名曰夋。」見《初學記》。其二，《帝王世紀》云：「帝嚳次妃娵訾氏女曰常儀，生帝摯。」又合於《山海經》「帝俊妻常儀」之說。其三，《大荒西經》云：「帝俊生后稷」，郭氏亦曰：「俊疑為嚳，嚳第二妃生后稷也」則帝俊是嚳無疑。王國維於〈殷

〔註 1〕見施久勉《史記會注考證訂補》，頁9，華岡版。

卜辭中先公先王考〉嘗證高祖夋高俊與帝嚳之為一，除畢沅所提證據外，並加舉三證：其一，又帝俊之子中容季釐，即《左氏傳》之仲熊季貍，所謂高辛氏之才子也。「有子八人」又《左氏傳》所謂「高辛氏有才子八人也」。其二，曰羲和、曰娥皇，皆常羲一語之變。三占從二，知郭注以帝俊為帝舜，不如皇甫謐以夋為嚳名之當矣。其三，嚳為契父，乃商人所自出之帝，故商人祀之。〈魯語〉曰：「殷人禘舜（韋注：『舜當為嚳字之誤也。』）」而祖契，《祭法》亦曰：「殷人禘嚳而郊冥。」而顧頡剛亦得二證：其一，《詩‧玄鳥》云：「天命玄鳥，降而生商。」《楚辭‧天問》云：「簡狄在臺嚳何宜？玄鳥致貽女何喜？」〈離騷〉云：「望瑤臺之偃蹇兮，見有娀之佚女。……鳳鳥既受詒兮，恐高辛之先我。」是玄鳥即鳳，而〈大荒東經〉云：「有五采之鳥，相鄉棄沙，惟帝俊下友，」五采之鳥即鳳。〈南山經〉云：「丹穴之山有鳥焉，其狀如雞，五彩而文，名曰鳳皇。」可證。帝嚳所命下降之玄鳥即鳳，而帝俊之下友亦鳳，於此亦可見帝俊之帝嚳也。其二，〈海內經〉云：「帝俊賜羿彤弓素矰。」而《說文》云：「䠶，帝嚳射官，」此又足證帝俊之即帝嚳矣。〔註2〕

黃帝之曾孫也。高辛父曰蟜極，

正義：蟜音居兆反。本作橋，音同。又巨遙反。帝堯之祖也。

　案：《路史‧後紀》九：「帝嚳，黃帝氏之子曰玄枵之後也，父僑極。」羅苹注引《世本》：「嚳，黃帝之曾孫。」蟜字《家語》作喬，下文「瞽叟父曰橋牛。」蟜、橋、喬、僑古並通用。

蟜極父曰玄囂，玄囂父曰黃帝。自玄囂與蟜極皆不得在位，至高辛即帝位。

集解：皇甫謐曰：「都亳，今河南偃師是。」

會注考證：帝嚳以下采〈帝繫〉。

　案：《大戴禮‧帝繫篇》：「黃帝產玄囂，玄囂產蟜極，蟜極產高辛，是為帝嚳。」《路史‧後紀》九：「高辛都於亳。」羅苹注云：「或謂河南偃師城西二十里，此為高辛所都也。」

高辛於顓頊為族子。高辛生而神靈，自言其名。

正義：《帝王紀》云：「高偓高辛，姬姓也。其母生見其神異，其言其名曰夋。齠齔

有德，年十五而佐顓頊，三十登位，都亳，以人事紀官也。」

案：《春秋元命苞》云：「帝嚳戴干，是謂清明。」《白虎通義》云：「帝嚳駢齒，上法月參，康度成紀，取理陰陽，故曰神靈也。」又《初學記》九引《帝王世紀》云：「自言其名曰逡。」《御覽》八十引《帝王世紀》云：「自言其名曰逡。」《正義》作「岌」恐誤，《繹史》引此文作「夋」，此說甚允，當依正。

普施利物，不於其身。聰以知遠，明以察微。順天之義，知民之急。

會注考證：急字當依《戴記》作亟，讀如勤恤民隱之隱，《楓》、《三》、《南本》無物字。

案：《路史・後紀》九：「嚳約身博施，惟愛人利物是圖。」與此略同。知民之急，《家語》「之」作「所」，義同。〈李斯列傳〉：「天子無故賊殺不辜人，此上帝之禁也。」亦與所同義。〔註3〕

仁而威，惠而信，脩身而天下服。取地之財而節用之，撫教萬民而利誨之，曆日月而迎送之，

正義：言作曆弦、望、晦、朔，日月未至而迎之，過而送之，上「迎日推策」是也。

會注考證：中井積德曰：「曆，謂推步之。」張文虎曰：「《尚書》：『寅餞納日』與『寅賓出日』相對，曆日月而迎送之，蓋即賓餞之意。」

案：《國語・魯語》：「帝嚳能序三辰以固民。」賈子《新書》：「帝嚳曰：『德莫高於博愛人，而政莫高於博利人，故政莫大於信，治莫大於仁，吾慎此而已也。』」《潛夫論・五德志》：「帝嚳代顓頊氏，厥質神靈，德行祇肅，迎送日月，順天之則，能順三辰以周民，作樂三英。」又曆日月而迎送之，依《尚書》本意，蓋即主祭日禮，並識其初出之景，以勸農耕也。此祭禮之說；《國語・魯語》：「天子大采朝日，小采夕日。」商承祚《殷契佚存》八六片：「辛未又于出日，絲不用。」四〇七片：「丁巳卜又出日，丁巳卜又入日。」皆其例證。

明鬼神而敬事之。

正義：天神曰神，人神曰鬼。又云聖人之精氣謂之神，賢人之精氣謂之鬼。言明識鬼神而敬事也。

案：張氏釋鬼神之解誤，詳見〈顓頊紀〉「依鬼神以制義」條。

〔註3〕見王叔岷先生《史記斠證》，〈五帝本紀〉第一，頁31，載《中央研究院歷史語學研究所集刊》。

其色郁郁，其德嶷嶷。

索隱：郁郁猶穆穆也。嶷嶷，德高也。今案：《大戴禮》「郁」作「神」，「嶷」作「俟」。

會注考證：今本《大戴禮》與史文同。

案：《太平御覽》八十引《大戴禮》郁作蟜，嶷作浚。錢大昕《史記考異》云：「今《大戴禮》亦作郁郁嶷嶷，與小司馬所見本不同，蓋後人據《史記》轉改。」今從之。

其動也時，其服也士。

索隱：舉動應天時，衣服服士服，言其公且廉也。

會注考證：服，行也。士，事也。言服事不懈也。

案：《家語‧五帝德》作「其服也哀」，水澤利忠云：「《正義》有佚文『服，士之祭服，緇衣纁裳也』《野》、《岩》、《閣》、《中彭》、《中韓》、《瀧》各本皆補錄之。」〔註4〕今補正。

帝嚳溉執中而徧天下，

集解：徐廣曰：「古『既』字作水旁。徧字一作尹。」

索隱：即《尚書》「允執厥中」是也。

正義：溉音既。言帝佶治民，若水之溉灌，平等而執中正，遍於天下也。

會注考證：《戴記》無溉字，徧作獲。洪頤煊曰：「溉古通作概字。概，平也，言執中以徧及於天下。」沈濤曰：「《集解》引徐廣曰『古既字作水旁』，既之作溉，猶夷之作銕，是史遷書古字之僅存者，此外為小司馬張守節輩所竄改者不少矣。〈五帝紀〉曰暘谷，《索隱》曰《史記》舊本作湯谷，今竝依《尚書》字，則小司馬所改也。曰竝，蓋不止一字。」孫詒讓曰：「徧，《大戴》作獲，獲當為護，護猶云辨護，理董監治之義。」李笠曰：「徧即辨之叚音，古字通，《大戴禮》當作護。《史記》當作辨，字異義同，竝理董監治之義。」

案：《冊府元龜》五十八引無溉字，王叔岷《史記斠證》：「張守節《論字例》云：『既字作溉，緣古字少，通共用之。』是此既之作溉，正存《史記》之舊。而《正義》乃以『溉灌』字釋之，豈非望文生訓者邪！徧借為辯，《說文》：『辯，治也。』徐廣引一本徧作尹，尹亦治也。《說文》：『尹，治也。』《大戴禮》作獲，《家語》作『育護，』獲借為『育護』字。『育護』與治義近。」〔註5〕今從其說。

〔註4〕見水澤利忠《史記會注考證校補》，頁23，廣文版。
〔註5〕同註3

日月所照，風雨所至，莫不從服。

正義：以上《大戴》文也。

會注考證：高辛生而神靈以下〈五帝德〉。

案：《北堂書鈔》十，《藝文類聚》十一引服並作助。《治要》引此下有注云：「《帝王世紀》曰：帝嚳以人事紀官，故以句芒爲木正，祝融爲火正，蓐收爲金正，玄冥爲水正，后土爲土正。是五行之官，分職而治。」蓋《集解》之文，今逸。〔註6〕

　　帝嚳娶陳鋒氏女，生放勛。娶娵訾氏女，生摯。帝嚳崩，而摯代立。帝摯立，不善崩，而弟放勛立，是爲帝堯。

帝嚳娶陳鋒氏女，

正義：鋒音峯，又作豐。《帝王紀》云：「帝俈有四妃，卜其子皆有天下。元妃有邰氏女，曰姜嫄，生后稷。次妃有娀氏女，曰簡狄，生卨。次妃陳豐氏女，曰慶都，生放勛。次妃娵訾氏女，曰常儀，生帝摯也。」

案：《藝文類聚》十五引《世本》云：「帝嚳卜其妃之子皆有天下。元妃有邰氏之女曰姜嫄，生后稷。次妃有娀氏之女曰簡狄，生卨。次妃陳酆氏慶都生帝堯。次妃娵訾氏生帝摯。」《金樓子》亦作陳酆氏。《御覽》一三五引鋒作豐，與《正義》所稱「又作豐」者合；鋒、豐古蓋通用。《漢書・律歷志》人表及《路史》皆作陳豐，《大戴禮》與《詩・生民》疏引〈帝繫篇〉並作陳鋒。《禮記・檀弓上》疏引亦作豐，皆其例證。

生放勛。

正義：放音方往反。勛亦作勳，音許云反。言堯能放上代之功，故曰放勛。謚堯。姓伊祁氏。《帝紀》云：「帝堯陶唐氏，祁姓也。母慶都，十四月生堯。」

案：《會注考證本》勛作勳，勳古文勛。《初學記》九引《詩含神霧》云：「慶都有赤龍之祥，孕十四月而生堯。」（慶都感赤龍生堯事，又見《藝文類聚》十、九八、《御覽》八十、《御覽》一三五引《河圖》，《潛夫論・五德志篇》，《論衡・奇怪篇》，〈恢國篇〉，《淮南子・脩務篇》高誘注、《書鈔》一五七、〈易繫辭〉傳疏引《帝王世紀》，《金樓子》，《劉子・命相篇》。）《正義》引《帝王世紀》「十四月」上當補孕字，〈易繫辭〉傳疏、《藝文類聚》十一、《初學

記》九、《御覽》八十引《帝王世紀》並作「孕十四月」。〔註7〕今從之。

娶娵訾氏女，生摯。

索隱：案皇甫謐云「女名常宜」也。

正義：娵，足須反。訾，紫移反。

會注考證：以上〈帝繫〉。

案：《藝文類聚》十一、《御覽》八十引《帝王世紀》，娵訾氏女並作常儀。儀、宜古通。《禮記‧檀弓》疏引《大戴禮》云：「次妃陬〔訾〕氏之女曰常宜，生帝摯。」作宜，與《索隱》引《帝王世紀》合。又梁玉繩云：「少昊帝名摯，此嚳之胄，亦名摯，蓋族遠不嫌同名也。（《周書‧嘗麥解》以青陽名質即帝少昊，非也。質、摯通用字。）」〔註8〕今辨正之。

帝嚳崩，

集解：皇甫謐曰：「在位七十年，年百五歲。」《皇覽》曰：「帝嚳冢在東郡濮陽頓丘城南臺陰野中。」

案：《御覽》八十引《帝王世紀》作「在位七十五年。」《集解》所引作「七十年」，（《易‧繫辭》傳疏、《藝文類聚》十一引並同。）蓋舉成數言之也。《帝王世紀》：「帝嚳在位七十五年，年一百五歲而崩，葬東郡城南廣陽里。」《繹史》引文並同。

而摯代立。帝摯立，不善、崩，而帝放勳立，是爲帝堯。

索隱：古本作「不著」，音張慮反。俗本作「不善」。不善謂微弱，不著猶不著明。衛宏云：「摯立九年而唐侯德盛，因禪位焉。」

正義：《帝王紀》云：「帝摯之母於四人之中班最在下，而摯於兄弟最長，得登帝位。封異母弟放勛爲唐侯。摯在位九年，政微弱，而唐侯德盛，諸侯歸之，摯服其義，乃率羣臣造唐而致禪。唐侯自知有天命，乃受帝禪。乃封摯於高辛。」今定州唐縣也。

會注考證：《論語‧泰伯篇》正義引《尚書大傳》曰：「堯年十六，以唐侯升爲天子，遂以爲號。」吳裕垂曰：「堯嗣摯統，兄弟相及也。堯即帝位，經無明文，於是滋生異說，有謂摯服義而致禪者，有謂摯荒淫而見廢者，此皆亂賊之徒，欲飾篡爲禪，附會其說以自文耳。太史公所謂百家之言，其文不雅馴者，莫甚於此，故博採羣書，擇其尤雅者，著爲〈本紀〉，以爲帝摯不善，既崩而

〔註7〕同註6。

〔註8〕見梁玉繩《史記志疑》三十六卷，頁11，學生版。

後放勳立，可謂折衷至正，俾萬世人臣無所藉口矣。」

案：梁玉繩云：「《路史・後紀》卷十注謂世紀本衛宏云唐侯德盛，
　　摯微弱而致禪焉。《皇王大紀》謂襲位未久而殂，《通鑑外紀》謂荒淫無度而廢之，諸說各
　　異，疑莫能明，據〈人表〉在上中，則不得如後世所言。」〔註9〕張文虎云：
　　「《索隱》《正義》並不言其崩，是《史記》元本無『崩』字也，後世妄增『崩』
　　字當刪。」張森楷《史記新校注稿》以《索隱》本無「崩」字，張文虎之說
　　爲是，今從之。

第四章　帝　堯

　　帝堯者，放勛。其仁如天，其知如神。就之如日，望之如雲。富而不驕，貴而不舒。黃收純衣，彤車乘白馬。能明馴德，以親九族。九族既睦，便章百姓。百姓昭明，合和萬國。

帝堯者，

集解：諡法曰：「翼善傳聖曰堯。」

索隱：堯，諡也。放勳，名。帝嚳之子，姓伊祁氏。案：皇甫謐云：「堯初生時，其母在三阿之南，寄於伊長孺之家，故從母所居為姓也。」

正義：徐廣云：「號陶唐。」《帝王紀》云：「堯都平陽，於詩為唐國。」徐才宗《國都城記》云：「唐國，帝堯之裔子所封。其北，帝夏禹都，漢曰太原郡，在古冀州太行恒山之西。其南有晉水。」《括地志》云：「今晉州所理平陽故城是也。平陽河水一名晉水也。」

　案：《戰國策・魏策》：「周訢謂魏君曰：『吾所賢者，無過堯舜，堯舜名。』」古行君前臣名，《尚書》於堯之命舜曰「格汝舜」，於舜之命禹曰「格汝禹」，與其所以命棄、契、皋陶者同，故知堯、舜、禹皆名，《集解》、《索隱》以為諡號，非是。禮記郊特性：「古者生而無爵，死無諡。」《左傳》桓六年：「周人以諱事神，名終將諱之。」因諱而重其名，諡法以興，堯舜之時無諡也。

放勳。

集解：徐廣曰：「號陶唐。」皇甫謐曰：「堯以甲申歲生，甲辰即帝位，甲午徵舜，甲寅舜代行天子事，辛巳崩，年百一十八，在位九十八年。」

會注考證：崔適曰：「依〈舜本紀〉名曰重華，〈夏本紀〉名曰文命，比當補『名曰』二

字。」愚按此承上文弟放勳而言,與舜禹〈本紀〉異,不必補二字,又按堯舜禹皆名,放勳重華文命,皆其徽號,當時尚未有謚,注謚法可削,舜禹皆仿之,《古鈔本》無者字。

案:勛字,《說文》以為勳之古文。章太炎曰:「案〈五帝德〉、〈帝繫〉皆稱堯曰放勳,舜曰重華,禹曰文命,乃當時所稱號。堯之德民無能名,直言功盛,號以放勳。〈呂刑〉稱禹平水土,主名山川,《爾雅》:『自釋地至九河皆禹所名』,故號以文命,為稱其實。舜稱重華者,若以舜華蔓地而生,斯乃名字相應,非號也,恐非其義。太史公云:『舜目重瞳子』,《大傳》稱舜四瞳子,則據兩目為言。《方言》:『矑瞳之子,燕代朝鮮洌水之間曰盰。』然則重華是重盰耳。」〔註1〕此以放勳為美號,是也。

其仁如天,其知如神。就之如日,望之如雲。

索隱:如天之涵養,如神之微妙,如日之照臨,人咸依就之,若葵藿傾心以向日。

如雲之覆渥,言德化廣大而浸潤生人,人咸仰望之,故曰如百穀之仰膏雨也。

會注考證:中井積德曰:「如日,謂其溫仁也,猶炙背于陽,如雲謂其高大覆冒,《索隱》非。」

案:清臧琳《五帝本紀書說》曰:「此蓋釋經之光被四表,格于上下也。」

富而不驕,貴而不舒。黃收純衣,彤車乘白馬。

集解:徐廣曰:「純,一作絞。」駰案:《太古冠冕圖》云「夏名冕曰收」。《禮記》曰「野夫黃冠」。鄭玄曰「純衣,士之祭服」。

索隱:舒猶慢也。《大戴禮》作「不豫」。收,冕名。其色黃,故曰黃收,象古質素也。純,讀曰緇。

會注考證:以上采〈五帝德〉,彤《戴記》作丹,義同。

案:臧琳曰:「此蓋釋經之允恭克讓也。」皮錫瑞《今文尚書考證》曰:「《大戴禮‧五帝德篇》文略同,蓋《史記》所本也。此今文家解欽明至克攘之義。」今從之。

能明馴德,以親九族。

集解:徐廣曰:「馴,古訓字。」

索隱:《史記》「馴」字徐廣皆讀曰訓。訓,順也。言聖德能順人也。案《尚書》作「俊德」,孔安國云「能明用俊德之士」,與此文意別也。

〔註 1〕見章太炎《章氏叢書續編》之四,《古文尚書拾遺》卷一,頁 1001。

會注考證：順德，《尚書》作「俊德」，《大學》作「峻德」，即大德。大德光明，可
以睦九族，可以便章百姓，可以合和萬國。

案：段玉裁《古文尚書撰異》云：「《禮記‧大學篇》帝典曰：『克明峻德。』此與
古文《尚書》合，特山旁人旁爲異耳。今文《尚書》作『克明訓德』。訓，
順也。《史記‧五帝本紀》：『能明馴德。』徐廣曰：『馴，古訓字。』《索隱》
曰：『《史記》馴字，徐廣皆讀曰訓。』玉裁案今文《尚書》五品不訓，《史
記》作不馴。然則馴訓古通用。……〈堯典〉若釋爲順者，《本紀》作馴。
馴予工，馴予上下草木鳥獸是也。或徑作順，順此事也。〈洪範〉：于帝其訓。
〈世家〉訓作順。知馴、訓、順三字通用。〈堯典〉在歐陽夏侯當作克明訓
德，與五品不訓用字正同。」此以古文《尚書》作「俊德」，今文《尚書》
作「訓德」、「馴德」，馴、訓、順通用。又曰：「凡《史記》錄《尚書》有苦
其難讀以故訓字易之者，如克明作能明，協和作合和是也。」〈釋詁〉曰：「克，
能也。」「能明訓德」，能爲訓詁字。九族者，〈堯典〉孔疏引「許愼」《異義》
云：「夏侯、歐陽等以爲九族者：父族四，母族三、妻族二、皆指異姓有服。」
史遷〈堯本紀〉所引爲歐陽《尚書》，今從此說。

九族既睦，便章百姓。

集解：徐廣曰：「下云『便程東作』然則訓平爲便也。」駰案：《尚書》並作「平」
字。孔安國曰：「百姓，百官」。鄭玄曰：「百姓，羣臣之父子兄弟。」

索隱：古文《尚書》作「平」，此文蓋讀「平」爲浦耕反。平既訓便，因作「便章」
其今文作「辯章」。古「平」字亦作「便」，音婢緣反。便則訓辯，遂爲辯章。
《鄒誕生本》亦同也。

案：惠棟《九經古義》曰：「平章百姓，《史記》作便章。《尚書大傳》作辯章。
案下文平秩字，伏生作便，鄭玄作辯。《說文》云：『釆，辨別也，讀若辨，
古文作𡧧。』與平相似。于部云：『古文平作𠤴。』孔氏襲古文，誤以𡧧爲
平，訓爲平和，失之。辨與便同音，故《史記》又作便。」是「釆」爲本
字，平爲譌字。作辨乃後起字，而辯、便爲假借字；辨、辯，同從釆聲；
辨便雙聲，古音同屬並紐，《後漢書‧劉愷傳》注引《尚書》曰：「九族既
睦，辯章百姓」，鄭玄注云：「辯，別也，章明也。」是也，徐廣之說非是。

百姓昭明，合和萬國。

會注考證：《尚書》「能」作「克」，「便」作「平」，「合」作「協」，「國」作「邦」，
「邦」字漢高祖名，史公諱改，自內及外，自近及遠，是堯之所以有天下致

太平也。《尚書‧皋陶謨》，皋陶曰：「都愼厥身修思永，惇敍九族，庶明勵翼，邇可遠在茲。」亦述此意。《詩‧大雅‧思齊》稱周文王曰：「刑于寡妻，至于兄弟，以御于家邦。」《論語‧爲政篇》，或謂孔子曰：「子奚不爲政。」子曰：「《書》云：『孝乎惟孝，友于兄弟，施於有政。』」《戴記‧大學篇》云：「古之欲明明德於天下者，先治其國，欲治其國者，先齊其家，欲齊其家者，先脩其身。」《孟子‧離婁篇》，孟子曰：「人有恒言，皆曰天下國家，天下之本在國，國之本在家，家之本在身。」蓋聖賢相傳之道如此。

案：《尚書》「合和萬國」作「協和萬邦」，皮錫瑞曰：「協作合，以訓故代經。」《集韻》：「協，合也。」是合爲訓詁字。又臧琳曰：「漢碑及石經邦國字互見，宋洪适謂經典邦或作國，蓋所傳本異，非由避諱，是古文《尚書》作協和萬邦，今文《尚書》作協合萬國。」姚豫太則曰：「案邦國通用，非今古文異。」〔註 2〕是「國」亦爲訓詁字。

乃命羲、和，敬順昊天，數法日月星辰，敬授民時。分命羲仲，居郁夷，曰暘俗。敬道日出，便程東作；日中、星鳥，以殷中春。其民析；鳥獸字微。中命羲叔，居南交。便程南譌；敬致。日永、星火，以正中夏。其民因；鳥獸希革。申命和仲，居西土，曰昧谷。敬道日入，便程西成；夜中、星虛，以正中秋。其民夷易；鳥獸毛毨。申命和叔，居北方，曰幽都。便在伏物；日短、星昴，以正中冬。其民燠；鳥獸氄毛。歲三百六十六日，以閏月正四時。信飭百官，眾功皆興。

乃命羲，和，敬順昊天，

集解：孔安國曰：「重黎之後，羲氏、和氏世掌天地之官。」

正義：〈呂刑〉傳云：「重即羲，黎即和，雖別爲氏族，而出自重黎也。」按：聖人不獨治，必須賢輔，乃命相天地之官，若《周禮‧天官卿》、地官卿也。敬猶恭勤也。元氣昊然廣大，故云昊天。〈釋天〉云：「春爲蒼天，夏爲昊天，秋爲旻天，冬爲上天。」而獨言昊天者，以堯能敬天，大，故以昊天言之。

案：《僞孔傳》曰：「重黎之後，羲氏、和氏世掌天地四時之官，故堯命之。」孫星衍《古文尚書注疏》曰：「西漢諸儒用今文說，以羲仲等四人即是羲、和，不以爲六官，與馬、鄭異。……《史記‧天官書》云：『昔之傳天數者於唐

〔註 2〕見《制言》半月刊第二十六期，姚豫太著〈臧琳五帝本紀書說正〉，頁2。

虞羲和，是不以爲六卿。』《漢書・百官公卿表》云：『《書》載唐虞之際，命羲，和四子順天文，授民時。』注應劭曰：『堯命四子分掌四時之教化也。』張晏曰：『四子謂羲仲、羲叔、和仲、和叔也。』」此以「乃命羲、和，敬順昊天」二句總起下述四事，是也，今從此說。又「敬順昊天」《尙書》作「欽若昊天」，《釋詁》：「欽，敬也。」《釋言》：「若，順也。」敬順皆爲訓詁字。

數法日月星辰，敬授民時。

索隱：《尙書》作「曆象日月」，則此言「數法」，是訓「曆象」二字，謂命羲和以曆數之法觀察日月星辰之早晚，以敬授民時也。

正義：曆數之法，日之甲乙，月之大小，昏明遞中之星，日月所會之辰，定其天數，以爲一歲之曆。《尙書考靈耀》云：「主春者，張昏中，可以種稷。主夏者，火昏中，可以種黍菽。主秋者，虛昏中，可以種麥。主冬者，昴昏中，可以收歛也。」天子視四星之中，知民緩急，故云敬授民時也。

會注考證：崔述曰：「《漢書・律歷志》云：『歷數之起上矣。傳述顓頊命南正重司天，火正黎司地，其後三苗亂德，二官咸廢，而閏餘乖次，孟陬殄滅，攝提失方。堯復育重、黎之後，使纂其業，故《書》曰：乃命羲和，欽若昊天，曆象日月星辰，敬授民時。』按經文，四時之紀，閏之疏密，朞之日數多寡，皆至堯而後定，非舊已有成法而中廢，至堯又修復之也。重黎之司天地，本於〈楚語〉，然〈楚語〉云：「重司天以屬神，黎司地以屬民。」所司者乃天神之祭祀，非天象之贏縮也。故曰九黎亂德，民神雜糅。曰夫人作享，家爲巫史，皆謂宗祝祭祀事耳，與羲和之司歷法者無涉也。歷象之官，自在帝畿，三苗之亂，自在蠻夷，相距數千里，三苗安能廢帝廷之二官，而乖其閏餘乎？至〈楚語〉所稱堯復育重黎之後者，乃本〈呂刑〉之文，非襲〈堯典〉之語，堯自命羲和，自育重黎，今因其皆爲堯所命，遂取而合之，然則堯在百年，所命之官，止有此二族乎？嗟夫！自劉歆班固誤合〈楚語〉於〈堯典〉，後學祖而述之，遂謂黃帝以來，歷數已有成法，然則〈堯典〉之累累而驗之，諄諄而命之，與夫史臣之瑣瑣而記之者，不皆贅乎？韋昭《國語解》、及《尙書》孔傳蔡傳、並以重黎爲羲和，皆沿《漢志》而誤。

案：「數法」爲訓詁字，孫疏云：「史公說曆爲數者，〈釋詁〉文。象爲法者，王逸注〈懷沙〉云：『象、法也。』」又云：「《周禮・大宗伯》職以實柴祀日月星辰，注：『星謂五緯，辰謂日月所會於十二次，則辰當作晨。』此云星辰爲一，是鄭謂中星也。」《說文》：「晨，日月合宿爲晨。」是星辰爲一。「民時」

古文《尚書》作「人時」，《撰異》云：「民時，衛包改作人時。」蓋避唐太宗世民之諱也。

分命羲仲，居郁夷，曰暘谷。

集解：《尚書》作「嵎夷」。孔安國曰：「東表之地稱嵎夷。日出於暘谷。羲仲，治東方之官。」

索隱：《史記》舊本作「湯谷」，今並依《尚書》字。案《淮南子》曰「日出湯谷，浴於咸池」，則湯谷亦有他證明矣。又下曰「昧谷」，徐廣云「一作柳」，柳亦日入處地名。太史公博採經記而爲此史，廣記異聞，不必皆依《尚書》。蓋郁夷亦地之別名也。

正義：郁音隅。陽或作暘。〈禹貢〉青州云：「隅夷既略。」按：隅夷，青州也。堯命羲仲理東方青州隅夷之地，日所出處，名曰陽明之谷。羲仲主東方之官，若《周禮》春官。

會注考證：沈濤曰：「《釋文》云：『堯典宅嵎夷。』《史記》及《考靈耀》作『禺銕』，是陸氏所見《史記》本與小司馬張守節不同。」又曰：「《索隱》云：『《史記》舊本暘谷作湯谷，今並依《尚書》字。』然則暘谷者，小司馬所改也。史遷從安國問故，則古文《尚書》必作湯谷。《山海經》：『黑齒國下有湯谷，湯谷上有扶桑，十日所浴。』《楚辭‧天問》云：『出自湯谷至蒙汜。』《淮南‧天文訓》云：『日出于湯谷，浴于咸池，拂于扶桑。』古書皆以湯谷爲日出之地。」錢大昕說同。

案：今文《尚書》「居」作「度」，《撰異》云：「凡今文《尚書》皆作度，〈五帝本紀〉居郁夷，居南交、居西土、居北方、皆作居者，此以訓詁之字代之也。」揚雄《方言》：「度、居也。東齊海岱之間或曰度。」是「居」爲訓詁字。「郁夷」、《集解》曰《尚書》作「嵎夷」；陳喬樅《今文尚書經說考》云：「禺郁一聲之轉。」孫疏云：「嵎爲郁者，聲之緩急。」嵎爲疑紐，屬淺喉音，郁爲影紐，屬深喉音，此於聲相近，音近通借。暘谷，《索隱》謂舊本作湯谷，與《淮南子》合，《說文》㫗部：「日初出東方，湯谷所登榑桑。」《說文》山部：「嵎銕，崵谷也。」臧琳謂：「湯谷、崵谷並今文之異體，古文以日部暘谷爲正。」姚豫太正之曰：「《索隱》引《淮南子》，湯谷爲海東之地，與郁夷應，湯、崵、暘形近聲同，當以史公湯字爲正。」〔註3〕，今從之。

〔註3〕同註2。

敬道日出，便程東作；

集解：孔安國曰：「敬道出日，平均次序東作之事，以務農也。」

索隱：劉伯莊傳皆依古史作平秩音。然《尚書大傳》曰「辯秩東作」，則是訓秩爲程，言便課其作程者也。

正義：道音導。便、程並如字，後同。導，訓也。三春主東，故言日出。耕作在春，故言東作。命羲仲恭勤道訓萬民東作之事，使有程期。

會注考證：《尚書》「敬道日出」作「寅賓出日」，「便程」作「平秩」，下同。

　案：「寅賓」作「敬道」，訓詁字也。陳喬樅《今文尚書經說考》曰：「《史記》言敬道日出者，此以訓詁代經文也，考《說文》：『寅，辰名。夤，敬惕也。』則此寅字當作夤，故《史記》以敬代之。李璇〈孔子廟碑〉作『夤賓』，《集韻》亦引『夤淺納日』皆其證也。」《爾雅·釋故》：『寅，敬也。』李善《文選》注引《爾雅》云：『夤，敬也。』是《爾雅》字亦作夤矣。賓，《尚書釋文》云：『賓如字，徐音儐。』《說文》人部曰：『儐，導也。』據《史記》以道字代賓字，則知《尚書》蓋假賓爲儐導之儐也。」「便程」作「平秩」，平作便，說見前（便章百姓）條。小司馬云「程」爲訓詁字，今從之。

日中、星鳥，以殷中春。

集解：孔安國曰：「日中謂春分之日也。鳥，南方朱鳥七宿也。殷、正也。春分之昏，鳥星畢見，以正仲春之氣節。轉以推孟、季，則可知也。」

正義：下「中」音仲，夏、秋、冬並同。

　案：「以殷中春」《尚書》作「以殷仲春」，《撰異》曰：「仲、〈五帝本紀〉作中，古字多以中爲仲，蓋古文《尚書》本亦然，後人改之。」《說文》：「仲，中也。」段注：「古中仲二字互通。」蓋文字之孳乳，必先簡而後繁，仲从中聲，由中而孳乳爲仲也。〔註4〕此以本字代後起俗字。

其民析，鳥獸字微。

集解：孔安國曰：「春事既起，丁壯就功，言其民老壯分析也。」乳化曰字。《尚書》「微」作「尾」字。《說文》云：「尾，交接也。」

會注考證：《呂覽》尾生高，注云：「即《論語》微生高，尾微古通用。」

　案：「其民析」《尚書》作「厥民析」，其、籀文箕字，經籍通用爲語詞，厥、其雙聲，同屬見紐，故相通用。《爾雅·釋言》云：「厥，其也。」是其例。「鳥獸字微」《尚書》作「鳥獸孳尾」，《說文》云：「孳，汲汲生也。」孳字疊韻，

〔註4〕見李周龍〈司馬遷古文尚書義釋例〉，《孔孟月刊》第九卷第九期，頁27。

同屬段氏第一部。《說文》又云：「尾，微也。」段注：「微當作散，散細也。」
此以疊韻爲訓，同屬段氏第十五部。孳尾者，《列子‧黃帝篇》云：「孳尾成
羣。」張湛注：「孳尾，牝牡相生也。」殷敬順《釋文》云：「乳化曰孳，交
接曰尾。」是孳義爲生，孳尾爲本字，字微其叚借字也。〔註5〕

申命羲叔，居南交。

集解：孔安國曰：「夏與春交，此治南方之官也。」

索隱：孔註未是。然則冬與秋交，何故下無其文？且東嵎夷，西昧谷，北幽都，三
　　　方皆言地，而夏獨不言地，乃云與春交，斯不例之甚也。然南方地有名交阯
　　　者，或古文略舉一字名地，南交則是交阯不疑也。

正義：羲叔主南方官，若《周禮》夏官卿也。

會注考證：《韓非子‧十過篇》：「堯有天下，其地南至交趾，北至幽都，東西至日月
　　　之所出入者，莫不賓服。」

　案：「居南交」《尚書》作「宅南交」，居代宅；說見前。又《索隱》以南交爲交阯，
　　　皮錫瑞曰：「《墨子‧節用篇》云：『古者堯治天下，南撫交阯，北際幽都。』
　　　《韓子‧十過篇》文略同，……《大傳》云：堯南撫交阯，與《墨子》、《韓
　　　子》、《大戴》、《說苑》文同，則亦當有北服幽都，句文不具耳，以交阯與幽
　　　都對舉，則南交即交阯無疑。」

便程南爲；敬致。

集解：孔安國曰：「譌，化也。平序分南方化育之事，敬行其教，以致其功也。」

索隱：爲依字讀。春言東作，夏言南爲，皆是耕作營爲勸農之事。孔安國強讀爲「訛」
　　　字，雖則訓化，解釋亦甚紆回也。

正義：爲音于僞反。命羲叔宜恭勤民事。致其種植，使有程期也。

會注考證：張文虎曰：「南爲，各本作南譌，依《尚書撰異》改，錢大昕、梁玉繩說
　　　同。」

　案：「便程南爲」《尚書》作「平秩南訛」，《周禮‧馮相氏》引作「辯秩南譌」，「爲」、
　　　本字，「譌」、叚借字，「訛」、「譌」之俗字。譌从爲聲，譌爲同音，故相通
　　　叚，此史遷用本字代叚借字例。敬致者，孫疏曰：「《周禮‧馮相氏》：『冬夏
　　　致日，春秋致月，以辨四時之敘。』」

日永、星火，以正中夏。

〔註5〕同註4，頁25。

集解：孔安國曰：「永，長也，謂夏至之日。火，蒼龍之中星，舉中則七星見可知也，以正中夏之節。馬融、王肅謂日長晝漏六十刻，鄭玄曰五十五刻。」

會注考證：中井積德曰：「六十刻者，以日出入而言，五十五刻者，以晨昏而言，」愚按據下文注，《集解》五十五刻下當有失之二字。

案：「以正中夏」《尚書》作「以正仲夏」，中代仲，說見前。

其民因，鳥獸希革。

集解：孔安國曰：「因，謂老弱因就在田之丁壯，以助農也。夏時鳥獸毛羽希少改易也。革，改也。」

案：《尚書》作「厥民因，鳥獸希革」，孫疏曰：「因者，《釋詁》云：『儴，因也。』《說文》云：漢令解衣而耕，謂之襄。蓋謂民相就而助成耕耨之事。」此說甚允。希乃稀之省文，革通作翮，《詩・小雅・斯干》：「如鳥斯革」，《韓詩》作「如鳥斯翮」希革者，羽毛希少也。鄭玄曰：「夏時鳥獸皮見。」義同，《集解》之說非是。

申命和仲，居西土

集解：徐廣曰：「一無土字。以爲西者，今天水之西縣也。」駰案：鄭玄曰：「西者，隴西之西，今人謂之兌山」。

正義：和仲主西方之官，若《周禮》秋官卿也。

案：《尚書》作「分命和仲，宅西」，皮錫瑞曰：「史公作申命，蓋今文《尚書》。」

曰昧谷。

集解：徐廣曰：「一作柳谷。」駰案：孔安國曰：「日入于谷而天下冥，故曰昧谷。此居治西方之官，掌秋天之政也。」

案：《撰異》曰：「《尚書正義》卷二曰：『夏侯等書昧谷爲桺谷，是與鄭注不同也。〈五帝本紀〉；昧谷，徐廣曰：一作桺谷。』按司馬遷用今文《尚書》作《史記》。作桺者是司馬貞本，作昧者，淺人以所習古文《尚書》改之也。」史遷所本爲歐陽《尚書》，陳喬樅曰：「史遷時，惟有歐陽之學，然則知歐陽與兩夏侯皆同矣。」柳從丣聲，當爲丣之假借。丣，酉之古文，《說文》酉部云：「丣、古文酉，卯爲春門，萬物已出；丣爲秋門，萬物已入，一，閉門象也。」是名曰柳谷，示其爲西方之門，爲閉門幽闇之象與昧義同。

敬道日入，便程西成。

集解：孔安國曰：「秋，西方，萬物成也。」

會注考證：《尚書》作「寅餞納日」。

　案：史公於「寅賓」、「寅餞」皆訓爲敬道，蓋道導通用，兼有迎送二誼。陳喬樅
　　　《今文尚書經說考》云：「〈周語〉候人爲導，注云：『謂賓至爲先導也。』
　　　此迎來而導之使至者也。孟子曰：『有故而去，則君使人導之出疆。』此送
　　　往而導之使去者也。寅賓者，迎日所出之意，故曰：『敬道日出』。寅餞者，
　　　送日所入之意，故曰：『敬道日入』」，〔註6〕「平秩」作「便程」，說見前。

夜中、星虛，以正中秋。

集解：孔安國曰：「春言日，秋言夜，互相備也。虛，玄武之中星。亦言七星皆以秋
　　　分日見，以正三秋也。」

索隱：虛，舊依字讀，而鄒誕生音墟。案：虛星主墳墓，鄒氏或得其理。

　案：《尚書》作「夜中、星虛，以正中秋。」皮錫瑞曰：「宵，《史記》作夜；殷，
　　　《史記》作正。蓋今文《尚書》。」考《爾雅‧釋言》：「宵，夜也。」〈釋詁〉：
　　　「殷，正也。」夜、正皆訓詁字。

其民夷易；鳥獸毛毨。

集解：孔安國曰：「夷，平也。老壯者在田，與夏平也。毨，理也。毛更生曰毨理。」

會注考證：《尚書》無夷字，史公以易代夷，今本夷字，後人旁注誤入正文，夷易義
　　　複。博士家《異字》云：「《中彭》、《中韓本》、《南化本》無易字。」蓋誤削，
　　　《集解》毛更生曰毨理，《書傳》作毛更生整理。

　案：《撰異》云：「夷，〈五帝本紀〉作夷易。臧氏琳曰：『當是以易代夷，傳寫誤
　　　兩存之。』」與《會注考證》之說同。

申命和叔，居北方，曰幽都。

集解：孔安國曰：「北稱幽都，謂所聚也。」

索隱：案《山海經》曰：「北海之內有山名幽都」，蓋是也。

正義：按：北方幽州，陰聚之也，命和叔居理之。北方之官，若《周禮‧冬官卿》。

會注考證：《尚書》：北作朔。

　案：孫疏云：「史公以朔爲北者，〈釋訓〉云：『朔，北方也。』《淮南‧地形訓》
　　　云：『西北方曰不周之山，曰幽都之門。』注：『幽，闇也。都、聚也。元冥
　　　將始用事，順陰而聚，故曰幽都之門。』幽都即幽州。」

便在伏物；日短、星昴，以正仲冬。

集解：孔安國曰：「日短，冬至之日也。昴，白虎之中星。亦以七星並見，以正冬節也。」馬融、王肅謂日短晝漏四十刻。鄭玄曰四十五刻，失之。

索隱：使和叔察北方藏伏之物，謂人畜積聚等多皆藏伏。《尸子》亦曰：「北方者，伏方也。」《尚書》作「平在朔易」。今案：《大傳》云「便在伏物」，太史公據之而書。

會注考證：《尚書大傳》云：「北方者，何也？伏方也。伏方者，萬物伏藏之方，伏藏之方則何以謂之冬。冬者，萬物方藏於中也，故曰北方冬也。」

案：《太平御覽》卷十一引《大傳》云：「天子以三冬命三公謹蓋藏，閉門閭，固封境。」《禮記·月令》：「孟冬之月，命百官謹蓋藏，命司徒循行積聚，無有不斂。」《漢書·王莽傳》：「予之北巡，以勸蓋藏。」是伏物即蓋藏之義。姚豫太曰：「《尸子》：『北方者，伏方也。』《書正義》：『歲改易於北方者，人則三時在野，冬入隩室。物則三時生長，冬入囷倉。』然則史公以便在伏物釋平在朔易之義耳，非今古之異。」〔註7〕是也。

其民燠；鳥獸氄毛。

集解：徐廣曰：「氄音茸。」駰案：孔安國曰：「民入室處，鳥獸皆生氄毳細毛以自溫也。」

案：《尚書》作「厥民隩」，《撰異》曰：「考《爾雅·釋宮》音義雖云『奧，或本作隩。』然又云：『《尚書》並《說文》皆云奧室也。』可以證《尚書》經傳本作奧。……馬云燠也。此讀奧爲燠。奧自可引申兼燠義，不俟加火旁。〈洪範〉說庶微字本作奧，《史記》、《漢書》、《公羊傳》注皆爾，〈堯典〉經文倘作隩，則無緣馬訓其燠矣。今作奧，以復其舊。」《說文》：「奧，宛也，室之西南隅。」鄭玄曰：「奧，內也。」此謂隱伏於屋之內室，《詩·豳風·七月》：「嗟我婦子，曰爲改歲，入此室處。」正是此義。

歲三百六十六日，以閏月正四時。

索隱：夫周天三百六十五度四分度之一，是天度數也。而日行遲，一歲一周天；月行疾，一月一周天。日一日行一度，月一日行十三度十九分度之七。至二十九日半彊，月行天一匝，又逐及日而與會。一年十二會，是爲十二月。每月二十九日過半。年分出小月六，是每歲餘六日。又大歲三百六十六日，小歲三百六十五日，舉全數云六十六日。其實一歲唯餘十一日弱。未滿三歲，已成一月，則置閏。若三年不置閏，則正月爲二月。九年差三月，則以春爲夏。

〔註7〕同註2，頁4。

十七年差六月，則四時皆反。以此四時不正，歲不成矣。故《傳》曰「歸餘
於終，事則不悖」是也。

案：尙書作「帝曰：『咨！汝羲暨和。朞三百有六旬有六日，以閏月定四時成
歲。』」皮錫瑞曰：「《史記‧本紀》作歲三百六十六日，《漢書‧律厤志》作
歲三百有六旬有六日。蓋三家之本不同，而皆無上文『帝曰咨汝羲暨和』七
字，蓋今文《尙書》本無之，非渚文也。」崔適《史記探源》亦云：「《尙書》
作三百有六旬有六日，上下皆言日數，中舉旬數，文奧難曉；若順文解之，
似三千六百六日矣，故史公易之如此。」二家之說可信。定作正者，《撰異》
曰：「〈五帝本紀〉作正者，以其訓故字代之也。」《詩》疏引孫炎注《爾雅》：
「定，正也。」段說是也。

信飭百官，衆功皆興。

集解：徐廣曰：「古勅字。」

會注考證：《尙書》云：「帝曰：『咨汝羲暨和，朞三百有六旬有六日，以閏月定四時
成歲。』允釐百工，庶績咸熙。」蓋在書厤成，堯戒羲和之言，而史公改爲
敘事之文。崔述曰：「厤有三率，一晝夜爲日率，一盈虧爲月率，皆易知者，
獨一寒暑爲歲率，其間贏縮奇寒，最爲難齊，故厤法以成歲爲要，然歲之終
始，非有定界，不可以徒求，故分以爲四時，而命二仲二叔分居四方以考驗
之。時之終始，尤無定界，益不可以徒求，故但求定天下四時之中，中得則
前推之即爲始，後推之即爲終。日永日短者，考之以晷漏，星鳥星虛者，考
之以躔度，猶懼其未也。復驗之於人物出入變化之節，而後四時可定，四時
定則日數可得，月閏不差，而歲成矣。」又曰：「厤法政事之一端耳，何爲
詳記之如是也？」曰：「帝王之治，莫先於授時，四時不爽，然後農桑可興，
政令可布，人物之性可盡，天地陰陽之化，可得而輔相爕理，書契史冊之文，
可得而次第考核，故〈堯典〉載堯之政，特詳於此，而孔子答顏淵爲邦之問，
亦以行夏時爲第一義也。」所謂夏時即堯所定之厤。

案：《尙書》作「允釐百工，庶績咸熙。」〈釋詁〉：「允，信也。」《史記》以訓詁
字代之。釐作飭，〈周頌‧臣工〉：「王釐爾成。」箋：「釐，理也。」釐理同
屬來紐，段氏第一部，是釐爲理之假借。《易‧噬嗑》鄭注：「飭猶理也。」
則《史記》作飭，用訓故字也。工作官，《詩‧周頌‧臣工》：「嗟嗟臣工。」
傳：「工，官也。」庶作衆，績作功，咸作皆，熙作興，皆〈釋詁〉言，官、
衆、功、皆、興並訓詁字。

　　堯曰：「誰可順此事？」放齊曰：「嗣子丹朱開明。」堯曰：「吁！頑凶，不用。」堯又曰：「誰可者？讙兜曰：「共工旁聚布功，可用。」堯曰：「共工善言，其用僻，似恭漫天，不可。」堯又曰：「嗟！四嶽。湯湯洪水滔天；浩浩懷山襄陵，下民其憂，有能使治者？」皆曰鯀可。堯曰：「鯀負命毀族，不可。」嶽曰：「异哉，試不可用而已。」堯於是聽嶽用鯀。九歲，功用不成。

堯曰：「誰可順此事？」

正義：言將登用之嗣位也。

會注考證：《正義》嗣位二字當削。

　案：《尚書》作「帝曰：『疇咨，若時登庸？』」疇作誰，〈釋詁〉文；若作順，〈釋言〉文，故誰、順並為訓詁字。馬融曰：「羲和為卿官，堯之末年，皆以老死，庶績多闕，故求賢順四時之職，欲用以代羲和。」（《尚書正義》引）孫疏亦云：「此事即謂羲和之職，《史記正義》以下言丹朱，而云將登用之嗣位，非也。」時指天時；此事者，謂能順應天時即升任之也。

放齊曰：「嗣子丹朱開明。」

集解：孔安國曰：「放齊，臣名。」

正義：放音方往反。鄭玄云：「帝堯胤嗣之子，名曰丹朱，開明也。」按：開，解而達也。《帝王紀》云：「堯娶散宜氏女，曰女皇，生丹朱。」《汲冢紀年》云：「后稷放帝子丹朱。」范汪《荊州記》云：「丹水縣在丹川，堯子朱之所封也。」《括地志》云：「丹朱故城在鄧州內鄉縣西南百三十里。丹朱故為縣。」

會注考證：《尚書》作「胤子朱啓明。」

　案：《尚書》嗣作胤，〈釋詁〉：「胤嗣，繼也。」馬融曰：「胤，嗣也。」故嗣為訓詁字。又開作啓者，訓故字，非避諱字；孫疏云：「後人逢經文，國字、啓字便疑漢人諱字，輒加改正者，誤也。」《撰異》說同，是也。

堯曰：「吁頑凶，不用。」

集解：孔安國曰：「吁，疑怪之辭。」

正義：《左傳》云：「口不道忠信之言為嚚，心不則德義之經為頑。」凶，訟也。言丹朱心既頑嚚，又好爭訟，不可用之。

會注考證：《尚書》作「吁！嚚訟，可乎！」中井積德曰：「不用，不中用也。」

　案：《尚書》「凶」作「訟」，〈釋言〉：「訩，訟也。」孫疏云：「《說文》訩或作詾，或作說，皆同字，而云說也，說蓋訟之譌，凶即訩省文。」故凶為訓詁字。

堯又曰：「誰可者？」

會注考證：《尚書》無「又」字，「誰可者」作「疇咨！若予采」。

案：上文「誰可順此事」句，史遷乃兼括《尚書》「疇咨！若時登庸」及「疇咨！若予采」兩句，今以「堯又曰：『誰可者？』」接之，此欒括經文言之，以求文義之顯明耳。〔註8〕

讙兜曰：「共工旁聚布功，可用。」

集解：孔安國曰：「讙兜，臣名。」鄭玄曰：「共工，水官名。」

正義：兜、音斗侯反。

會注考證：《尚書》作「都！共工方鳩僝功。」

案：《尚書》「旁」作「方」，〈皋陶謨〉：「方施象刑」，《白虎通‧聖人篇》以方爲旁；屈翼鵬《尚書釋義》：「方，旁古通，普也。」旁从方聲，故相通借。又聚作鳩，《說文》：「逑，斂聚也。」下引〈虞書〉曰：「旁逑孱功」。鳩、逑爲旁紐雙聲，段氏古音第三部，鳩爲逑之假昔，史公作聚，此以同義字相代。僝爲布者，僝爲侟之俗字，孫疏云：「侟與撰聲相近」，王逸注《楚辭》云：「撰猶博也，博義近布。」故史遷以布代僝，布爲訓詁字。

堯曰：「共工善言，其用僻，似恭漫天，不可。」

正義：漫音莫干反。共工善爲言語，用意邪僻也。似於恭敬，罪惡漫天，不可用也。

會注考證：《尚書》作「吁！靜言庸違，象恭、滔天。」

案：善、用、僻並爲訓詁字。史記「靜」作「善」者，《韓詩》：「有靖家室」，《藝文類聚》八十七引作「有靜家室」。是靜與靖通，《類聚》又引《韓詩》曰：「靖，善也。」是靜言即善言。庸作用者，《說文》：「庸，用也。」違作僻者，《左傳》文十八年：「靖譖庸回」。回、衺僻也。（《文選‧西征賦》薛注）古回違通用，《漢書‧王尊傳》作：「靖譖庸違」是其例，以違訓邪僻，故《史記》以僻字代之。滔作漫，皮錫瑞曰：此滔字當作慆，《史記》漫字當作慢，蓋史公訓慆爲慢。」是也。

堯又曰：「嗟，四嶽，

集解：鄭玄曰：「四嶽，四時官，主方嶽之事。」

正義：嗟嘆鴻水，問四嶽誰能理也。孔安國云：「四嶽，即上羲和四子也。分掌四嶽之諸侯，故稱焉。」

〔註8〕同註6，頁209。

會注考證：《尚書》「嗟」作「咨」，語詞。四岳，鄭說爲是。下曰皆曰，非一人也，
　　　　與羲和四子異。

　案：《尚書》「嶽」作「岳」，《大傳》云：「惟元祀巡狩四嶽八伯。」此四嶽指四方
　　　諸侯之長，與鄭說異，《大傳》爲長。嗟作咨，蓋史遷以通行字釋經，若俞
　　　皆爲然，都皆爲於之例也。

湯湯洪水滔天，浩浩懷山襄陵，下民其憂，有能使治者？」

集解：孔安國曰「懷，包；襄，上也。」

正義：湯音商，今讀如字。蕩蕩，廣平之貌。言水奔突有所滌除，地上之物爲水漂
　　　流蕩蕩然。按：藏，包裹之義，故懷爲包。〈釋言〉以襄爲駕，駕乘牛馬皆
　　　在上也。言水襄上乘陵，浩浩盛大，勢若漫天。

會注考證：《尚書》作湯湯浩水方割，蕩蕩懷山襄陵，下民其咨，有能俾乂，《楓》、
　　　　《三》、《南本》、湯作蕩，《南本》洪作鴻。

　案：《廣雅·釋訓》：「湯湯、浩浩、潒潒，流也。」《說文》音蕩，潒潒即蕩蕩也。
　　　《史記》咨作憂，《廣韻》：「嗞嗟，憂聲也。」俾作使，乂作治，皆〈釋詁〉
　　　文，憂、使、治並訓詁字。

皆曰鯀可。堯曰：「鯀負命毀族，不可。」

集解：馬融曰「鯀，臣名，禹父。」

正義：負音佩，依《字通》。負，違也。族，類也。鯀性狠戾，違負教命，毀敗善類，
　　　不可用也。《詩》云「貪人敗類也。」

會注考證：《尚書》作「僉曰：『於！鯀哉！』帝曰：『吁咈哉，方命圮族。』」李笠
　　　　曰：「負倍佩背，聲義並相通。」

　案：負、毀並爲訓詁字，孫疏曰：「方負聲之轉，《孟子·梁惠王》：『方命虐民』
　　　注：『方，猶逆也。』逆意近負。圮作毀，〈釋詁〉：『圮，毀也。』」

嶽曰：「异哉，試不可用而已。」

正義：异音異。孔安國云：「异，已也，退也。言餘人盡已，唯鯀可試，無成乃退。」

會注考證：《尚書》作「异哉，試可乃已」。陳仁錫曰：「洞本可下無用字。」張文虎
　　　　曰：「舊刻無用字，審經文及傳，無者是。」錢大昕曰：「古人語急，以不可
　　　　爲可也，古經簡質，得《史記》而義益明。」

　案：此句爲史公增字解經，《尚書》作「試可乃已」謂「試之而可乃用之」。

堯於是聽嶽用鯀。九歲，功用不成。

正義：《爾雅‧釋天》云：「載，歲也。夏曰祀，周曰年，唐、虞曰載。」李巡云：「各
　　　自紀事，不相襲也。」孫炎云：「歲，取星行一次也。祀，取四時祭祀一訖
　　　也。年，取年穀一熟也。載，取萬物始更終也。載者，年之別名，故以載爲
　　　年也。」按：功用不成，水害不息，故放退也。至明年得舜，乃殛之羽山，
　　　而用其子禹也。

會注考證：《尚書》作「帝：『往，欽哉！』九載，績用弗成。」愚按《尚書》又云
　　　「三載考績，三考黜陟幽明！」鯀蓋歷三考也。舜所以黜之，又按以上略與
　　　《尚書》對比，以示史爲剪裁之法，以下仿之。

　案：臧琳曰：「今文《尚書》：『九歲，績用不成。』《史記》下云七十載，故知此
　　　非訓載爲歲，乃本異也。」考〈夏本紀〉云：「治水九年而水不息，功用不
　　　成。」臧氏之說未允。

　　　堯曰：「嗟！四嶽。朕在位七十載，汝能庸命，踐朕位？」嶽應曰：「鄙
德忝帝位。」堯曰：「悉舉貴戚及疏遠隱匿者。」眾皆言於堯曰：「有矜在民
間，曰虞舜。」堯曰：「然，朕聞之。其何如？」嶽曰：「盲者子。父頑，母
嚚，弟傲，能和以孝，烝烝治，不至姦。」堯曰：「吾其試哉。」於是堯妻之
二女，觀其德於二女。舜飭下二女於媯汭，如婦禮。堯善之，乃使舜慎和五
典，五典能從。乃徧入百官，百官時序。賓於四門，四門穆穆，諸侯遠方賓
客皆敬。堯使舜入山林川澤，暴風雷雨，舜行不迷。堯以為聖，召舜曰：「女
謀事至而言可績，三年矣。女登帝位。」舜讓於德不懌。正月上日，舜受終
於文祖。文祖者，堯大祖也。

堯曰：「嗟！四嶽。朕在位七十載，汝能庸命，踐朕位？」

集解：鄭玄曰：「言汝諸侯之中有能順事用天命者，入處我位，統治天子之事者乎？」
正義：孔安國云：「堯年十六，以唐侯升爲天子，在位七十載，時八十六，老將求代也。」
會注考證：陳仁錫曰：「《湖本》女作汝，誤，篇內同。」王觀國曰：「〈伊訓〉曰：『朕
　　　載自亳』，此伊尹自稱朕也。〈洛誥〉曰：『朕復子明辟』，此周公自稱朕也。
　　　〈離騷〉曰：『帝高陽之苗裔兮，朕皇考曰伯庸。』此屈原自稱朕也。秦始
　　　皇帝初并天下，以命爲制。令爲詔，自稱曰朕，自是惟人君稱朕，臣下不敢
　　　稱也。」

　案：《尚書》「踐」作「巽」，巽爲假借字。孫疏云：「史公巽爲踐，巽踐聲相近。」
　　　俞樾《群經平議》云：「《史記‧五帝本紀》巽作踐，當從之。《尚書》作巽

者，叚借字也。」踐屬心紐，巽屬從紐，兩者旁紐雙聲，同在段氏第十四部，故可相通叚，此史公以本字代假借字例。

嶽應曰：「鄙德忝帝位。」

正義：四嶽皆云，鄙俚無德，若便行天子事，是辱帝位。言己等不堪也。

　　案：《尚書》「鄙」作「否」，皮錫瑞曰：「臧琳說：『今文《尚書》作鄙』，《論語》『予所否者』，《論衡·問孔》作『予所鄙者』。兩漢人所引〈魯論〉爲今文，《論語》作予鄙與書古今文正同。」

堯曰：「悉舉貴戚及疏遠隱匿者。」眾皆言於堯曰：「有矜在民間，曰虞舜。」

集解：孔安國曰：「無妻曰矜。」

正義：矜，古頑反。

會注考證：崔述曰：「古者三十而娶，三十未娶，常事耳，何以鰥稱也，以下釐降二女，故於此稱鰥焉，明舜之未娶也。」

　　案：此句《尚書》作「曰：『明明揚側陋。』師錫帝曰：『有鰥在下，曰虞舜。』」《撰異》曰：「考《史記》：『堯曰：悉舉貴戚及疏遠隱匿者。』悉舉訓明揚，貴戚訓明，疏遠隱匿訓側陋。」眾作師，〈釋詁〉文，師爲訓詁字。鰥作矜，二字古通，《詩·何草不黃》：「何人不矜。」《韓詩》作鰥，是其例。

堯曰：「然，朕聞之。其何如？」嶽曰：「盲者子。父頑，母嚚，弟傲，能和以孝，烝烝治，不至姦。」

集解：孔安國曰：「不至於姦惡。」

正義：烝，之升反，進也。言父頑，母嚚，弟傲，舜皆和以孝，進之於善，不至於姦惡也。

會注考證：王引之曰：烝烝即孝德之形容，謂之烝烝者，言孝德之厚美也。《大雅·文王有聲》云：「文王烝烝哉。」《韓詩》云：「烝，美也。」〈魯頌·泮水〉云：「烝烝皇皇。」傳云：「烝烝，厚也。」愚按：不至姦，不使至於姦惡也。

　　案：此句《尚書》作「帝曰：『俞，予聞；如何？』岳曰：『瞽子，父頑，母嚚，象傲；克諧以孝，烝烝乂，不格姦。』」俞作然，〈釋言〉文；予作朕，瞽作盲，〈釋詁〉文；然、朕，瞽並訓詁字。格作至者，格爲叚之叚借，格叚同屬見紐，段氏古音第十五部，《說文》：「叚，至也。」故以至代格也。

堯曰：「吾其試哉。」於是堯妻之二女，觀其德於二女。

正義：欲以二女試舜，觀其理家之道也。妻音七計反。二女，娥皇，女英也。蛾皇無子，女英生商均。舜升天子，娥皇爲后，女英爲妃。又視其爲德行於二女，

以理家而觀國也。

會注考證:《楓》、《三》、《南本》,德作自爲,《尚書》作刑。

　案:《尚書》作「帝曰:『我其試哉!』女于時,觀厥刑于二女。」陳喬樅曰:「《尚
　　　書正義》云:『馬鄭王說此經皆無帝曰,當時庸生之徒漏之也。今據《史記》
　　　以訓詁代經文,有堯曰二字,則知今文《尚書》,此經實有帝曰也。』」此說
　　　甚允。《尚書》上「女」字蓋涉下文而衍。〔註9〕又刑作德者,刑爲型之假借,
　　　《史記》用訓故字也。

舜飭下二女於嬀汭,如婦禮。

集解:孔安國曰:「舜所居嬀水之汭。」

索隱:《列女傳》云:「二女長曰娥皇,次曰女英。」《系本》作「女瑩」。《大戴禮》
　　　作「女匽」。皇甫謐云:「嬀水在河東虞縣歷山西。汭,水涯也,猶洛汭、渭
　　　汭然也。」

正義:飭音勑。下音胡亞反。汭音芮。舜能整齊二女以義理,下二女之心於嬀汭,
　　　使行婦道於虞氏也。《括地志》云:「嬀汭水源出蒲州河東南山。許慎云:『水
　　　涯曰汭。』按:《地記》云:『河東郡青山東山中有二泉,下南流者嬀水,北
　　　流者汭水。二水異原,合流出谷,西注河。嬀水北曰汭也。』又云:『河東
　　　縣二里故蒲坂城,舜所都也。城中有舜廟,城外有舜宅入二妃壇。』」

會注考證:《尚書》「飭下」作「釐降」,句下有「帝曰:『欽哉!』」四字,蔡沈云:
　　　「堯治裝下嫁二女於嬀水之北,使爲舜婦於虞氏之家也。欽哉!堯戒二女之
　　　辭。」經義蓋如此,史公句上冠以舜字,與經殊,《正義》得之。

　案:嬀汭皆水名,西經歷山下,地處今山西省永濟縣。〔註10〕此條《尚書》作「釐
　　　降二女于嬀汭,嬪于虞。帝曰:『欽哉。』」《會注考證》論經史異義,甚允。
　　　《撰異》曰:「〈五帝本紀〉用今文《尚書》說云:『於是堯妻之二女,觀其
　　　德於二女。』二句不爲堯言。『舜飭下二女於嬀汭,如婦禮。』二句爲舜事,
　　　似非經意。」此史公釋經而與經義相違者。

堯善之,乃使舜愼和五典,五典能從。

集解:鄭玄曰:「五典,五教也。蓋試以司徒之職。」

會注考證:五典,五教,說詳布五教條下。

〔註 9〕見楊筠如著《尚書覈詁・虞夏書堯典第一》,頁 11,學海版。
〔註10〕見酈道元《水經注》;《水經・河水注》:「郡南有歷山,謂之歷觀,舜所耕處也。有舜
　　　井,嬀汭二水出焉,南曰嬀水,北曰汭水,西逕歷山下,上有舜廟。」商務版,頁
　　　62。

案：《尚書》作「愼徽五典，五典克從」。「堯善之」者，史公以「帝曰：『欽哉！』」
　　爲美舜之事，不以爲堯戒二女謹言之辭，此與經義不合。

乃徧入百官，百官時序。賓於四門，四門穆穆，諸侯遠方，賓客皆敬。

集解：馬融曰：「四門，四方之門。諸侯羣臣朝者，舜賓迎之，皆有美德也。」

案：《尚書》「百官」作「百揆」，「揆」屬羣紐，「官」屬見紐，兩字旁紐雙聲，故
　　相通叚。《淮南子・泰族訓》曰：「堯乃妻以二女，以觀其內；仕以百官，以
　　觀其外。」字亦作官。

堯使舜入山林川澤，暴風雷雨，舜行不迷。

索隱：《尚書》云「納于大麓」，《穀梁傳》云「林屬於山曰麓」，是山足曰麓，故此
　　以爲入山林不迷。孔氏以麓訓錄，言令舜大錄萬機之政，與此不同。

會注考證：《尚書大傳》云：「納之大麓之野」，野山林川澤也，是史公所本。《漢書・
　　王莽傳》，張竦稱莽功德曰：「比三世爲三公，送大行秉冢宰，職塡國家，四
　　方輻湊，靡不得所。《書》曰：『納于大麓，烈風雷雨弗迷』，公之謂矣。」
　　又莽曰：「予前在大麓」。《論衡・正說篇》：「《書》云：『入于大麓，烈風雷
　　雨不迷』，言大麓三公之位，居一公之位，大總錄二公之事，衆多並吉，若
　　疾風大雨。」王肅注《尚書》曰：「麓，錄也。」是以大麓爲大錄萬幾之政，
　　與史公義異。

案：《尚書》「大麓」《史記》作「山林川澤」，此與經義未合，「麓」以假借義「錄」
　　解，瀧川資言之說爲長。麓錄同屬來紐，段氏古音第十七部，可相通假。《僞
　　孔傳》：「麓，錄也。納舜使大錄萬機之政，陰陽和，風雨時，各以其節，不
　　有迷錯，愆伏明舜之德合於天。」

堯以爲聖，召舜曰：「女謀事至而言可績，三年矣。女登帝位。」

集解：鄭玄曰：「三年者，賓四門之後三年也。」

會注考證：亦三載考績之義。

案：《尚書》作「帝曰：『格爾舜！詢事考言，乃言底可績，三載；汝陟帝位。』」
　　詢作謀，〈釋詁〉文，此訓詁字。「言」爲衍文；孫疏：「宋本《北堂書鈔・
　　歎美部》引詢事考言，乃底可績」。

舜讓，於德不懌。

集解：徐廣曰：「音亦，今文《尚書》作不怡。怡，懌也。」

索隱：古文作「不嗣」今文作「不怡」，怡即懌也。謂辭讓於德不堪，所以心意不悅

澤也。《俗本》作「澤」，誤爾，亦當爲「懌」。

會注考證：史公〈自序〉云：「唐堯遜位，虞舜不台」，台，怡通，〈釋詁〉：「怡，懌，樂也。」史公以故訓代之。

　案：《尚書》「不懌」作「弗嗣」，漢所見熹平古文《尚書》作「不怡」。《玉篇》云：「怡，悅也，樂也。」嗣《說文》本義訓諸侯嗣國，嗣爲怡之假借，兩者同屬段氏第一部；又怡與懌雙聲，同屬喻紐，故相通假。此史公以本字代假借字例。

正月上日，舜受終於文祖。文祖者，堯大祖也。

集解：馬融曰：「上日，朔日也。」鄭玄曰：「文祖者，五府之大名，猶周之明堂。」

索隱：《尚書帝命驗》曰：「五府，五帝之廟。蒼曰靈府，赤曰文祖，黃曰神斗，白曰顯紀，黑曰玄矩。唐虞謂之五府，夏謂世室，殷謂重屋，周謂明堂，皆祀五帝之所也。」

正義：鄭玄云：「帝王易代，莫不改正。堯正建丑，舜正建子，此時未改，故依堯正月上日也。」舜受堯終帝之事於文祖也。《尚書帝命驗》云：「帝者承天立府，以尊天重象也。五府者，黃曰神斗。」注云：「唐虞謂之天府，夏謂之正室，殷謂之重室，周謂之明堂，皆祀五帝之所也。文祖者，赤帝熛怒之府，名曰文祖。火精光明，文章之祖，故謂之文祖。周曰明堂。神斗者，黃帝含樞紐之府，名曰神斗。斗，主也。土精澄靜，四行之主，故謂之神斗。周曰太室。顯紀者，白帝招拒之府，名顯紀。紀，法也。金精斷割萬物，故謂之顯紀。周曰總章。玄矩者，黑帝光紀之府，名曰玄矩。矩，法也。水精玄昧，能權輕重，故謂之玄矩。周曰玄室。靈府者，蒼帝靈威仰之府，名曰靈府。周曰青陽。」

會注考證：受終者，孟子所謂堯老而舜攝者，就政而言，不就位而言。段玉裁曰：「堯太祖蓋謂黃帝。」姚範曰：「以文祖爲堯太祖，此疑太史公從安國問故而得之者。今《書》傳乃云：『堯文德之祖廟』，則謬悠之說矣。康成以緯書解經，裴氏不當取以解此。」愚按五天帝之說，自五人帝而生，皆以五德配五色，周末始有之，唐虞所無。

　案：上日乃言上旬之吉日，古以旬計日，《穀梁》哀元年：「我以十二月下辛，卜正月上辛，如不從，則以正月下辛，卜二月上辛。」是其證，馬融之說，非是。又《僞孔傳》曰：「文祖者，堯文德之祖廟。」文祖、文考皆周人習用語，義含祖廟，謂有文德之祖、考也。金文屢見，如：宗鼎：「乍朕文考釐叔障鼎」，

白辰鼎：「乍朕文考釐叔障鼎」，白辰鼎：「乍朕文考公害障鼎」。〔註11〕

　　於是帝堯老，命舜攝行天子之政，以觀天命。舜乃在璿璣玉衡，以齊七政。遂類於上帝，禋于六宗，望於山川，辯於群神。揖五瑞，擇吉月日，見四嶽諸牧，班瑞。歲二月，東巡狩，至於岱宗，柴，望秩於山川。遂見東方君長，合時月正日，同律度量衡，脩五禮、五玉、三帛、二生、一死為摯，如五器，卒乃復。五月，南巡狩；八月，西巡狩；十一月，北巡狩，皆如初。歸，至于祖禰廟，用特牛禮。五歲一巡狩，羣后四朝。徧告以言，明試以功，車服以庸。肇十有二州，決川。象以典刑，流宥五刑，鞭作官刑，扑作教刑，金作贖刑。眚災過赦，怙終賊刑。欽哉，欽哉，惟刑之靜哉！

於是帝堯老，命舜攝行天子之政，以觀天命。舜乃在璿璣玉衡，以齊七政。
集解：鄭玄曰：「璿璣，玉衡，渾天儀也。七政，日月五星也。」
正義：《說文》云：「璿，赤玉也。」按：舜雖受堯命，猶不自安，更以璿璣玉衡以正天文。機為運轉，衡為橫簫，運機使動於下，以衡望之，是王者正天文器也，觀其齊與不齊。今七政齊，則已受禪為是。蔡邕云：「玉衡長八尺，孔徑一寸，下端望之，以視星宿，並縣機以象天，而以衡望之，轉機窺衡，以知星宿。機徑八尺，圓周二尺五寸而強也。」鄭玄云：「運轉者為機，持正者為衡。」《尚書大傳》云：「政者，齊中也。謂春秋冬夏天文地理人道，所以為政也，道正而萬事順成，故天道政之大也。」
會注考證：於是以下本《孟子‧萬章篇》，觀天命即薦諸天也。崔述曰：「此舜成天之政，所以補堯授時之未備，故首及之。」
　案：「璿璣」《尚書大傳》、〈天官書〉、漢碑孟郁修〈堯廟碑〉並作「旋機」，蓋涉下文玉衡而誤從玉作璇璣；璇，又轉作璿耳。旋機，測天象之渾天儀，陳喬樅謂：「伏生今文祇作旋機，歐陽《尚書》同大夏侯《尚書》亦同，今本《史記》《漢書》之作璿璣，乃後人轉寫者改之，其以璇璣玉衡專指儀器觀天言之，則小夏侯之說也。」

遂類於上帝，
集解：鄭玄曰：「禮祭上帝於圓丘。」
正義：《五經異義》：「非時祭天謂之類，言以事類告也。時舜告攝，非常祭也。」〈王

〔註11〕見羅振玉編《三代吉金文存》：〈宁鼎〉文載頁410，〈白辰鼎文〉載頁439，文華版。

制〉云：「天子將出，類于上帝。」鄭玄云：「昊天上帝謂天皇大帝，北辰之星。」

案：尚書「遂」作「肆」，肆類並爲祭名。《周禮‧典瑞》：「以肆先王」，鄭玄注：「肆，解牲體以祭。」史公以肆訓遂，肆、遂旁紐雙聲，段氏古音第十五部，可相通用。

禋于六宗，

集解：鄭玄曰：「六宗，星、辰、司中、司命、風師、雨師也。」駰案：六宗義眾矣。愚謂鄭說爲長。

正義：〈周語〉云「精意以享曰禋」也。孫炎云：「煙，絜敬之祭也。」**按：**星，五星緯也。辰，日月所會十二次也。司中、司命，文昌第五、第四星也。風師，箕星也。雨師，畢星也。孔安國云：「四時寒暑也，日月星也，水旱也。」《禮‧祭法》云：「埋少牢於大昭，祭時也。襀祈於坎壇，祭寒暑也。王宮，祭日也。夜明，祭月也。幽禜，祭星。雲禜，祭水旱也。」司馬彪《續漢書》云：「安帝立六宗，祀於洛陽城西北亥地，禮比大社。魏因之。至晉初，荀顗言新祀，以六宗之神諸家說不同，乃廢之也。」

會注考證：六宗，自漢以來無定說，歐陽及大小夏侯皆曰：「所祭者，上不謂天，下不謂地，旁不謂四方，在六者之間，助陰陽變化，實一而名六宗矣。」孔光劉歆曰：「六宗謂乾坤六子，水火雷，風山澤也。」賈逵曰：「天宗三，日月星辰；地宗三，河海岱。」馬融曰：「天地四時」，鄭玄曰：「星、辰、司中、司命、風師、雨師。」王肅曰：「四時，寒暑、日、月、星、水旱、與某氏書傳合。」張髦曰：「三昭六穆，未知孰是。」

案：鄭玄曰：「禋，煙也。取其氣達升報于陽也；六宗煙與祭天同名。」《尚書大傳》引《書》曰：「煙于六宗」，字作「煙」。六宗之說，以鄭注爲長，《周禮‧春官‧大宗伯》：「以禋祀祀昊天上帝，以實柴祀日月星辰，以橧燎祀司中、司命、飌師、雨師。」可證。

望于山川，辯於羣神。

集解：徐廣曰：「辯音班。」駰案：鄭玄曰「羣神若丘陵墳衍」。

正義：望者，遙望而祭山川也。山川，五嶽，四瀆也。《爾雅》云：「梁山，晉望也。」辯音遍。謂祭羣神也。

會注考證：〈封禪書〉辯作徧，王先謙曰：「黃圖載元始儀」，《說苑》辨作徧，愚按辯又或作班，徧、辯、班音近，蓋與類禋同祭神也，其義未詳。

案：望、祭名，此指四望；即天子郊祭山川之神。《周禮・典命》云：「司服掌王
之吉凶衣服，祀四望山川，則毳冕。」又《尚書》辯作徧，孫疏曰：「史公
徧爲辯者，《儀禮》及《禮記》徧多作辯，鄭注〈鄉飲酒禮〉及〈燕禮〉云：
『今文辯皆作徧』，是辯爲古字。」

揖五瑞，擇吉月日，見四嶽諸牧，班瑞。

集解：馬融曰：「揖，斂也。五瑞，公侯伯子男所執，以爲瑞信也。堯將禪舜，使羣
牧斂之，使舜親往班之。」

正義：揖音集。《周禮・典瑞》云：「王執鎮圭，尺二寸。公執桓圭，九寸。侯執信
圭，七寸。伯執躬圭，五寸。子執穀璧，男執蒲璧，皆五寸。言五瑞者，王
不在中也。」孔文祥云：「宋末，會稽修禹廟，於廟庭山土中得五等圭璧百
餘枚，形與周禮」同，皆短小，此即禹會諸侯於會稽，執以禮山神而埋之。
其璧今猶有在也。」

會注考證：《楓》《三》《南本》，無月字，〈封禪書〉班作還，崔述曰：「此記布政於
內之事，先事神而後治人者，奉天而以出治，明不敢自專也。」

案：《尚書》「揖」作「輯」。揖、輯並爲戢之假借，戢，斂也。「擇吉月日」《尚書》
作「既月乃日」，《漢書・郊祀志》引與《史記》同，於文義甚確，《僞孔傳》
釋「既」爲「盡」，非也。皮錫瑞曰：「史公或以故訓改經，班孟堅則不然，
而《史》《漢》所引皆同，蓋皆引用今文《尚書》，與古文《尚書》本異也。」

歲二月，東巡狩，至於岱宗，柴；望秩於山川。

集解：馬融曰：「舜受終後五年之二月。」鄭玄曰：「建卯之月也。柴祭東嶽者，考
績。柴，燎也。」

正義：按：既班瑞羣后即東巡者，守土之諸侯會岱宗之嶽，焚柴告至也。王者巡狩，
以諸侯自專一國，威福任己，恐其擁過上帝，澤不下流，故巡行問人疾苦也。
《風俗通》云：「太山之尊者，一曰岱宗，始也，長也，萬物之始，陰陽交
代，故爲五岳之長也。」按：二月，仲月也。仲，中也，言得其中也。望秩
於山川，乃以秩望祭東方諸侯境內之名山大川也。言秩者，五岳視三公，四
瀆視諸侯。

案：《尚書》「狩」作「守」，狩爲守之假借，狩從守聲，故相通叚，《孟子・梁惠
王》下：「天子適諸侯曰巡狩；巡狩者，巡所守也。」是其證。「柴」作「柴」，
《說文》：「柴，燒柴尞祭天也。」《爾雅・釋天》：「祭天曰燔柴。」《禮記・
祭法》：「燔柴於泰壇，祭天也。」柴，柴並爲祭名，本作柴，作柴者，假借

字，柴从柴省聲，古通。

遂見東方君長，合時月正日，

集解：鄭玄曰：「協正四時之月數及日名，備有失誤。」

正義：既見東方君長，乃合同四時氣節，月之大小，日之甲乙，使齊一也。《周禮》：
「太史掌正歲年以序事，頒正朔於邦國。」則節氣晦朔皆天子頒之。猶恐諸
侯國異，或不齊同，因巡狩合正之。

　案：「東方君長」《尚書》作「東后」，皮錫瑞曰：「《史記》以東方君長釋東后，乃
以故訓代經。」

同律度量衡，

集解：鄭玄曰：「同律，度，丈尺，量，斗斛；衡，斤兩也。」

正義：律之十二律，度之丈尺，量之斗斛，衡之斤兩，皆使天下相同，無制度長短
輕重異也。《漢‧律歷志》云：「〈虞書〉云『同律度量衡』，所以齊遠近，立
民信也。律有十二，陽六爲律，陰六爲呂。律以統氣類物，一曰黃鍾，二曰
太蔟，三曰姑洗，四曰蕤賓，五曰夷則，六曰無射。呂以旅陽宣氣，一曰林
鍾，二曰南呂，三曰應鍾，四曰大呂，五曰夾鍾，六曰中呂，度者，分、寸、
尺、丈、引也，所以度長短也。本起黃鍾之管長，以子穀秬黍中者一黍爲一
分，十分爲一寸，十寸爲尺，十尺爲丈，十丈爲引，而五度審矣。量者，龠、
合、升、斗、斛也，所以量多少也。本起黃鍾之龠，以子穀秬黍中者千有二
百實爲一龠，十龠爲合，十合爲升，十升爲斗，十斗爲斛，而五量嘉矣。衡
權者，銖、兩、斤、鈞、石也，所以秤物輕重也。本起於黃鍾之重，一龠容
千二百黍，重十二銖，二十四銖爲兩，十六兩爲斤，三十斤爲鈞，四鈞爲石，
而五權謹矣。衡，平也。權，重也。」

會注考證：《正義》本起黃鍾之管以下十七字，與《漢書‧律歷志》同訛，館本依《宋
史‧律志》，改作本起黃鍾之長，以子穀秬黍中者，一黍之起積千二百黍之
廣度之，九十分一爲一分，十分爲寸。

　案：《撰異》云：「《釋文》大書同律下云鄭云：『陰呂陽律也』，蓋陰呂訓同，陽律
訓律也。」此本《周禮‧春官‧太師》：「大師掌六律六同，以合陰陽之聲。」
之說恐誤。「同」者、「齊一」也；《禮記‧月令》：「同度量，平權衡，正鈞
石。」《白虎通‧巡狩篇》：「同律厤，叶時月。」皆其例證。

脩五禮，

集解：馬融曰：「吉、凶、賓、軍、嘉也。」

正義：《周禮》：「以吉禮事邦國之鬼神祇，以凶禮哀邦國之憂，以賓禮親邦國，以軍禮同邦國，以嘉禮親萬民也。」《尚書‧堯典》云「類于上帝」，吉禮也；「如喪考妣」，凶禮也；「羣后四朝」，賓禮也；〈大禹謨〉云「汝徂征」，軍禮也；〈堯典〉云「女于時」，嘉禮也。女音女慮反。

案：「脩」《尚書》作「修」，脩、修同屬心紐，段氏古音第三部，故可通假。《周禮‧天官‧宮人》：「掌王之六寢之脩。」《釋文》：「脩，本亦作修。」可證。

五玉、三帛、

集解：五玉，鄭玄曰：「即五瑞也。執之曰瑞，陳列曰玉。」三帛，馬融曰：「三孤所執也。」鄭玄曰：「帛，所以薦玉也。必三者，高陽氏後用赤繒，高高辛後用黑繒，其餘諸侯皆用白繒。」

正義：孔安國云：「諸侯世子執纁，公之孤執玄，附庸之君執黃也。」按：《三統紀》推伏羲爲天統，色尚赤。神農爲地統，色尚黑。黃帝爲人統，色尚白。少昊，黃帝子，亦尚白。故高陽氏又天統，亦尚赤。堯爲人統，故用白。

案：《漢書‧郊祀志》作：「脩五禮、五樂。」梁玉繩以《史記》「玉」爲譌字。〔註12〕考《禮記‧王制》：「考時月定日，同律、禮樂制度，衣服正之。」禮樂並稱，《漢書》作「脩五禮、五樂」正與之相合。又鄭注：「帛，所以薦玉。」則《史記》作「五玉」亦無誤。陳喬樅曰：「〈王制〉云禮樂制度，衣服正之，則其所據《尚書‧堯典》亦有修五禮五樂之文，足與〈郊祭志〉互相證明。《漢書》多用夏侯《尚書》，《禮記》與夏侯《尚書》同一師承，故脗合也。後人傳寫《史》《漢》或存五樂而去五玉，或存五玉而去五樂，此志所以有作樂作玉之不同耳。」是說甚允。

二生、一死、爲摯，如五器，卒乃復。

集解：馬融曰：「摯：二生，羔，鴈，卿大夫所執；一死，雉，士所執。」又曰：「五器，上五玉。五玉禮終則還之。三帛已下不還。」

正義：二生，羔鴈也。鄭玄注《周禮‧大宗伯》云：「羔，小羊也。取其羣不失其類也。鴈，取其候時而行也。卿執羔，大夫執鴈。」按：羔、鴈性馴，可生爲摯。一死，雉也。馬融云：「一死雉，士所執也。」按不可生爲摯，故死。雉，取其守介死不失節也。摯音至。摯，執也。鄭玄云：「摯之言至，所以

〔註12〕見梁玉繩《史記志疑》，頁13：「附案下有五器句，自包侯贄在內，疑玉字譌也。宋史繩祖《學齋佔畢》曰：『徐子儀試宏詞、舜五樂頌，是班〈志〉：舜脩五禮五樂。』余謂《書》云：『五玉』，玉字當爲樂，蓋已有五瑞，即玉也。故注列五樂之目于下。」蘭臺版。

自致也。」韋昭云：「贄，六贄：孤執皮帛，卿執羔，大夫執鴈，士執雉，
庶人執鹿，工商執雞也。」

　案：《正義》「鴈」當正爲「雁」，《說文》：「鴈，鵝也。」段注曰：「許意佳部雁爲
　　鴻雁，鳥部鴈爲䳉。」徐鉉注《說文》曰：「雁，知時鳥，大夫以爲贄，昏
　　禮用之，故从人。」可證。「贄」《尚書》作「摯」，《釋文》曰贄本又作摯，
　　而《說文》無贄字。《撰異》曰：「贄者，後出之俗字，故定從摯，《說文》
　　小徐本曰从手執聲，則知作贄者，誤也。」

五月，南巡狩；八月，西巡狩；十一月，北巡狩；皆如初。歸，至于祖禰廟，用特牛禮。

正義：禰音乃禮反。何林云：「生曰父，死曰考，廟曰禰。」

會注考證：《尚書》：「祖禰廟作藝祖。」馬融云：「藝，禰也。」蓋用史公義。錢大
　　昕曰：「藝禰音近。」崔述曰：「此記布政於外之事，亦先神而後人。」

　案：「祖禰」《尚書》作「藝祖」，藝爲禰之假借；禰、藝古音同屬段氏第十五部，
　　故相通假。鄭玄曰：「藝祖，文祖。」恐非；《尚書釋義》云：「藝祖，《史記》
　　作祖禰，馬融云：『藝，禰也。』禰，父廟也。」《禮記‧王制》：「歸，假于
　　祖禰，用特。」《左傳》桓二年：「凡公行，告於宗廟，反行飲至，禮也。」
　　《白虎通‧巡狩篇》：「王者出必告廟，何？孝子出辭，反面事死如事生。」
　　可證。

徧告以言，明試以功，車服以庸。

正義：徧音遍。言遍告天子治理之官也。又孔安國云：「功成則錫車服，以表顯其能
　　用也。」

會注考證：崔述曰：此因上布政之文，及其進賢之大略。

　案：「徧告」《尚書》作「敷奏」。皮錫瑞曰：「《史記》作徧告，以故訓代之。」
　　《詩‧周頌‧賚》：「敷時繹思。」傳：「敷猶徧也。」孫疏：「《大傳》注曰：
　　『奏猶白。』白之義與告相近。」

五歲一巡狩，羣后四朝。

集解：鄭玄曰：「巡狩之年，諸侯見於方嶽之中。其間四年，四方諸候分來朝於京師
　　也。」

會注考證：崔述曰：「此總上內外之政言之。」又曰：「於舜攝政之日，何以詳記其
　　朝覲巡狩也？曰：朝覲巡狩之制始於舜也，自堯以前，聖帝迭興，其時亦必
　　有朝覲巡狩之事，但尚未有定制，至舜而後重爲帝典，故記之也。」

案：蔡沈《書集傳》：「五載之內，天子巡守者一，諸侯來朝者四，蓋巡守之明年，則東方諸侯來朝于天子之國；又明年，則南方之諸侯來朝；又明年，則西方之諸侯來朝；又明年，則北方之諸侯來朝；又明年，則天子復巡守。」

肇十有二州，決川。

集解：馬融曰：「禹平水土，置九州。舜以冀州之北廣大，分置并州。燕、齊遼遠，分燕置幽州，分齊爲營州。於是爲十二州也。」鄭玄曰：「更爲之定界，濬水害也。」

會注考證：崔述曰：「此舜平地之政，所以開禹敷土之先聲，首成天，次治人，次平地，三才之道備矣。」又曰：「肇，始也。前此未有而始設之之謂肇，若前此固有九州，析九以爲十二，是但增之，非肇也。舜攝政之初，但日日覲四岳羣牧，不曰九牧，牧未有定數也。及舜即位，前曰咨十二牧，不曰咨於羣牧，牧已有常額也。其後禹別九州，亦曰九牧，不曰羣牧，州之肇於舜，而非增於舜明矣，至十二州之名，經傳皆無之，幽并營之爲州，雖見於〈周官〉《爾雅》，然彼自記九州之名，與舜之十二州初無涉也。」

案：《尙書》「肇十有二州」下有「封十有二山」，皮錫瑞曰：「蓋史公消文。」《大傳・虞傳》「肇」作「兆」，《說文》：「兆，分也。」肇爲假借字，兆，肇同屬澄紐，故相通假，《詩・生民》：「后稷肇祀」，《禮・表記》引作「后稷兆祀」，是其例。崔述之說非是。「濬」作「決」，決爲故訓字，孫疏：「《說文》：『睿深通川也，或作濬，古文作濬。』」〈周語〉云：「爲川者，決之使導。」

象以典刑，流宥五刑，

集解：馬融曰：「言咎繇制五常之刑，無犯之者，但有其象，無其人也。」又曰：「流，放；宥，寬也。一曰幼少，二曰老耄，三曰蠢愚。五刑，墨、劓、剕、宮、大辟。」

正義：孔安國云：「象，法也。法用常刑，用不越法也。」又云：「以流放之法寬五刑也。」鄭玄云：「三宥，一曰弗識，二曰過失，三曰遺忘也。」

案：《僞孔傳》之說較允，上古無象刑，《荀子・正論篇》：「故象刑殆非生於治古，並起於亂今也。」是也。

鞭作官刑，扑作教刑，金作贖刑。

集解：馬融曰：「爲辨治官事者爲刑。」又曰：「金，黃金也。意善功惡，使出金贖罪，坐不戒愼者。」鄭玄曰：「扑，櫃楚也。扑爲教官爲刑者。」

案：金以贖罪，古用銅，即赤金也。《周禮・職金》：「掌受士之金罰，貨罰入于司

兵。」《淮南子‧汜論訓》：「齊桓公將欲征伐，甲兵不足，令有重罪者出犀甲一戟，有輕罪者贖以金分，訟而不勝者出一束箭。」金可鑄兵，則所罰非黃金明矣。

眚菑過赦，怙終賊刑。

集解：鄭玄曰：「眚菑，為人作患害者也。過失，雖有害則赦之也。」徐廣曰：「終一作眾。」鄭玄曰：「怙其姦邪，終身以為殘賊，則用刑之。」

會注考證：孔穎達曰：「《易‧繫辭》云：『象者，象此者也。』」又曰：「天垂象，聖人則之，是象為倣法。」徐孚遠曰：「馬說象刑即王莽所謂畫衣冠也。」《書》蔡傳云：「象，如天之垂象以示人也。」於是為長。過赦，《尚書》作肆赦。崔述曰：「象以典刑，流宥五刑，刑之大者也。五刑，〈呂刑〉所述墨劓剕宮大辟是也。刑重則流遠，刑輕則流近，故刑有五，流亦有五，所謂五刑有服，五流有宅是也。當刑而宥之者，蔡傳所謂『情可矜，法可疑，與夫親貴勳勞而不可加以刑者』是也。『鞭作官刑，扑作教刑，金為贖刑，』刑之小者也。官刑者，在官之人因官事而得罪；教刑者，居學校而不率師長之教訓；贖刑則常人之犯小罪者。三者皆不麗於五刑，故不殘其肢體，不流之遠方。『眚災肆赦，怙終賊刑，刑之變也。』」蔡沈曰：「終謂再犯。」

案：「眚菑過赦」《尚書》作「眚災肆赦」，孫疏云：「史公災為菑者，《說文》云：『菑，籀文作災。』」《偽孔傳》：「肆，緩也」，肆赦者，謂放棄其罪，不究也。史公釋「肆」為「過」，與《書》誼小異。

欽哉，欽哉，惟刑之靜哉！

集解：徐廣曰：「今文云『惟刑之謐哉』。《爾雅》曰：『謐，靜也。』」

索隱：案：古文作「恤哉」，且今文是伏生口誦，卹謐聲近，遂作謐也。

會注考證：舜乃在璿璣玉衡以下采《尚書‧堯典》，梁玉繩曰：「《漢書‧儒林傳》言史公從孔安國問古文《尚書》，故《史記》載〈堯典〉〈禹貢〉〈洪範〉〈微子〉〈金縢〉諸篇多古文說，則是為壁中真古文，而非史公之不循經典，自任胸懷矣。然字句之間，每與今所傳迴異，何歟？蓋古字多通借，又漢儒各習其師，不能盡同，許慎生于東漢和安間，從賈逵受古學，而其所撰《說文解字》、引經甚別，亦以雜舉眾家之本也。宋洪适《隸釋》所錄諸碑，俱後漢人，其引經亦殊，說當西漢之世乎？因知史公之于《尚書》兼用今古文，復勞搜各本，皆薈萃成一家言，《索隱》所謂博采經記而為此史，不必皆依《尚書》是也。而古人用舊籍，不拘定本，文則增損竄易，誠所不免，

但今之《尙書》，自東晉元帝之時，汝南梅賾奏上古文，遂至眞僞雜廁，非安國之舊，又字體數更，迨唐天寶時詔學士衛包改從俗書，不但科斗古文廢絕，即兩漢以來之隸書，亦多浸失，安得無譌，此經文所由異也。」王觀國曰：「司馬遷好異而惡與人同，觀《史記》用《尙書》《戰國策》《國語》《世本》《左傳》之文，多改其正文，改績用爲功用，改厥田爲其田，改肆覲爲遂見，改宵中爲夜中，改咨四嶽爲嗟四嶽，改協和爲合和，改方命爲負命，改九載爲九歲，改格姦爲至姦，改愼徽爲愼和，改烈風爲暴風，改克從爲能從，改濬川爲次川，改恤哉爲靜哉，改四海爲四方，改熙帝爲美堯，改不遜爲不訓，改胄子爲穉子，改維清爲維靜，改天工爲天事，改底績爲致功，如此類甚多。又用《論語》文，分綴爲孔子弟子傳，亦多改其文，改吾執爲我執，改母固爲無固，改指諸掌爲視其掌，改性與天道爲天道性命，改末若爲不如，改便便爲辯辯，改滔滔爲悠悠，如是類又多，子長但知好異而不知反有害於義也。」馮班曰：「《尙書》多古語，不易通，遷所載頗易其文字，即太史公之書傳也。」愚按孟子之時，百篇具存，而解《尙書》曰：「洚水者，洪水也。」去齊景未遠，而釋其詩曰：「畜君者，好君也。」太史公後，孟子百五六十年，文字既與三代異，言語亦不同，其以今辭解古書，苦心可想，馮班所謂書傳者也，王觀國譏之何也？亦是泥古之病矣。

案：尙書「靜」作「恤」，徐廣引今文《尙書》作「謐」，恤爲謐之叚借，謐、恤疊韻，同屬段氏古音第十二部，可相通叚。史公作靜，《撰異》曰：「以故訓易其字，使讀者易通，謐訓靜，故易爲靜也。」〈釋詁〉：「謐，靜也。」是其證。

讙兜進言共工，堯曰不可而試之工師，共工果淫辟。四嶽舉鯀治鴻水，堯以為不可，嶽強請試之，試之而無功，故百姓不便。三苗在江淮、荊州數為亂。於是舜歸而言於帝，請流共工於幽陵，以變北狄；放讙兜於崇山，以變南蠻；遷三曲於三危，以變西戎；殛鯀於羽山，以變東夷；四辠而天下咸服。

讙兜進言共工，堯曰不可而試之工師，共工果淫辟。

正義：讙兜，渾沌也。共工，窮奇也。鯀，檮杌也。三苗，饕餮也。《左傳》云：「舜臣堯，流四凶，投諸四裔，以禦魑魅也」。又工師，若今大匠卿也。

會注考證：讙兜、共工、鯀、三苗與左氏四凶族自異，說詳于〈舜紀〉。又《古鈔》，

《南化本》無日字。

案：《左氏》昭公六年傳：「叔向日：『楚辟，我衷。』」杜預注：「辟，邪也。」淫
辟義猶淫邪；即《孟子・梁惠王》上：「放辟邪侈，無不爲已。」之謂。又
《尚書》云：「帝日：『疇咨若予采？』驩兜日：『都！共工方鳩僝功。』帝
日：『吁！静言庸違，象恭滔天。』」《史記》此即釋其文義，然史公前已舉
其事，此蓋重複述之耳。

四嶽舉鯀治鴻水，堯以爲不可，嶽強請試之，試之而無功，故百姓不便。三苗在江淮、荊州，數爲亂。

集解：三苗，馬融日：「國名也。」

正義：《左傳》云自古諸侯不用王命，虞有三苗，夏有觀扈。孔安國云：「縉雲氏之
後爲諸候，號饕餮也。」吳起云：「三苗之國，左洞庭而右彭蠡。」按洞庭，
湖名，在岳州巴陵西南一里，南與青草湖連。彭蠡，湖名，在江州潯陽縣東
南五十二里。以天子在北，故洞庭在西爲左，彭蠡在東爲右。今江州、鄂州、
岳州，三苗之地也。又淮讀曰匯，音胡罪反，今彭蠡湖也，本屬荊州，《尚
書》云：「南入于江，東匯澤爲彭蠡。」是也。

會注考證：《通鑑輯覽》云：「考三苗即今湖南溪峒諸苗，其種不一，故唐虞時即號
三苗。」

案：王駿圖《史記舊注平議》曰：「東匯澤爲彭蠡，不得稱彭蠡爲匯，淮當如字讀，
江淮、荊州謂江淮之間，古荊州之地，不東涉揚州地也。」又此事《史記》
前已言之，此蓋亦重複述之。

於是舜歸而言於帝，請流共工於幽陵，

集解：馬融日：「北裔也。」

正義：《尚書》及《大戴禮》皆作「幽州」。《括地志》云：「故龔城在檀州燕樂縣界。
《故老傳》云舜流共工幽州，居此城。」〈神異經〉云：「西北荒有人焉，人
面，朱髭，蛇身，人手足，而食五穀禽獸，頑愚，名日共工。」

案：幽陵，《孟子・萬章篇》、《淮南子・修務篇》作「幽州」，《莊子・在宥篇》作
「幽都」，地處今河北省密雲縣東北。

以變北狄；

集解：徐廣日：「變，一作燮。」

索隱：變謂變其形及衣服，同於夷狄也。徐廣云作「燮」。燮，和也。

正義：言四凶流四裔，各於四夷放共工等爲中國之風俗也。

會注考證：變，於變之變。

　案：《尚書》無此句，《大戴記・五帝德篇》云：「以變北狄」，與《史記》同。下
　　　文著四「變」字，頗含教化意義。皮錫瑞曰：「變者，謂流四凶於四夷，使
　　　變夷狄之俗同於中國，蓋用夏變夷，非如《索隱》之說，用夷變夏，使用於
　　　夷狄也。」《正義》之說是也。

放讙兜於崇山，以變南蠻；

集解：馬融曰：「南裔也。」

正義：〈神異經〉云：「南方荒中有人焉，人面鳥喙而有翼，而手足扶翼而行，食海
　　　中魚，為人狠惡，不畏風雨獸，犯死乃休，名曰讙兜也。」

　案：《太平御覽》四十九引盛宏之《荊州記》曰：「《書》云：『放驩兜于崇山』，崇
　　　山在澧陽縣南七十五里。」澧陽即今湖南澧陽縣。

遷三曲於三危，以變西戎；

集解：馬融曰：「西裔也。」

正義：《括地志》云：「三危山有峯，故曰三危，俗亦名卑羽山，在沙州敦煌縣東南
　　　三十里。」〈神異經〉云：「西荒中有人焉，面目手足皆人形，而脇下有翼不
　　　能飛，為人饕餮，淫逸無理，名曰苗民。」又《山海經》云〈大荒北經〉「黑
　　　水之北，有人有翼，名曰苗民」也。

　案：「遷」《尚書》作「竄」，《孟子・萬章》上、《大戴禮》作「殺」，殺為㮤之省
　　　文，竄為㮤之假借字，竄、㮤互為旁紐雙聲，同屬段氏第十五部，故相通假。
　　　《說文》：「㮤，檾㮤散之也。」引申有放流之義。竄作遷者，孫疏曰：「史
　　　公竄為遷者，竄遷聲相近，故亦為遷。」又《戰國策・魏策》：「三苗之居，
　　　左彭蠡之波，右有洞庭之水，文山在其南，而衡山在其北。」

殛鯀於羽山，以變東夷；

集解：馬融曰：「殛，誅也。羽山，東裔也。」

正義：殛音紀力反。孔安國云：「殛，竄，放，流皆誅也。」《括地志》云：「羽山在
　　　沂州臨沂縣界。」〈神異經〉云：「東方有人焉，人形而身多毛，自解水土，
　　　知通塞，為人自用，欲為欲息，皆曰云是鯀也。」

　案：「殛」義非死刑，乃責遣之耳。《楚辭・天問》：「永遏在羽山，夫何三年而不
　　　施？」《呂氏春秋・行論篇》：「於是殛之於羽山，副之以吳刀。」高誘注：「《書》
　　　云：『鯀乃殛死』，先殛後死也。」〈夏本紀〉：「舜行視鯀之治水無狀，乃殛鯀
　　　於羽山以死。」是其證。羽山在今山東郯城縣東北七十里，接江蘇贛榆縣西北

境。〔註13〕

四辠而天下咸服。

會注考證：流共工於幽陵以下采《大戴記‧五帝德》，參以《尚書‧堯典》《孟子‧
　　萬章篇》，梁玉繩曰：「罪四凶，見于《尚書》，述于《孟子》，至《大戴禮‧
　　五帝德》始有變四夷之說，豈眞孔氏語哉？合經文而從別記，史公之好異也，
　　乃又謂舜巡狩歸，而言于堯以罪之，與〈夏紀〉同誤，流放遷殛，不同一時，
　　特《尚書》總紀于舜攝位之後，見天下咸服帝堯，以起下如喪考妣耳。」崔
　　述曰：「此因上文恤刑之文，遂及其退不肖之大略。」

案：「辠」《尚書》作「罪」，罪爲俗字，《說文》：「辠，犯灋也，秦吕辠佀皇字，
　　改爲罪。」史公以本字代後起俗字。

　　堯立七十年得舜，二十年而老，令舜攝行天子之政，薦之於天。堯辟位
凡二十八年而崩。百姓悲哀，如喪父母。三年，四方莫舉樂，以思堯。堯知
子丹朱之不肖，不足授天下，於是乃權授舜。授舜，則天下得其利而丹朱病；
授丹朱，則天下病而丹朱得其利。堯曰「終不以天下之病而利一人」，而卒授
舜以天下。堯崩，三年之喪畢，舜讓辟丹朱於南河之南。諸侯朝覲者不之丹
朱而之舜，獄訟者不之丹朱而之舜，謳歌者不謳歌丹朱而謳歌舜。舜曰「天
也」，夫而後之中國踐天子位焉，是為帝舜。

堯立七十年得舜，二十年而老，令舜攝行天子之政，薦之於天。堯辟位凡二十八年而崩。

集解：徐廣曰：「堯在位凡九十八年。」駰案：〈皇覽〉曰：「堯冢在濟陰城陽。劉向
　　曰：『堯葬濟陰，丘隴皆小』《呂氏春秋》曰『堯葬穀林』。」皇甫謐曰：「穀林
　　即城陽。堯都平陽，於《詩》爲唐國。」

正義：皇甫謐云：「堯即位九十八年，通舜攝二十八年也，凡年百一十七歲。」孔安
　　國云：「堯壽百一十六歲。」《括地志》云：「堯陵在濮州雷澤縣西三里。郭
　　生《述征記》云：『城陽縣東有堯冢，亦曰堯陵，有碑』是也。」《括地志》
　　云：「雷澤縣本漢郕陽縣也。」

會注考證：《尚書‧堯典》：「二十有八載，帝乃殂落。」《孟子》釋之曰：「舜相堯二
　　十八載」，而本書下文〈舜紀〉云：「舜得舉，用事二十年，而堯使攝政，攝

政八年而堯崩。」二說不同。崔述曰：「《史記》二十有八歲，自舉舜時數之
也。蔡沈《書傳》：『歷試三年，居攝二十八年，』則是自舜受終時計之矣。
余按〈堯典〉云：『乃言底可績三載』，不容舜舉已二十年而底可績者止三載。
《孟子》云：『舜相堯二十有八載，』不容初舉歷試之時，即以相堯稱之，
蔡氏之說是也。」愚按薦之於天，采《孟子‧萬章篇》。

　案：《尚書》言堯七十載得舜，又言二十八載崩，《史記》與經文合。《論衡‧氣壽
　　篇》：「〈堯典〉曰：『朕在位七十載』求禪得舜，舜徵三十歲在位，堯退而老，
　　八歲而終，至殂落九十八歲。未在位之時，必已成人，今計數百有餘矣。」
　　《竹書》謂百年陟，非也。而前《集解》引《世紀》云：「堯以甲申生，甲
　　辰即位，甲午徵舜，甲寅舜代行天子事，辛巳崩，年百十八，在位九十八年。」
　　思以求合于《史記》，則堯于五十一載得舜，七十一載攝位矣，與經文不合。
　　〔註14〕《正義》引皇甫謐之言，不足為據也。

百姓悲哀，如喪父母。三年，四方莫舉樂，以思堯。

正義：《尚書》：「三載，四海遏密八音」是也。

會注考證：辟堯位以下，本《尚書‧堯典》、《孟子‧萬章篇》，「三年」二字屬上。

　案：《尚書》「父母」作「考妣」，《爾雅‧釋親》：「父為考，母為妣。」父母為訓
　　詁字。

堯知子丹朱之不肖，不足授天下，於是乃權授舜。

索隱：鄭玄曰：「肖，似也。不似，言不如人也。」皇甫謐云：「堯娶散宜氏之女，
　　曰女皇，生丹朱。又有庶子九人，皆不肖也。」父子繼立，常道也。求賢而
　　禪，權道也。權者，反常而合道。

正義：五帝官天下，老則禪賢，故權試舜也。

　案：《國語‧楚語》上：「堯有丹朱，……是五王者，皆有之德也，而有姦子。」
　　《荀子‧正論篇》：「朱象獨不化，是非堯舜之過，朱象之罪也。」《呂氏春
　　秋‧去私篇》：「堯有子十人，不與其子而授舜。」

授舜，則天下得其利而丹朱病，授丹朱，則天下病而丹朱得其利。堯曰「終不以天下之病而利一人」，而卒授舜以天下。堯崩，三年之喪畢，舜讓辟丹朱於南河之南。

集解：劉熙曰：「南河，九河之最在南者。」

〔註14〕同註12

正義：《括地志》云：「故堯城在濮州鄄城縣東北十五里。《竹書》云昔堯德衰，爲舜
　　　所囚也。又有偃朱故城，在縣西北十五里。《竹書》云舜囚堯，復偃塞丹朱，
　　　使不與父相見也。」按：濮州北臨漯，大川也。河在堯都之南，故曰南河，
　　　〈禹貢〉「至于南河」是也。其偃朱城所居，即「舜讓避丹朱於南河之南」
　　　處也。

　案：王駿圖曰：「劉解已明，《正義》所引，則怪誕不經之甚也。北面而朝，猶是
　　　齊東野語，乃竟創此奇聞，肆毀先聖，信斯言也。則是山陽安樂，猶爲聖明
　　　之朝，六朝五代故主，多不終其天年，安知非是說階之屬耶？然今本《竹書》
　　　亦無囚堯之說，不知張氏何自引之，亦可怪已。」〔註15〕此駁《正義》之說，
　　　是也。

**諸侯朝覲者不之丹朱而之舜，獄訟者不之丹朱而之舜，謳歌者不謳歌丹
朱而謳歌舜。舜曰「天也」夫而後之中國踐天子位焉，是爲帝舜。**

集解：劉熙曰：「天子之位不可曠年，於是遂反格于文祖而當帝位。帝王所都爲中，
　　　故曰中國。」

會注考證：《南化本》「獄訟」作「訟獄」，與《孟子》合。《孟子‧萬章篇》，洪頤煊
　　　曰：「以河在冀州南，故曰南河，與九河無涉。」《禮記‧王制》、《尚書‧禹
　　　貢》、《左傳》閔二年可證。梁玉繩曰：「孟子自言舜爲天子是天也，史誤以
　　　爲舜之言。」

　案：梁玉繩之說甚允。張森楷曰：「此文出《孟子》，是承上三年喪畢言之，劉乃
　　　謂不曠年，恐非。《路史‧後紀》十一注以諸儒皆不信三年喪，孰有三年喪
　　　畢，實籙未定而方避堯之子者，則直駁《孟子》《史記》矣，不可據信也。」
　　〔註16〕

〔註15〕見王駿圖‧王駿觀著《史記舊注平議》，頁6，正中版。
〔註16〕見張森楷《史記新校注稿》二百六十五卷，頁100，中國學典館復館籌備處印行。

第五章　帝　舜

　　虞舜者，名曰重華。重華父曰瞽叟，瞽叟父曰橋牛，橋牛父曰句望，句望父曰敬康，敬康父曰窮蟬，窮蟬父曰帝顓頊，顓頊父曰昌意，以至舜七世矣。自從窮蟬以至帝舜，皆微為庶人。舜父瞽叟盲，而舜母死，瞽叟更娶妻而生象，象傲。瞽叟愛後妻子，常欲殺舜，舜避逃；及有小過，則受罪。順事父及後母與弟，日以篤謹，匪有懈。舜，冀州之人也。舜耕歷山，漁雷澤，陶河濱，作什器於壽丘，就時於負夏。舜父瞽叟頑，母嚚，弟象傲，皆欲殺舜。舜順適不失子道，兄弟孝慈。欲殺，不可得；即求，常在側。

虞舜者，

集解：謚法曰：「仁聖盛明曰舜。」

索隱：虞，國名，在河東大陽縣。舜，謚也。皇甫謚云「舜字都君」也。

正義：《括地志》云：「故虞城在陝州河北縣東北五十里虞山之上。酈元注《水經》云幹橋東北有虞城，堯以女嬪于虞之地也。又宋州虞城大襄國所封之邑，杜預云舜後諸侯也。又越州餘姚縣，顧野王云舜後支庶所封之地。舜姚姓，故云餘姚。縣西七十里有漢上虞故縣。《會稽舊記》云舜上虞人，去虞三十里有姚丘，即舜所生也。周處《風土記》云舜東夷之人，生姚丘。」《括地志》又云：「姚墟在濮州雷澤縣東十三里。《孝經援神契》云舜生於姚墟。」按二所未詳也。

會注考證：《古鈔》、《南化本》無者字，舜名，非謚，謚自周始，都君見《孟子》，猶言一都之君，非字。

　案：舜名、非謚，《集解》、《索隱》之說非是；說見前〈堯本紀〉「帝堯者」條。

名曰重華。

集解：徐廣曰：「皇甫謐曰：『舜以堯之二十一年甲子生，三十一年甲午徵用，七十九年壬午即眞，百歲癸卯崩。』」

正義：《尚書》云：「重華叶於帝。」孔安國云：「華謂文德也，言其光又重合於堯。」瞽叟姓嬀。妻曰握登，見大虹意感而生舜於姚墟，故姓姚。目重童子，故曰重華。字都君，龍顏，大口，黑色，身長六尺一寸。

會注考證：閻若璩曰：「古帝王有名有號，如堯舜禹其名也，放勳重華文命皆其號也，非史臣之贊辭。《孟子》引古〈堯典〉曰：「放勳乃徂落」，許氏《說文》正同，他日引堯之言爲放勳曰，則可知其以是爲號也矣。屈原賦二十五篇最近古，〈離騷〉曰：「就重華而陳詞」，〈涉江〉曰：「吾與重華遊兮瑤之圃」，〈懷沙〉曰：「重華不可遻兮」，重華凡三見，皆實謂舜，豈得云重華本史臣贊舜之辭，屈子因以爲舜號也乎。

案：重華爲美號，說見前「〈堯本紀〉」放勳條，梁玉繩亦主此說。又《集解》引皇甫謐說，五作三，甲子後十年是甲戌，非甲午，甲午後三十年也；則當是五十一年，作三誤矣，錢輯《帝王世紀》作五十一得之。〔註1〕

重華父曰瞽叟，瞽叟父曰橋牛，橋牛父曰句望，句望父曰敬康，

正義：叟，先后反。孔安國云：「無目曰瞽。舜父有目不能分別好惡，故時人謂之瞽，配字曰『叟』。叟，無目之稱也。」橋又音嬌。句，古侯反，望音亡。

會注考證：上文云：盲者子。瞽叟是名，身實無目。叟，《尚書》《左傳》《孟子》《新序》諸書作瞍，《戴記》作叟，《戴記》橋作蟜，望作芒。

案：「叟」字據〈堯典〉疏、《御覽》百三十五、《元龜》二十七引史文並作瞍，《漢書‧人表》獨作鼓叟，此省形存聲之例。又梁玉繩曰：「案〈呂梁碑〉敘舜上世無句望一代甚是，蓋史仍《大戴禮》之誤也。句望即句芒，乃少昊之子重，安得指爲敬康之子，橋牛之父耶。」此說可信。

敬康父曰窮蟬，窮蟬父曰帝顓頊，顓頊父曰昌意，以至舜七世矣。

會注考證：《三》、《南本》，重昌意二字，重華父曰瞽叟以下采〈帝繫〉，趙翼曰：「《左傳》昭公八年云：『自幕至于瞽瞍，無違命者，舜重之以明德。』《國語‧魯語》：『幕能帥顓頊者也，有虞氏報焉』，則舜之先有名幕者，《史記》無之。」

案：宋羅泌據劉耽所作〈呂梁碑〉，碑中序紀虞帝之世，稱舜祖幕，幕生窮蟬，不言窮蟬父爲顓頊，亦無昌意一代，與史文不同，與《左傳》自幕至瞽瞍無違

命之言合；〔註2〕說與趙翼同。

自從窮蟬以至帝舜，皆微爲庶人。舜父瞽叟盲，而舜母死。

索隱：皇甫謐云：「舜母名握登，生舜於姚墟，因姓姚氏也。」

案：羅苹《路史》注引此文作「微在匹庶」，謂是庶士非庶人也。王逸以舜爲布衣而耕漁陶販，皆庶人之事者，蓋以父頑母嚚，去而耕野，若伯奇重耳矣。梁玉繩踵其說云：「自幕有虞國，遞傳至舜，猶列諸侯，故《書》之師錫號爲虞舜，二女之降亦名嬪虞。《孟子》述象呼舜都君，何言微爲庶人，此與〈陳世家〉並誤。其云匹夫而有天下者，蓋以家庭多故，廁身側陋，不啻匹夫耳。況古之天子固不若後世之尊，觀武丁、祖甲可見也。魏了翁《古今考》本《左傳》疏、謂自瞽叟失國，殊不足信。」〔註3〕

瞽叟更娶妻而生象，象傲。瞽叟愛後妻子，常欲殺舜，舜避逃；及有小過，則受罪。順事父及後母與弟，日以篤謹，匪有懈。

會注考證：崔述曰：「《史記》此文采之《書》及《孟子》，而《書》《孟子》皆未言爲後母，則《史記》但因其失愛，故億之耳。」愚按《帝王世紀》云：「舜能和諧，大杖則避，小杖則受。」蓋敷繹史文「有小過則受罪」六字。

案：《御覽》一三五引「瞽叟更取妻」句，「妻」上有「後」字。「懈」瀧本作解；懈，從心，解聲，懈、解爲正、假字。

舜，冀州之人也。

正義：蒲州河東縣本屬冀州。《宋永初山川記》云：「蒲坂城中有舜廟，城外有舜宅及二妃壇。」《括地志》云：「嬀州有嬀水，源出城中。《耆舊傳》云即舜釐降二女於嬀汭之所。外城中有舜井城，城北有歷山，山上有舜廟，未詳。」

按：嬀州亦冀州城是也。

案：張森楷曰：「嬀州是故北燕州，唐貞觀間改今名，仍舊隸屬冀州，不得是冀州城，作城是非也。今依舊本正，然當是屬城乃合。」〔註4〕《正義》稱嬀州亦冀州城，未允。

舜耕歷山，

集解：鄭玄曰：「在河東。」

正義：《括地志》云：「蒲州河東縣雷首山，一名中條山，亦名歷山，亦名首陽山，

〔註2〕同註1，頁103。
〔註3〕同註2。
〔註4〕同註1，頁104。

亦名蒲山，亦名襄山，亦名甘棗山，亦名豬山，亦名狗頭山，亦名薄山，亦名吳山。此山西起雷首山，東至吳坂，凡十一名，隋州縣分之。歷山南有舜井。」又云：「越州餘姚縣有歷山舜井，濮州雷澤縣有歷山舜井，二所又有姚墟，云生舜處也。及嬀州歷山舜井，皆云舜所耕處，未詳也。」

案：歷山一作櫪山，又作歷陽、歷觀，並見《路史‧後紀》十一，錢穆云：「漢成帝幸河汾，登歷觀。揚雄上〈河東賦〉云：『登歷觀而遊，望喜虞氏之所耕。』郡國志蒲阪縣南二十里有歷山，今永濟縣東南六十里。」〔註5〕

漁雷澤，

集解：鄭玄曰：「雷夏，兗州澤，今屬濟陰。」

正義：《括地志》云：「雷夏澤在濮州雷澤縣郭外西北。」《山海經》云：「雷澤有雷神，龍首人類，鼓其腹則雷也。」

案：雷澤即今鄆城縣南接菏澤縣界。又考〈禹貢〉，雷夏在兗州固無可疑，然河東有雷首山，又有雷水說者，亦稱之雷澤，則舜漁雷澤，未必即〈禹貢〉之雷澤。
〔註6〕

陶河濱，

集解：皇甫謐曰：「濟陰定陶西南陶丘亭是也。」

正義：按：於曹州濱河作瓦器也。《括地志》云：「陶城在蒲州河東縣北三十里，即舜所都也。南去歷山不遠；或陶，所在則可，何必定陶方得為舜陶之陶也？斯或一焉。」

會注考證：崔述曰：「虞乃冀州境，舜不應耕稼陶漁於二千里外，則以為冀州者近是。」愚按《孟子‧公孫丑篇》：「大舜善與人同，自耕稼陶漁以至為帝，無非取於人者。」《韓非子‧難篇》：「歷山之農者侵畔，舜往耕焉，朞年甽畝正，河濱之漁者爭坻，舜往漁焉，朞年而讓長，東夷之陶者，器苦窳，舜往陶焉，朞年而器牢。」《墨子‧尚賢中篇》：「舜耕歷山，陶河瀨，漁雷澤。」史公所本。

案：《路史‧後紀》十一羅苹注：「《淮南子》：『河濱在蒲』，陶城北有故陶城，南去歷山甚近，故孟津有陶河之稱，一云河濱在濟之鄆城，蓋以東夷之說也。」夫帝冀人而虞濱歷山，陶城皆在冀，蓋初耕于野，未必遠去父母也。

作什器於壽丘，

〔註5〕見錢穆先生《史記地名考》，頁42，龍門版。
〔註6〕前引書，頁44。

集解：皇甫謐曰：「在魯東門之北。」

索隱：什器，什，數也。蓋人家常用之器非一，故以十爲數，猶今云「什物」也。壽丘，地名，黃帝生處。

正義：壽音受。顏師古云：「軍法，伍人爲伍，二伍爲什，則共器物，故爲生生之具爲什器，亦猶從軍及作役者十人爲火，共畜調度也。」

案：錢穆曰：「《集解》、《索隱》說皆不可信，壽丘今無考。」〔註7〕

就時於負夏。

集解：鄭玄曰：「負夏，衛地。」

索隱：就時猶逐時，若言乘時射利也。《尙書大傳》曰：「販於頓丘，就時負夏」，《孟子》曰：「遷於負夏」是也。

會注考證：作什器於壽丘，就時於負夏，又見《尸子》。

案：舊說負夏即瑕邱，衛地，當近濮陽。又陽夏今太康疑負夏，猶云北夏，《老子》：「萬物負陰而抱陽是也。」或指安邑大夏，不必在濮陽。〔註8〕

舜父瞽叟頑，母嚚，弟象傲，皆欲殺舜。舜順適不失子道，兄弟孝慈。欲殺，不可得；即求，常在側。

會注考證：兄疑當作友，《古鈔》、《楓》、《三》、《南本》嘗作常。

案：《越絕書·吳內傳》：「舜父頑，母嚚，兄狂，弟傲。」是舜又有一狂兄，恐不足據。兄弟孝慈，梁玉繩曰：「此句與上下文義不相接貫，疑是衍文。」今從之。

　　舜年二十以孝聞，三十而帝堯問可用者，四嶽咸薦虞舜，曰可。於是堯乃以二女妻舜，以觀其內；使九男與處，以觀其外。舜居嬀汭，內行彌謹。堯二女不敢以貴驕事舜親戚，甚有婦道。堯九男皆益篤。舜耕歷山，歷山之人皆讓畔；漁雷澤，雷澤上人皆讓居；陶河濱，河濱器皆不苦窳。一年而所居成聚，二年成邑，三年成都。堯乃賜舜絺衣，與琴，爲築倉廩，予牛羊。瞽叟尚復欲殺之，使舜上塗廩，瞽叟從下縱火焚廩。舜乃以兩笠自扞而下，去，得不死。後瞽叟又使舜穿井，舜穿井爲匿空旁出。舜既入深，瞽叟與象共下土實井，舜從匿空出，去。瞽叟、象喜，以舜爲已死。象曰：「本謀者象。」

〔註7〕同註6。
〔註8〕同註6。

象與其父母分，於是曰：「舜妻堯二女，與琴，象取之。牛羊倉廩予父母。」
象乃止舜宮居，鼓其琴。舜往見之，象鄂不懌，曰：「我思舜正鬱陶！」舜曰：
「然，爾其庶矣！」舜復事瞽叟，愛弟彌謹。於是堯乃試舜五典百官，皆治。

舜年二十以孝聞，三十而帝堯問可用者，四嶽咸薦虞舜，曰可。於是堯乃以二女妻舜，以觀其內；使九男與處，以觀其外。舜居嬀汭，內行彌謹。堯二女不敢以貴驕事舜親戚，甚有婦道。

正義：可用，謂可爲天子也。又二女不敢以帝女驕慢舜之親戚。親戚，謂父瞽叟，
　　　後母弟象，妹顆手等也。顆音古果反。

會注考證：〈五帝德〉云：「舜二十，以孝聞於天下。」

　案：既言「甚有婦道」，則親戚蓋指舜之父母。錢大昕曰：「古人稱父母爲親戚，《大
　　戴記・曾子疾病篇》：『親戚既沒，雖欲孝，誰爲孝。』《孟子・盡心篇》：『人
　　莫大焉，亡親戚君臣上下。』〈楚世家〉：『楚人皆憐之，如悲親戚。』猶言
　　如喪考妣也。〈孟嘗君列傳〉：『使使存問獻遺其親戚。』亦謂其父母也。《正
　　義》兼弟妹言之，非史公之旨。」〔註9〕

堯九男皆益篤。

正義：篤，惇也。非唯二女恭勤婦道，九男事舜皆益惇厚謹敬也。

會注考證：《孟子・盡心篇》：「帝使其子九男二女，百官牛羊倉廩備，以事舜於畎畝
　　之中。」《淮南子・泰族訓》：「四岳舉舜薦之於堯，堯乃妻以二女，以觀其
　　內；任以百官，以觀其外，既入大麓，烈風雷雨而不迷，乃屬以九子。」洪
　　頤煊曰：「《呂氏春秋・去私篇》：『堯有十子，不與其子而授舜。』」高誘注：
　　「《孟子》曰：『堯使九男二女事舜。』此云十子，殆丹朱爲胤子，不在數中。」

　案：《尸子》：「堯聞其賢，徵之草茅之中，與之語禮樂，而不逆，與之語政，至簡
　　而行，與之語道，廣大而不窮。於是妻之以媓，媵之以娥，九子事之，而托
　　天下焉。」（《藝文類聚》十一引）

舜耕歷山，歷山之人皆讓畔；漁雷澤，雷澤上人皆讓居；陶河濱，河濱器皆不苦窳。

集解：《史記音隱》曰：「音游甫反。」窳謂窊，病也。

正義：《韓非子》：「歷山之農相侵略，舜往耕，朞年，耕者讓畔也。」苦，讀如鹽，
　　音古。鹽，麤也。窳音庾。

─────────────

〔註9〕見錢大昕《二十二史考異》，頁2，中文版。

會注考證：舜耕以下采《韓非子・難篇》，《楓》、《三》、《南本》，澤下有之字。李笠
　　　　　曰：「上當作之，以歷山之人句例之可知也。《新序・雜事》第一作漁於雷澤，
　　　　　雷澤之漁者分均。」

　案：《韓非子・難一》：「歷山之農者侵畔，舜往耕焉，朞年，甽畝正。河濱之漁者
　　　爭坻，舜往漁焉，朞年，而讓長。東夷之陶者器苦窳，舜往陶焉，朞年而器
　　　牢。」《尸子》：「舜……其田歷山也，荷彼耒耜，耕彼南畝，與四海俱有其
　　　利；其漁雷澤也，旱則爲耕者鑿瀆，儉（險）則爲獵者表虎。故有光若日月，
　　　天下歸之若父母。」（《困學紀聞》十引）。〔註10〕是史公采自先秦諸子也。

一年而所居成聚，二年成邑，三年成都。

正義：聚，在喻反，聚謂村落也。《周禮・郊野法》云：「九夫爲井，四井爲邑，四
　　　邑爲丘，四丘爲甸，四甸爲縣，四縣爲都也。」

會注考證：《尸子》及《呂氏春秋・貴因篇》云：「舜一徙成邑，再徙成都，三徙成
　　　　　國。」《莊子・徐無鬼篇》：「舜有羶行，百姓悅之。故三徙成都，至鄧之虛
　　　　　而十有餘萬家。」與是史微異。中井積德曰：「邑大於聚，都又大於邑，如
　　　　　是而已矣，不當引周官制度。」梁玉繩曰：「耕稼陶漁乃舜微時事，在堯妻
　　　　　舜前，上文已載之矣。則讓畔讓居以成聚成都，宜并入上文，何又重見于釐
　　　　　降後邪？疑當時舜耕歷山至苦窳三十一字，置上文『舜，冀州之也』下，而
　　　　　上文衍『舜耕歷山，漁雷澤，陶河濱』十字，再移『一年成都』十五字，置
　　　　　上文『就時于負夏』之下，蓋史文之複出錯見者也。」崔適曰：「舜耕歷山，
　　　　　至三年成都，皆四嶽薦舜之辭，當移上文四岳咸薦虞舜曰可之下。」愚按崔
　　　　　說尤捷。

　案：劉熙《釋名》：「邑，人所聚會之稱也。」《說文》：「邑，國也。」與都有別，
　　　《正義》之說是也。《左傳》莊二十八年：「凡邑，有宗廟先君之主曰都，無
　　　曰邑。」又《路史・後紀》十一引言亦與《尸子》、《呂氏春秋・貴因篇》同，
　　　此皆別有所據也。

堯乃賜舜絺衣，與琴，爲築倉廩，予牛羊。

正義：絺，勑遲反，細葛布衣也。鄒氏音竹几反。

　案：絺衣即《孟子・盡心》下：「被袗衣也。」趙注以袗爲畫衣，崔灝《四書考異》
　　　云：「袗無畫衣」，《史記》作「絺衣」與《書》「黼黻絺繡」文合，然《史記》
　　　事別無所出，當即本自《孟子》，疑兩漢傳本《孟子》，固作絺不作袗也。

〔註10〕見《史學年報》第2期，頁90，衛聚賢〈堯典的研究〉。

瞽叟尚復欲殺之，使舜上塗廩，瞽叟從下縱火焚廩。舜乃以兩笠自扞而下，去，得不死。

索隱：言以笠自扞己身，有似鳥張翅而輕下，得不損傷。皇甫謐云「兩繖」，繖，笠類。《列女傳》云「二女教舜鳥工上廩」是也。

正義：《通史》云：「瞽叟使舜滌廩，舜告堯二女，女曰：『時其焚汝，鵲汝衣裳，鳥工往。』舜既登廩，得免去也。」

案：《正義》所引《通史》，梁武帝撰，見《隋志》。《金樓子·后妃篇》：「瞽叟使塗廩，舜歸告二女：『父母使我塗廩，我其往！』二女曰：『衣鳥工往。』舜既治廩，瞽叟焚廩，舜飛去。」與《通史》所記，並有「鳥工往」之文，蓋並本於《列女傳》。

後瞽叟又使舜穿井，舜穿井爲匿空旁出。舜既入深，瞽叟與象共下土實井，舜從匿空出，去。

集解：劉熙曰：「舜以權謀自免，亦大聖有神人之助也。」

索隱：空音孔。《列女傳》所謂「龍工入井」是也。實井亦作塡井。

正義：言舜僭匿穿孔旁，從他井而出也。《通史》云：「舜穿井，又告二女。二女曰：『去汝裳衣，龍工往。』入井，瞽叟與象下土實井，舜從他井出去也。」《括地志》云：「舜井在嬀州懷戎縣西外城中。其西又有一井，《耆舊傳》云並舜井也，舜自中出。《帝王紀》云河東有舜井，未詳也。」

案：《御覽》八一二引《史記》云：「舜爲父母淘井，將銀錢安鑵中，與父母。」不類《史記》之文，殆引他書而誤作《史記》。又「爲匿空旁出」句，實傳說而失雅馴者，梁玉繩云：「《史通·暗惑》、〈鑒識〉兩篇譏史公此言鄙俚不雅，甚于褚生，直以舜爲左慈，劉根所譏良是。至《列女傳》及《正義》引《通史》謂焚坑不死，實二女教之，則尤妄也。」）〔註11〕

瞽叟、象喜，以舜爲已死。象曰：「本謀者象。」象與其父母分，於是曰：「舜妻堯二女，與琴，象取之。牛羊倉廩予父母。」象乃止舜宮居，鼓其琴，舜往見之。

正義：分，扶問反。宮即室也，《爾雅》云：「室謂之宮。」《禮》云：「命士已上，父子異宮也。」

案：《孟子·萬章》上：「象曰：『謨蓋都君，咸我績；牛羊父母，倉廩父母；干戈朕，琴朕，弤朕；二嫂使治朕棲。』象往入舜宮，舜在牀琴。」《孟子》此作「象往

入舜宮，舜在牀琴」，雖未必即實事，然較《史記》爲近於理，若如此文，則象居舜宮鼓琴，二女何以自安。且其時，舜在何處，乃反往見象邪？《史記》之說未妥。〔註12〕

象鄂不懌，曰：「我思舜正鬱陶！」舜曰：「然，爾其庶矣！」

索隱：言汝猶當庶幾於友悌之情義也。如《孟子》取《尚書》文，又云「惟茲臣庶，女其于予治」，蓋欲令象共我理臣庶也。

會注考證：《楓》、《三》、《南本》，「鄂」下有「然」字。瞽叟尚復欲殺之以下又見《孟子・萬章篇》，微異。梁玉繩曰：「焚廩捃井之事，有無未可知，疑是戰國人妄造也。即果有之，亦非在妻二女之後。《新序・雜事篇》：『以耕稼陶漁及井廩等事，爲未爲天子時。』《論衡・吉驗篇》：『謂事在舜未逢堯時，』蓋近之矣，不然四岳薦舜，何以言格乂，伯益贊禹，何以稱允若乎？此〈萬章〉隨俗之誤，《孟子》未及辯，而使公相承，未察爾。宋司馬光《史剡》，程子《遺書》，洪邁《容齋三筆》，及《古史大紀》，《路史・發揮》，《通鑑前編》俱糾其謬。」

案：《禮記・檀弓》下：「禮道則不然，人喜則斯陶，陶斯咏，咏斯猶。」注：「陶，鬱陶也。」是鬱陶有「心初悅而未暢」之意。《尚書・五子之歌》：「鬱陶乎予心」，《僞孔傳》：「鬱陶，哀思也。」此處蓋並兼兩義。

舜復事瞽叟，愛弟彌謹。於是堯乃試舜五典百官，皆治。

會注考證：〈堯典〉云：「愼徽五典，五典克從；納于百揆，百揆時敘。」

案：《烈女傳・有虞二妃》：「瞽叟又迷舜飲酒，醉，將殺之。二女乃與舜藥浴注豕，往，舜終日飲酒不醉。舜之女弟繫憐之，與二嫂諧。」此弟當兼女弟言之，非專指象也。

昔高陽氏有才子八人，世得其利，謂之八愷。高辛氏有才子八人，世謂之八元。此十六族者，世濟其美，不隕其名。至於堯，堯未能舉。舜舉八愷，使主后土，以揆百事，莫不時序。舉八元，使布五教于四方；父義，母慈，兄友，弟恭，子孝，內平外成。

昔高陽氏有才子八人，世得其利，謂之八愷。

集解：才子八人，名見《左傳》。賈逵曰：「愷，和也。」

索隱：《左傳》史克對季文子曰：「昔高陽氏有才子八人，倉舒、隤𩱕、檮戴、太臨、
　　　彪降、庭堅、仲容、叔達。」

會注考證：昔字疑衍，下同。梁玉繩曰：「《左傳》無得利語，以下文世謂之八元例
　　　觀，當衍。」

　案：此條以下並見《左傳》文公十八年季文子使大史克對魯宣公語，非對文子語
　　　也，《索隱》引誤。

高辛氏有才子八人，世謂之八元。

集解：才子八人，名見《左傳》。賈逵曰：「元，善也。」

索隱：《左傳》：「高辛氏有才子八人，伯奮、仲堪、叔獻、季仲、伯虎、仲熊、叔豹、
　　　季貍。」

　案：季貍，《漢書·古今人表》作季熊，季熊當是季羆之誤。顏師古注：「即《左
　　　氏傳》所謂季貍者也。」貍、貍之俗字。

此十六族者，世濟其美，不隕其名。

索隱：謂元愷各有親族，故稱族也。濟，成也，言後代成前代也。

會注考證：中井積德曰：「十六族，猶十六家。」

　案：《左傳》文十八年疏：「劉炫曰：『各有大功，皆賜氏族。』」又隱公八年疏：「家
　　　爲氏，氏族一也。〈釋例〉曰：『別而稱之，謂之氏；合而言之，則曰族。』」

至於堯，堯未能舉。舜舉八愷，使主后土，以揆百事，莫不時序。

集解：王肅曰：「君治九土之宜。」杜預曰：「后土，地也。」

索隱：禹爲司空，司空主土，則禹在八愷之中。

正義：《春秋正義》：「后，君也。天曰皇天，地曰后土。」

會注考證：言禹度九土之宜，無不以時得其次序也。

　案：《御覽》二百四引「序」作「敘」，下更有「地平天成」四字；注云：「揆，度。
　　　成亦平也。」「地平天成」四字，蓋據《左傳》加；所引注，亦《左傳》杜
　　　預注也。

舉八元，使布五教于四方；父義，母慈，兄友，弟恭，子孝，內平外成。

索隱：契爲司徒，司徒敷五教，則契在八元之數。

正義：杜預云：「內諸夏，外夷狄也。」按：契作五常之教，諸夏太平，夷狄向化也。

會注考證：內謂室家，外謂鄉黨，《中庸》：「天下之達道五，君臣也，父子也，夫婦
　　　也，昆弟也，朋友之交也。」未嘗以五道爲唐虞之五教。至《孟子》則曰：「人

之有道也，飽食煖衣，逸居而無教，則近於禽獸，聖人有憂之，使契爲司徒，教以人倫，父子有親，君臣有義，夫婦有別，長幼有序，朋友有信。」《淮南子・人間訓》亦云：「百姓不親，五品不治，契教以君臣之義，父子之親，夫妻之辯，長幼之序。」是與《左傳》《史記》異。愚按父母兄弟子，一家之事也；君臣朋友，一國之事也。《孟子》以周代具備之道，推唐虞之古耳，《左傳》《史記》蓋得古意。

案：上文乃史遷本《左傳》文公十八年文，孔穎達《左傳正義》：「一家之內，父母兄弟子，尊卑有五品。父不義，母不慈，兄不友，弟不共，子不孝是五品不遜順也。故使契爲司徒，布五教於四方，教父以義，教母以慈，教兄以友，教弟以共，教子以孝，是之謂五教，此五教可常行，又謂之五典也。諸夏夷狄皆從其教，是謂內平外成，所云五典克從即此，內平外成之謂也。」

昔帝鴻氏有不才子，掩義隱賊，好行凶慝，天下謂之渾沌。少皞氏有不才子，毀信惡忠，崇飾惡言，天下謂之窮奇。顓頊氏有不才子，不可教訓，不知話言，天下謂之檮杌。此三族世憂之，至于堯，堯未能去。縉雲氏有不才子，貪於飲食，冒于貨賄，天下謂之饕餮。天下惡之，比之三凶。舜賓於四門，乃流四凶族，遷于四裔，以御螭魅，於是四門辟，言毋凶人也。

昔帝鴻氏有不才子，掩義隱賊，好行凶慝，天下謂之渾沌。

集解：賈逵曰：「帝鴻，黃帝也。不才子，其苗裔讙兜也。」

正義：慝，惡也。一本云「天下之民，謂之渾沌」。渾沌即讙兜也。言掩義事，陰爲賊害，而好凶惡，故謂之渾沌也。杜預云：「渾沌，不開通之貌。」〈神異經〉云：「崑崙西有獸焉，其狀如犬，長毛，四足，似羆而無爪，有目而不見，行不開，有兩耳而不聞，有人知往，有腹無五臟，有腹直短，食徑過。人有德行而往抵角，有凶惡而行依憑之，名渾沌。」又《莊子》云：「南海之帝爲儵，北海之帝爲忽，中央之帝爲渾沌，儵、忽乃相遇於渾沌之地，渾沌待之甚善，儵與忽謀，欲報渾沌之德，曰：『人皆有七竅，以視聽食息，此獨無有，嘗試鑿之。』日鑿一竅，七日而渾沌死。」按言讙兜性似，故號之也。

案：此條《左傳》文十八年作：「昔帝鴻氏有不才子，掩義隱賊，好行凶德，醜類惡物，頑嚚不友，是與比周，天下之民，謂之渾敦。」杜預注：「帝鴻，黃帝」，與賈逵之說皆非。《路史・後紀》六以帝鴻氏接黃帝，云帝律生帝鴻、釐姓，是爲帝，休律即黃帝也，說詳〈黃帝本紀〉「黃帝者」條。

少皞氏有不才子，毀信惡忠，崇飾惡言，天下謂之窮奇。

集解：服虔曰：「少皞氏，金天氏帝號。窮奇，謂共工氏也，其行窮而好奇。」

正義：謂共工，言毀敗信行，惡其忠直，有惡言語，高粉飾之，故謂之窮奇。按：
常行終必窮極，好諂諛奇異於人也。〈神異經〉云：「西北有獸，其狀似虎，
有翼能飛，便勦食人，知人言語，聞人鬬，輒食直者，聞人忠信，輒食其鼻，
聞人惡逆不善，輒殺獸往饋之，名曰窮奇。」按：言共工性似，故號之也。

會注考證：《楓》、《三本》，無「毀信惡忠，崇飾惡言」八字。

案：《山海經‧海內北經》：「又西二百六十里曰邽山，其上有獸焉，其狀如牛蝟
毛，名曰窮奇，音如獋犬，是食人。」《左傳》文十八年：「少皞氏有不才
子，毀信廢忠，崇飾惡言，靖譖庸言，服讒蒐慝，以誣盛德，天下之民謂
之窮奇。」廢忠作惡忠，蓋涉下文「惡言」而誤，《正義》所見本已誤作「惡
言」矣。

顓頊氏有不才子，不可教訓，不知話言，天下謂之檮杌。

集解：賈逵曰：「檮杌，頑凶無疇匹之兒，謂鯀也。」

正義：檮音道刀反，杌音五骨反，謂鯀也。凶頑不可教訓，不從詔令，故謂之檮杌。
按：言無疇疋，言自縱恣也。〈神異經〉云：「西方荒中有獸焉，其狀如虎而
大，毛長二尺，人面，虎足，豬口牙，尾長一丈八尺，攪亂荒中，名檮杌。
一名傲很，一名難訓。」按：言鯀性似，故號之也。

會注考證：《楓》、《三》、《南本》，無「不可教訓，不知話言」八字。

案：《左傳》文十八年：「顓頊有不才子，不可教訓，不知話言，告之則頑，舍之
則嚚，傲很明德，以亂天常，天下之民謂之檮杌。」《國語‧周語》上：「商
之興亡，檮杌次於丕山。」韋昭注：「檮杌，鯀也。」

此三族世憂之，至于堯，堯未能去。縉雲氏有不才子。

集解：賈逵曰：「縉雲氏，姜姓也。炎帝之苗裔，當黃帝時，在縉雲之官也。」

正義：今括州縉雲縣，蓋其所封也。《字書》云：「縉，赤繒也。」

案：《左傳》文十八年：「此三族也，世濟其凶，增其惡名，以至于堯，堯不能去。」
又昭十七年：「昔者黃帝氏以雲紀，故爲雲師而雲名。」服虔云：「夏官爲縉
雲氏。」是縉雲者，黃帝時官名也。

貪于飲食，冒于貨賄，天下謂之饕餮。天下惡之，比之三凶。

集解：杜預曰：「非帝子孫，故別之以比三凶也。」

正義：此以上四處皆《左傳》文。或本並文次相類四凶，故書之，恐本錯脫耳。謂

三苗也，言貪飲食，冒貨賄，故謂之饕餮。〈神異經〉云：「西南有人焉，身
多毛，上頭戴豕，性很惡，好息，積財而不用，善奪人穀物。強者畏羣而單，
名饕飡。」言三苗性似，故號之。

會注考證：《楓》、《三》、《南本》無「貪于飲食，冒于貨賄」八字。愚按依《楓》、《三》、
《南本》，上文「掩義隱賊，好行凶慝」八字，亦當衍。

案：《左傳》文十八年：「縉雲氏有不才子，貪于飲食，冒于貨賄，侵欲崇侈，不
可盈厭，聚斂積實，不知紀極，不分孤寡，不恤窮匱，天下之民，以比三凶，
謂之饕餮。」杜注：「冒亦貪也。」《呂氏春秋‧先識篇》：「周鼎著饕餮，有
首無身，食人未咽，害及其身，以言報更也。」饕餮，貪食之獸，故稱縉雲
不才子爲饕餮。

舜賓於四門，乃流四凶族，遷于四裔，以御螭魅。於是四門辟，言毋凶人也。

集解：賈逵曰：「四裔之地，去王城四千里。」服虔曰：「魑魅，人面獸身，四足，
好惑人，山林異氣所生，以爲人害。」

正義：杜預云：「闢四門，達四聰，以賓眾賢之也。」御音魚呂反，螭音丑知反，魅
音媚。按：御魑魅，恐更有邪諂之人，故流放四凶以禦之也。故下云「無凶
人」也。

會注考證：昔陽氏以下采《左傳》文公十八年文，《通鑑輯覽》云：「自孔安國《書
傳》以饕餮爲三苗，而杜預《左傳》注遂并以渾沌窮奇檮杌即驩兜共工鯀，
由是輕之四罪，傳之四凶，混而爲一，不知四凶之投裔，在舜賓門之時，四
罪之咸服，在舜攝位之後，時殊人異，經傳可據。且鯀則殛死，而四凶不過
投諸四裔，又何可強爲牽合。」梁玉繩曰：「堯之放四罪，共驩苗鯀也，事
出《尚書》，舜之流四凶族，不才子也。事出《左傳》，太史克語，事既各出，
時亦相縣。史公分載堯舜兩紀，未嘗言四罪即四凶族，後儒察見人數之同，
遂并八慝爲一，豈非賈服杜孔之謬哉。」

案：《左傳》文十八年：「舜臣堯，賓于四門，流四凶族，渾敦、窮奇、檮杌、饕
餮，投諸四裔，以禦螭魅。」御作禦；禦，從示御聲，故相通用。崔述《史
記探源》曰：「渾沌、窮奇、檮杌、饕餮，亦與驩兜、共工、鯀、三苗名義
不類，《左傳》疏曰：此《傳》安慰宣公，故言不能去，辭各有爲，情頗增
甚，學者不可即以爲實。」以此段乃妄人竄入，其說未允。

舜入于大麓，烈風雷雨不迷，堯乃知舜之足授天下。堯老，使舜攝行天子政，巡狩。舜得舉用事二十年，而堯使攝政，攝政八年而堯崩。三年喪畢，讓丹朱，天下歸舜。而禹、皋陶、契、后稷、伯夷、夔、龍、垂、益、彭祖自堯時而皆舉用，未有分職。於是舜乃至於文祖，謀于四嶽，辟四門，明通四方耳目，命十二牧論帝德，行厚德，遠佞人，則蠻夷率服。舜謂四嶽曰：「有能奮庸，美堯之事者，使居官相事？」皆曰：「伯禹為司空，可美帝功。」舜曰：「嗟，然！禹，汝平水土，維是勉哉。」禹拜稽首，讓於稷、契與皋陶。舜曰：「然，往矣。」舜曰：「棄，黎民始飢，汝后稷播時百穀。」舜曰：「契，百姓不親，五品不馴，汝為司徒，而敬敷五教，在寬。」舜曰：「皋陶，蠻夷猾夏，寇賊姦軌，汝作士，五刑有服，五服三就；五流有度，五度三居，維明能信。」舜曰：「誰能馴予工？」皆曰垂可。於是以垂為共工。舜曰：「誰能馴予上下草木鳥獸。」皆曰益可。於是以益為朕虞。益拜稽首，讓于諸臣朱、虎、熊、羆。舜曰：「往矣，汝諧。」遂以朱、虎、熊、羆為佐。舜曰：「嗟！四嶽，有能典朕三禮？」皆曰伯夷可。舜曰：嗟！伯夷，以汝為秩宗，夙夜維敬，直哉維靜絜。」伯夷讓夔、龍。舜曰：「然。以夔為典樂，教稺子，直而溫，寬而栗，剛而毋虐，簡而毋傲；詩言意，謌長言，聲依詠，律和聲，八音能諧，毋相奪倫，神人以和。」夔曰：「於！予擊石拊石，百獸率舞。」舜曰：「龍，朕畏忌讒說殄偽，振驚朕眾，命汝為納言，夙夜出入朕命，惟信。」舜曰：「嗟！女二十有二人，敬哉，惟時相天事。」三歲一考功，三考絀陟，遠近眾功咸興，分北三苗。

舜入于大麓，烈風雷雨不迷，堯乃知舜之足授天下。堯老，使舜攝行天子政，巡狩。舜得舉用事二十年，而堯使攝政。攝政八年而堯崩，三年喪畢，讓丹朱，天下歸舜。而禹、皋陶、契、后稷、伯夷、夔、龍、垂、益、彭祖自堯時而皆舉用，未有分職。

索隱：彭祖，即陸終氏之第三子，籛鏗之後，後為大彭，亦稱彭祖。

正義：高姚二音，皋陶字庭堅。英六二國，是其後也。契音薛，殷之祖也。伯夷，齊太公之祖也。夔，巨龜反，樂官也。倕音垂，亦作「垂」，內言之官也。益，伯翳也，即秦、趙之祖。彭祖自堯時舉用，歷夏、殷封於大彭。分音符問反，如字；分謂封疆爵土也。

會注考證：《楓》、《三》、《南本》，無「烈風雷雨不迷」六字。中井積德曰：「舜徵用三載，攝位又二十八載，而堯崩也。此年數差誤，且與〈堯紀〉不合。又曰

未有分職，元來訛舛之語，注更錯謬。」彭祖之名，不見於《尚書》。《大戴禮·五帝德》，亦但言帝堯舉舜彭祖，而不言舜用彭祖，《史記》下文亦無彭祖分職。梁玉繩曰：「既曰舉用，又曰未有分職，語意相戾。」

案：史遷於禹、皋陶、契、后稷、伯夷、夔、龍、倕、益之外增入彭祖者？章炳麟曰：「楚語：『顓頊命南正重司天以屬神，命火正黎司地以屬民，……堯復育重黎之後，不忘舊者，使復典之，以至於夏商，故重黎世敘天地。』韋解：『重黎之後，羲氏、和氏是也。』詳〈五帝德〉述堯事。舉舜彭祖而任之，四時先民治之，彭祖即重黎後。〈帝繫〉云：『顓頊產老童，老童產重黎及吳回，吳回產陸終，陸終產六子，其三曰籛，是爲彭祖。』是彭祖爲重黎從孫。據〈楚世家〉：『共工氏作亂，帝嚳使重黎誅之而不盡，帝乃以庚寅日誅重黎，以其弟吳回爲重黎後。』彭祖承吳回，故曰重黎之後。彭祖先民治四時，與羲和同。〈五帝德〉說：『舜使羲、和掌歷，敬授民時。』是舜任羲、和，與堯同，〈五帝本紀〉于舜命九官外，又增彭祖，即其事。」〔註13〕此說甚允。世傳彭祖八百歲；或謂彭祖即老聃，〈小戴記〉有孔子問老聃之文；又言彭祖生歷商周之世，此恐臆說。

於是舜乃至於文祖，謀于四嶽，辟四門，明通四方耳目，命十二牧論帝德，行厚德，遠佞人，則蠻夷率服。

正義：舜命十二牧論帝堯之德，又敦之於民，遠離邪佞之大。言能如此，則夷狄亦服從也。

會注考證：牧下當補「曰」字，崔述曰：「四岳十二牧皆舊官，以舜新即位，故申儆之，使敬厥職也。舊官故書其官於前，然則稷契皋陶之非舊官可知矣。四岳不載命詞者，統率群僚無專責也。十二牧共一命詞者，域異職同，無分別也。」

案：《尚書》作：「月正元日，舜格于文祖。詢于四岳，闢四門，明四目，達四聰。咨十有二牧，曰：『食哉，惟時！柔遠能邇，惇德允元，而難任人，蠻夷率服。』」辟作闢；闢，從門辟聲，辟闢相通叚。《漢書·王莽傳》崔發等曰：「虞帝闢四門，通四聰。」又〈梅福傳〉，福上書曰：「博覽兼聽，謀及疏賤。今深者又隱，遠者不塞。所謂辟四門，明四目也。」「耳目」《尚書》作「聰」，陳喬樅云：「《尚書》《釋文》無聰字，《音義》亦不言馬鄭本同異，則古文《尚書》作聰可知也。《史記·五帝本紀》言明通四方耳目，則歐陽《尚書》作聰又可知也。」又惇作厚，「難任」作「遠佞」並〈釋詁〉文，厚、遠、佞

〔註13〕見章太炎著〈古文尚書拾遺〉，載《國學論衡》四期上。

皆訓詁字。

舜謂四嶽曰：「有能奮庸美堯之事者，使居官相事？」

集解：馬融曰：「奮，明；庸，功也。」

案：「使居官相事」《尚書》作「使宅百揆，亮采惠疇？」皮錫瑞曰：「史公釋宅百揆爲居官，蓋不以百揆爲官名。」《史記》以百揆爲百官，「居官相事」，此隱括文意耳。又亮作相，采作事，〈釋詁〉云：「亮，相導也。」「采，事也。」相、事皆訓詁字。

皆曰：「伯禹爲司空，可美帝功。」舜曰：「嗟，然！禹，汝平水土，維是勉哉。」禹拜稽首，讓於稷、契與皋陶。舜曰：「然，往矣。」

集解：鄭玄曰：「然其舉得其人。汝往居此官，不聽其所讓也。」

案：《尚書》「皆」作「僉」，「爲」作「作」，「嗟然」作「俞咨」，「勉」作「懋」，「與」作「暨」，《爾雅‧釋詁》：「僉，皆也；咨，嗟也；茂，勉也；暨，與也。」懋音近茂，懋之訓勉，猶茂之訓勉矣。又〈釋言〉：「爲，作也；俞，然也。」皆、爲、嗟、然、勉、與並爲訓詁字。

舜曰：「棄，黎民始飢，

集解：徐廣曰：「今文《尚書》作『祖飢』；祖，始也。」

索隱：古文作「阻飢」。孔氏以爲阻，難也。祖阻聲相近，未知誰得。

案：《漢書‧食貨志》：「舜命后稷以『黎民祖飢』，是爲政首。」注孟康曰：「祖，始也。」《尚書》作阻，阻乃祖之假借。阻屬莊紐，祖屬精紐，黃季剛先生以爲莊紐古歸精紐，阻祖段氏古音並屬第五部，可相通叚，《史記》作「始」，此以訓詁字代之也。

汝后稷，播時百穀。」

集解：鄭玄曰：「時，讀曰蒔。」

正義：稷，農官也。播時謂順四時而種百穀。

案：時爲蒔之假借；蒔，从艸時聲，故相通叚。《說文》：「蒔，更別種也。」段玉裁曰：「〈周頌〉箋云：『后稷播植百穀』，殖植古通用，亦即易時作蒔之意。」〈呂刑〉：「稷降播種，農殖嘉穀。」《正義》釋時爲四時，恐非。

舜曰：「契，百姓不親，五品不馴，汝爲司徒，而敬敷五教，在寬。」

集解：鄭玄曰：「五品，父、母、兄、弟、子也。」王肅曰：「五品，五常也。」馬融曰：「五教，五品之教。」

正義：馴音訓。

會注考證：《尙書》馴作遜。

案：《尙書》馴作遜，陳喬樅曰：「今文皆作訓字，《史記‧殷本紀》從今文作五品不訓，而〈五帝紀〉作馴者，〈五帝紀〉以詁訓代經文也。」是馴爲訓詁字。「在寬」之上原有「五教」二字，皮錫瑞曰：「《史記‧殷本紀》作『而敬敷五教，五教在寬』。《後漢書‧質帝紀》注〈鄧禹傳〉大司徒策文、〈續漢志〉引夏勤策文、袁宏〈後漢紀〉鄭君〈商頌譜〉引《書》皆重『五教』二字，《後漢書‧明帝紀》、〈和帝紀‧王暢傳〉、〈寇榮傳〉亦皆云五教在寬，唐石經五教下猶疊五教二字，是今文與古文竝有之也。《史記‧五帝紀》不重『五教』二字，後人刪之。」是也。

舜曰：「皐陶，蠻夷猾夏，寇賊姦軌，汝作士，

集解：鄭玄曰：「猾夏，侵亂中國也。」又曰：「由內爲姦，起外爲軌。」馬融曰：「士，獄官之長。」

正義：軌亦作宄，士若大理卿也。

案：姦軌二字，《漢書‧刑法》、〈食貨志〉、《後漢書‧李固傳》並作「姦軌」，《呂氏春秋‧君守篇》高誘注、《潛夫論‧志姓氏篇》則作「姦宄」，軌爲宄之借字；軌、宄同屬見紐，段氏古音第三部，可相通假。《左傳》成十七年：「臣聞亂在外爲姦，在內爲軌。」《說文》：「宄，姦也。外爲盜，內爲宄，從宀，九聲，讀若軌。」《集解》引鄭注「由內爲姦，起外爲軌」之說未允。

五刑有服，五服三就；五流有度，五度三居，維明能信。」

集解：馬融曰：「五刑，墨、劓、剕、宮、大辟。三就，謂大罪陳諸原野、次罪於市朝，同族適甸師氏。既服五刑，當就三處。」又曰：「維明能信，謂在八議，君不忍刑，宥之以遠。五等之差亦有三等之居；大罪投四裔，次九州之外，次中國之外，當明其罪，能使信服之。」

正義：孔安國云：「服，從也，言輕重之中正也。」按：墨，點鑿其額，涅以墨。劓，截鼻也。剕，刖足也。宮，淫刑也，男子割勢，婦人幽閉也。大辟，死刑也。又度，音徒洛反。《尙書》作「宅」。孔安國云「五刑之流，各有所居」也。又五度三居謂度其遠近爲三等之居也。

會注考證：崔述曰：「禹於堯之季年已成司空，但茌事不久，水土猶未平，故舜仍其官，而專責之以平水土，水土平，然後耕耨可興，故命稷次之。衣食足然後禮義可教，故命契次之。不教而殺謂之虐，教之不從，然後齊之以刑，故命

　　　　皋陶次之。此四官皆救民之急務，正民之要術，故舜先之。」

　案：《國語‧魯語》云：「刑五而已；無有隱者，大刑用甲兵，次刑斧鉞，中刑刀
　　　鋸，其次鑽笮，薄刑鞭扑以威民，故大者陳之原野，小者教之市朝，五刑三
　　　次是無隱也。」馬融訓「五刑三就」，蓋本《國語》之說。《禮記‧王制》：「司
　　　徒命鄉簡不帥教者以告，不變；命國之右鄉簡不帥教者，移之左；命國之左
　　　鄉簡不帥教者，移之右。不變；移之郊，不變；移之遂，不變；屏之遠方。」
　　　郊、遂、遠方，是即三居之所。

舜曰：「誰能馴予工？」皆曰垂可，於是以垂爲共工。

集解：馬融曰：「工，謂主百工之官也。爲司空，共理百工之事。」

會注考證：徐孚遠曰：「是時禹爲司空，宅百揆，垂亦何得亦爲司空，抑禹自宅揆解
　　　司空之職，以授垂邪！將共工別爲一官，與司空分職，而馬說誤邪！」梁玉
　　　繩曰：「史依《尚書》，並載禹益諸臣之讓，而垂獨缺，疑有脫文。」

　案：《尚書》「馴」作「若」，〈釋詁〉：「若，順也。」馴與順通，馴爲訓詁字。若
　　　之訓馴，猶若之訓順也。又《尚書》「共工」下有「垂拜稽首，讓于殳斨暨
　　　伯與。帝曰：『俞，往哉？汝諧。』」等語，梁玉繩謂史有脫文，蓋即指此也。

舜曰：「誰能馴予上下草木鳥獸。」皆曰益可。於是以益爲朕虞。

集解：馬融曰：「上謂原，下謂隰。虞，掌山澤之官名。」

會注考證：梁玉繩曰：「《書》所謂朕虞，舜自言之也。此連文爲官名，非。王莽改
　　　水衡都尉曰『予虞』，《漢書‧百官表》序亦曰『益爲朕虞』，〈地理志〉曰：
　　　『爲舜朕虞』，豈皆誤讀《尚書》邪。」愚按朕字，後人從《漢書》誤補。

　案：《尚書》作「帝曰：『疇若予上下草木鳥獸？』僉曰：『益哉！』帝曰：『俞咨！
　　　益，汝作朕虞。』」陳喬樅曰：「《尚書正義》謂馬鄭王本皆爲『禹曰益哉』。
　　　江聲曰：『揚雄〈羽獵賦〉云：昔者禹任益虞，而上下和，草木茂，實本此
　　　經』，則古本皆作禹曰……《僞傳本》改作僉曰，非也。《史記》作「皆」，
　　　此以訓詁字代之，則史遷所見本作僉也。又《漢書‧百官公卿表》：「莽作朕
　　　虞，育草木鳥獸。」注應劭曰：「莽，伯益也。虞，掌山澤禽獸官名也。」〈貨
　　　殖列傳〉：「《周書》曰：『農不出則乏其食，工不出則乏其事，商不出則三寶
　　　絕，虞不出則財匱少。』」《爾雅‧釋訓》：「朕，賜也。」是虞爲官名，梁說
　　　可信。

**益拜稽首，讓于諸臣朱、虎、熊、羆。舜曰：「往矣，汝諧。」遂以朱、
虎、熊、羆爲佐。**

索隱：即高辛氏之子伯虎、仲熊也。

正義：孔安國云：「朱虎、熊羆，二臣也。垂、益所讓四人，皆在元凱之中也。」為益之佐。

會注考證：《尚書》無「諸臣」二字，蓋注文竄入，又不言以朱虎熊羆為佐，或今本《尚書》訛脫邪？抑史公以意推之也。崔述曰：「本務舉而後末務可圖，人性盡而後物性可遂，故命垂命益次之。」

案：《尚書》無「諸臣」及「遂以朱、虎、熊、羆為佐」等句，此蓋史遷以己意增之也。蔡沈《書集傳》：「朱、虎、熊、羆，四臣名也。」《左傳》文十八年言高辛氏有才子八人，其「伯虎、仲熊，叔豹，季貍」，與此四人同。（說見前）

舜曰：「嗟！四嶽，有能典朕三禮？」皆曰伯夷可。舜曰：「嗟！伯夷，以汝為秩宗，夙夜維敬，直哉維靜絜。」

集解：馬融曰：「三禮，天神、地祇、人鬼三禮也。」鄭玄曰：「三禮，天神、地事、人事之禮也。秩宗，主次秩尊卑。」

正義：秩宗，若太常也。《漢書‧百官表》云「王莽太常曰秩宗」，依古也。孔安國云：「秩，序；宗，尊也。主郊廟之官也。」靜，清也。絜，明也。孔安國云：「職典禮，施政教，使正直而清明。」

會注考證：張文虎曰：「《正義》〈百官表〉當作〈王莽傳〉。」

案：「嗟！伯夷」《尚書》作「俞咨！伯」，皮錫瑞《今文尚書考證》曰：「《白虎通‧王者不臣篇》曰：『先王老臣不名，親與先王戮力共治國，同功於天下，故尊而不名也。』《尚書》曰：『咨爾伯，不言名也。』」錫瑞謹案，《史記》一書多同今文，其云伯夷，乃史公以意增夷字，猶以『允子朱』為『嗣子丹朱』，使人易曉耳。」此說甚允。

伯夷讓夔、龍。舜曰：「然。以夔為典樂，教穉子，

集解：鄭玄曰：「國子也。」案：《尚書》作「胄子」，孔安國曰：穉胄聲相近。

正義：孔安國云：「然其推賢，不許其讓也。」穉，胄雉反。孔安國云：「胄，長子。謂元子以下至卿大夫子弟也。歌詩蹈之舞之，教長國子中和祇庸孝友。」

案：「穉」《尚書》作「胄」，穉為訓詁字，《撰異》曰：「《史記》多以訓故代經字，此穉子即經之育子。」考《周禮‧大司樂》注云：「若舜命夔典樂教育子是也。」《古文苑》揚雄〈宗正箴〉云：「各有育子，世以不錯。」《說文》育下引《虞書》曰：「教育子」。《爾雅‧釋詁》：「育，長也」；又曰：「育，養

也。」《說文》ㄊ部：「育，養子使從善也。」此與《偽孔傳》「教長國子」
義同。陳喬樅亦謂：「作育子者，歐陽《尚書》也，《史記》以訓詁字代之，
故言教稺子。」

直而溫，寬而栗，剛而毋虐，簡而毋傲；

集解：馬融曰：「正直而色溫和，寬大而謹敬戰栗也。」

正義：孔安國云：「剛失之虐，簡失之傲，教之以防其失也。」

案：《周禮·春官·大司樂》：「大司樂以樂德教國子、中和、祗庸、孝友。以樂語
教國子興道、諷誦、言語。」與此樂教之義相合。

詩言意，謌長言，聲依永，律和聲，

集解：馬融曰：「謌，所以長言詩之意也。」鄭玄曰：「聲之曲折，又依長言，聲中
律乃爲和也。」

正義：孔安國云：「詩言志以蹈其心，歌詠其義以長其言也。聲，五聲，宮、商、角、
徵、羽也。律謂六律六呂，十二月之音氣也。當依聲律和樂也。」

會注考證：《尚書》意作志，長作永，邵晉涵曰：「以意易志，疑後漢人避桓帝所改
也。」

案：史公志作意，永作長，並〈釋詁〉文；意，長爲訓詁字。皮錫瑞曰：「《史記》
於上句歌長言作長，乃以故訓代經，下句聲依永，不作長，仍爲永字上下異
文，疑史公所據經文上下兩永字，其音義必有異，若皆作永，皆訓長，上句
歌長言可通，下句聲依長不辭甚矣。」今從此說。

八音能諧，毋相奪論，神人以和。」

集解：鄭玄曰：「祖考來格，群后德讓，其一隅也。」

正義：八音，金、石、絲、竹、匏、土、革、木也。孔安國云：「倫，理也。八音能
諧，理不錯奪，則神人咸和，命夔使勉也。」

案：《詩·有瞽》：「肅雝和鳴，先祖是聽。」《禮記·樂記》：「是故樂在宗廟之中，
君臣上下同聽之，則莫不和敬；在族長鄉里之中，長幼同聽之，則莫不和順；
在閨門之內，父子兄弟同聽之，則莫不和親。故樂者審一以定和，比物以飾
節，節奏合以成文，所以合和父子君臣、附親萬民也，是先王立樂之方也。」
〈樂書〉：「師曠援琴而鼓之，一奏之，有玄鶴二八集乎廊門；再奏之，延頸
而鳴，舒翼而飛。」是神人以和之驗也。

夔曰：「於！予擊石拊石，百獸率舞。」

集解：鄭玄曰：「百獸，服不氏所養者也。率舞，言音和也。」

正義：於音烏。孔安國云：「石磬，音之清者。拊亦擊也。舉清者和，則其餘皆從矣。樂感百獸，使相率而舞，則神人和可知也。」按：磬，一片黑石也。下音福尤反。《周禮》云：「夏官有服不氏，掌服猛獸，下士一人，徒四人。」鄭玄云：「不服之獸也。」

　案：《呂氏春秋·古樂篇》：「帝堯立，乃命質爲樂，質乃效山林谿谷之音以歌，乃以麋䇂置缶而鼓之，乃拊石擊石，以象上帝玉磬之音，以致舞百獸。」《荀子·成相篇》：「夔爲樂正，鳥獸服。」《列子·黃帝篇》：「堯使夔典樂擊石拊石，百獸率舞，蕭韶九成，鳳皇來儀。」此皆與史遷所載相合，是皆本於〈堯典〉也。

舜曰：「龍，朕畏忌讒說殄僞，振驚朕衆，命汝爲納言，夙夜出入朕命，惟信。」

集解：徐廣曰：「一云『齊說殄行，振驚衆』。」駰案：鄭玄曰：「所謂色取仁而行違，是驚動我之衆臣，使之疑惑」。

正義：僞音危腄反。言畏惡利口讒說之人，兼殄絕姦僞人黨，恐其驚動我衆，使龍遏絕之，出入其命維信實也。此僞字太史公變《尚書》文也。《尚書》僞字作行，音下孟反。言己畏忌有利口讒說之人，殄絕無德行之官也。又孔安國云：「納言，喉舌之官也。聽下言納於上，受上言宣於下，必信也。」

會注考證：《尚書》「畏忌」作「堲」，「僞」讀爲「爲」，《尚書》作「行」，字異義同，讒說殄爲對言。殄，傷絕也；殄爲，傷絕之行。

　案：「畏忌」爲訓詁字；《撰異》曰：「按畏忌者，堲之訓故。齊者，讒之駁文。齊，疾也；謂利口捷給也。」行僞義相通用，皮錫瑞曰：「案《史記》行作僞者，古以作僞爲行。《周禮·胥師》：『察其詐僞飾行儥慝者而誅罰之。』疏謂：『後鄭以爲行濫。』又〈司市〉：『害者使亡。』鄭注：『害，害於民，謂物行苦者。』《群書治要》崔實〈政論〉曰：『器械行沽。』《潛夫論·浮侈篇》：『以牢爲行。』《後漢書·王符傳》作：『破牢爲僞。』是行僞義同之證。」

舜曰：「嗟！女二十有二人，敬哉，惟時相天事。」

集解：馬融曰：「稷、契、皋陶皆居官久，有成功，但述而美之，無所復勅。禹及垂已下皆初命，凡六人，與上十二牧四嶽，凡二十二人。」鄭玄曰：「皆格于文祖時所勅命也。」

正義：相，視也。舜命二十二人各敬行其職，惟在順時，視天所宜而行事也。

會注考證：蔡沈曰：「二十二人謂四岳九官十二牧也。」崔適曰：「自禹至彭祖共為
十人，加以十二牧，乃為二十二人也。」愚按：在《尚書》則當如蔡說，在
史則崔說近是。但彭祖無分職，未審史公之意。相天事，〈堯典〉作亮天功。

案：二十二人之數，當以《集解》引馬融說為是。蓋舊任副官不計；以新任禹、垂、
益、伯夷、夔、龍、十二牧、四嶽，合計二十二人。又《史記》欽作敬，亮作
相，並〈釋詁〉文；功為事者，〈釋詁〉：「績，事也；績，功也。」敬、相、
事皆為訓詁字。

三歲一考功，三考絀陟，遠近眾功咸興，分北三苗。

集解：鄭玄曰：「所竄三苗為西裔諸侯者猶為惡，乃復分析流之。」

會注考證：於是舜乃至文祖以下采《尚書‧堯典》，「絀陟遠近」《尚書》作「黜陟幽
明」，慶長本標記云：「絀，丑律反，北如字，又為背，鄒誕生音步代反。」
愚按：三苗有生熟之別，或既從化，或猶抗命，所以分處之。

案：孫疏曰：「史公以遠近訓幽明」，[註14] 恐非。《尚書大傳》曰：「《書》曰：『三
歲考績，三考黜陟幽明。』其訓曰：『積不善至於幽，六極以類降，故黜之；
積善至於明，五福以類相升，故陟之。』」是幽明有賞罰之意，史遷特省去
幽明，而以「遠近」增字解經耳。又《呂氏春秋‧召類篇》：「舜卻苗民，更
易其俗。」《淮南子‧兵略訓》：「舜伐有苗」，〈修務訓〉：「舜南征三苗，道
死於蒼梧。」《荀子‧議兵篇》：「舜伐有苗。」孫疏曰：「堯時三苗已竄三危，
此有苗不服，在楚荊州之地，是舜時三苗，非堯時所竄也。」

　　此二十二人咸成厥功；皋陶為大理，平，民各伏得其實；伯夷主禮，上
下咸讓；垂主工師，百工致功；益主虞，山澤辟；棄主稷，百穀時茂；契主
司徒，百姓親和；龍主賓客，遠人至；十二牧行而九州莫敢辟違；唯禹之功
為大，披九山，通九澤，決九河，定九州，各以其職來貢，不失厥宜。方五
千里，至于荒服。南撫交阯、北發，西戎、析枝、渠瘦、氐、羌，北山戎、
發、息慎，東長、鳥夷，四海之內咸戴帝舜之功。於是禹乃興〈九招〉之樂，
致異物，鳳皇來翔，天下明德皆自虞帝始。

此二十二人咸成厥功；皋陶為大理，平，民各伏得其實；

〔註14〕又見張鈞才〈史記引尚書文考例〉，《金陵學報》第六卷第2期，頁206：「〈五帝本紀〉
曰：『三考黜陟遠近』，〈堯典篇〉曰：『三考黜陟幽明』，案幽遠明近詞性各相同。」

正義：皋陶作士，正平天下罪惡也。

會注考證：「大」當作「士」，字之訛也。故《正義》以作「士」解之，《戴記‧五帝德》：「皋陶作士，忠信疏通。」本書〈夏本紀〉亦云：「皋陶作士以理民」，張文虎曰：「《御覽》八十一引史伏作服」，李笠曰：「伏通作服」，〈項羽紀〉：「一府中皆慴伏」，下文作「諸將皆慴服。」又眾乃皆仗，《漢書‧項籍傳》伏作服。

　案：上文舜曰：「皋陶，蠻夷猾夏，寇、賊、姦、軌，汝作士。」《集解》引馬融曰：「獄官之長。」《正義》云：「案若大理卿也。」《禮記‧月令》：「命理瞻傷、察創、視折。」鄭玄注：「理，治獄官也。有虞氏曰士，夏曰大理。」《說苑‧修文篇》：「是故皋陶爲大理平，民，各服得其實。」史遷本文以「大理」說士，《正義》引「皋陶作士」以證之，正得其旨，《考證》以「大」爲「士」之誤，失之遠矣。〔註15〕

伯夷主禮，上下咸讓；垂主工師，百工致功；益主虞，山澤辟；棄主稷，百穀時茂；契主司徒，百姓親和；龍主賓客，十二牧行而九州莫敢辟違；

正義：工師若今大匠卿也。辟，婢亦反，開也。禹九州之民無敢避違舜十二牧也。

　案：張森楷曰：「舜十二州在先，此但言十二州可矣。而牽及禹之九州，殊爲回穴迂曲，非也。」〔註16〕

唯禹之功爲大，披九山，通九澤，決九河，定九州，各以其職來貢，不失厥宜。方五千里，至于荒服。

正義：披音皮義反，謂傍其山邊以通。

會注考證：披九山以下采《尚書‧禹貢》，《楓》、《三》、《南本》，九河作九川。

　案：《莊子‧天下篇》：「墨子稱道曰：『昔者禹之湮洪水，決江河而通四夷九州也，名山三百，支川三千，小者無數。禹親自操橐耜而九雜天下之川；腓无胈，脛无毛，沐甚雨，櫛甚風，置萬國。』」《孟子‧滕文公》上：「禹疏九河，淪濟漯而注諸海；決汝漢、排淮泗而注之江，然後中國可得而食也。」《荀子‧成相篇》：「禹北決九河，通十二渚，疏三江。禹傳土，平天下。」《呂氏春秋‧愛類篇》：「禹於是疏河決江，爲彭蠡之障，乾東土，所活者千八百國。」此皆本於〈禹貢〉：「九州攸同，四隩既宅。九山刊旅，九川滌源，九

〔註15〕見王叔岷先生《史記斠證》，〈五帝本紀〉第一，頁47，載《中央研究院歷史語言研究所集刊》。

〔註16〕同註1，頁123。

澤既陂，四海會同。」

南撫交阯、北發，西戎、析枝、渠廋、氐、羌，北山戎、發、息愼，東長、鳥夷，四海之內咸戴帝舜之功。

集解：鄭玄曰：「息愼，或謂之肅愼，東北夷。」

索隱：此言帝舜之德皆撫及四方夷人，故先以「撫」字總之。北發當云「北戶」，南方有地名北戶。又案：《漢書》北發是北方國名，今以北發爲南方之國，誤也。此文省略，四夷之名錯亂。「西戎」上少一「西」字，「山戎」下少一「北」字，「長」字下少一「夷」字。長夷也，鳥夷也，其意宜然。今案：《大戴禮》亦云「長夷」，則長是夷號。又云「鮮支渠搜」，則鮮支當此析枝也。鮮析音相近。鄒氏、劉氏云「息並音肅」，非也。且夷狄之名，古書不必皆同，今讀如字也。

正義：注「鳥」或作「島」。《括地志》云：「百濟國西南海中有大島十五所，皆置邑，有人居，屬百濟。又倭國西南大海中島居凡百餘小國，在京南萬三千五百里。」按：武后改倭國爲日本國。《爾雅》云：「九夷八狄七戎六蠻謂之四海。」

會注考證：南撫交趾以下采《大戴記‧五帝德》，但北發作大教。《大戴記‧少閒篇》云：「舜以天德嗣堯，海外肅愼北發渠搜氐羌來服。」查德基曰：「北發疑當作大發，西戎之戎，發息愼之發，疑皆衍字。《說苑‧修文篇》：『南交趾大發，西析支渠搜，北山戎息愼，東長夷島夷。』似可據以正文，鳥島古通用。」愚按：北發，國名，又見《管子》及〈漢武紀〉〈韓安國傳〉，大教大發北發三者未知其孰是。又按西北東下，亦當有撫字，以上文撫字該之，是古文簡處。

案：《大戴禮‧五帝德篇》，北發作大教，析枝作鮮支，而鮮支上無西戎字，鳥夷下有羽民字。明凌稚隆《史記評林》引明王鏊曰：「史文簡古，《索隱》不必依，但北發當作北戶。」桐城方氏苞《史記注補正》曰：「《索隱》謂字缺少，非也。首以撫字該之下三方，則直序其地而西戎上不復重言其方耳。」仁和趙太常佑曰：「北發即北戶，言其戶向北開，下山戎、發則又別有國名發者耳。」長即《春秋》長狄。〔註17〕

於是禹乃興九招之樂，改異物，鳳皇來翔。天下明德皆自虞帝始。

索隱：招音韶，即舜樂〈簫韶〉。九成，故曰〈九招〉。

會注考證：《楓》、《三》、《南本》，招作韶，《尚書‧皋陶謨》：「〈簫韶〉九，鳳凰來

〔註17〕同註11，頁17。

儀。」德齡曰：「禹字當作夔，敘禹于諸臣之後者，以禹功最大也。而大樂
之作，所以告成功，故又敘夔于禹之後，其次序固秩然不紊也。」〈夏本紀〉：
「舜德大明，于是夔行樂」一段，尤可爲夔字明證。

案：禹無興樂之事，而此云興〈九招〉，〈夏本紀〉亦云禹明度數聲樂，未知何據？
殆以《大戴禮》身度聲律之文而誤與？《呂覽・古樂篇》言：「嚳作〈九招〉，
舜令質修之」；又言：「皋陶爲禹作夏〈九篇〉九成，以招其功。」《山海經・
大荒西經》言啓始歌〈九招〉，史謂禹興〈九招〉亦猶是等傳聞異詞，不足
據也。〔註18〕

　　舜年二十以孝聞，年三十堯舉之，年五十攝行天子事，年五十八堯崩，
年六十一代堯踐帝位。踐帝位三十九年，南巡狩，崩於蒼梧之野。葬於江南
九疑，是爲零陵。舜之踐帝位，載天子旗，往朝父瞽叟，夔夔唯謹，如子道。
封弟象爲諸侯，舜子高均亦不肖，舜乃豫薦禹於天。十七年而崩，三年喪畢，
禹亦讓舜子，如舜讓堯子。諸侯歸之，然后禹踐天子位，堯子丹朱，舜子商
均，皆有疆土，以奉先祀。服其服，禮樂如之，以客見天子，天子弗臣，示
不敢專也。

**舜年二十以孝聞，年三十堯舉之，年五十攝行天子事，年五十八堯崩，
年六十一代堯踐帝位。踐帝位三十九年，南巡狩，崩於蒼梧之野。葬於
江南九疑，是爲零陵。**

集解：皇甫謐曰：「舜所都，或言蒲坂，或言平陽，或言潘。潘，今上谷也。」〈皇
　　　覽〉曰：「舜冢在零陵營浦縣。其山九谿皆相似，故曰九疑。《傳》曰『舜葬
　　　蒼梧，象爲之耕』。《禮記》曰：『舜葬蒼梧，二妃不從』。《山海經》曰：『蒼
　　　梧山，帝舜葬于陽，丹朱葬於陰』。」皇甫謐曰：「或曰二妃葬衡山。」

正義：《括地志》云：「平陽，今晉州城是也。潘，今嬀州城是也。蒲坂，今蒲州南
　　　二里河東縣界蒲坂故城是也。」

會注考證：〈堯典〉云：「舜生三十徵庸，三十在位，五十載陟方乃死。」《孟子・離
　　　婁篇》云：「舜生於諸馮；遷於負夏，卒於鳴條。」《禮記・檀弓篇》云：「舜
　　　葬於蒼梧之野，蓋二妃未之從也。」《大戴記・五帝德》云：「舜之少也，惡
　　　頑勞苦，二十以孝聞乎天下，三十在位，嗣帝所，五十乃死，葬于蒼梧之野。」

〔註18〕同註1，頁123。

史公蓋采〈檀弓〉〈五帝德〉。崔適曰：「年三十堯舉之，即《尚書》所謂三十徵庸也。年五十攝行天子事，即上文所謂攝政八年而堯崩，三年喪畢讓丹朱，天子歸舜也。踐帝位三十九年崩，乃《尚書》所謂五十載陟方乃死，自攝政八年，居喪三年，在三十九年，合爲五十載也。」愚按史公之意與《尚書》《孟子》異，說見上文。

案：《帝王世紀》：「舜以堯之二十一年甲子生，三十一年甲午徵用，七十九年壬午即眞百歲，癸卯而征，崩于鳴條，殯以瓦棺，葬於蒼梧九疑山之陽，是爲零陵，謂之紀市。」舜之年壽，《史記》、《論衡》均作百年，《撰異》曰：「《尚書》三十在位，今文《尚書》作二十，鄭玄用今文注古文，讀三十爲二十，可考而知。」孔穎達《尚書正義》曰：「鄭元讀此經云：『舜生三十，謂生三十年也。登庸二十，謂歷試二十年。在位五十載，陟方乃死，謂攝位至死五十年，舜年一百歲也。』又《淮南子‧脩務訓》：「舜南征三苗，道死蒼梧。」《國語‧魯語》上：「舜勤民事而野死。」《山海經‧大荒南經》：「赤水之東有蒼梧之野，舜與叔均之所葬也。」〈海內經〉：「南方蒼梧之丘，蒼梧之淵，其中有九嶷山，舜之所葬在長沙零陵界中。」此蒼梧之野疑即蒼野，在今陝西商縣東南菟和山西境，九疑山在今湖南寧遠縣南六十里。〔註19〕

舜之踐帝位，載天子旗，往朝父瞽叟，夔夔唯謹，如子道。

集解：徐廣曰：「夔夔，和敬貌。」

會注考證：《孟子‧萬章篇》：「《書》曰：『祗載見瞽瞍，夔夔齊栗，瞽叟亦允若。』」

案：《尚書‧大禹謨篇》：「舜負罪引慝，祗載見瞽瞍，夔夔齋慄，瞽亦允若。」《孟子》引《書》曰、焦循《孟子正義》曰：「此引《書》不見二十八篇之中，故爲逸書，蓋亦〈舜典〉文也。」《史記》此文，殆即釋〈舜典〉「夔夔齊栗」之義。

封弟象爲諸侯。

集解：《孟子》曰：「封之有庳。」音鼻。

正義：《帝王紀》云：「舜弟象封於有鼻。」《括地志》云：「鼻亭神在道縣北六十里」。《故老傳》云：「舜葬九疑，象來至此，後人立祠，名爲鼻亭神。」《輿地志》云：「零陵郡應陽縣東有山，山有象廟。」王隱《晉書》云：「此大泉陵縣，

〔註19〕見錢穆先生《史記地名考》頁45，蒼梧條：「《左》哀四，楚右師軍於蒼野，杜預注：「蒼野在上洛縣」，《水經注》：「丹水自蒼野東歷菟和山，疑蒼梧之野，即蒼野，在今陝西商縣東南菟和山西境，故司馬氏云左蒼梧也。」九疑見頁46「九疑條」，龍門版。

北部東五里有鼻墟，象所封也。」

會注考證：《孟子・萬章篇》，吳裕垂曰：「道州之有庳亭，猶靈博之有象祠也。南
　　　　　蠻，苗夷所建不必問其所自始，而有庳之封，必近帝都，方得常常而見，
　　　　　原原而來。」

　案：《漢書・武五子昌邑哀王傳》：「舜封象於有鼻，死不爲置後。」《後漢書・袁
　　　紹傳》：「象傲終受有鼻之封」，《三國志・魏書・樂陵王茂傳》：「昔象之爲虐
　　　至甚，而大舜猶侯之有鼻。」

舜子商均亦不肖，

集解：皇甫謐曰：「娥皇無子，女英生商均。」

正義：譙周云：「以虞封舜子，今宋州虞城縣。」《括地志》云：「虞國，舜後所封邑
　　　也。或云封舜子均於商，故號商均也。」

　案：《國語・楚語》上：「舜有商均……是五王者，皆有元德也。」《孟子・萬章》
　　　上：「丹朱之不肖，舜之子亦不肖。」《呂氏春秋・去私篇》：「舜有子九人，
　　　不與其子而授禹。」史公之言蓋本於此。

舜乃豫薦禹於天。十七年而崩，三年喪畢。禹亦乃讓舜子，如舜讓堯子。諸侯歸之，然后禹踐天子位。

索隱：舜告天使之攝位也。

正義：《括地志》云：「禹居洛州陽城者，避商均，非時久居也。」

會注考證：《楓》、《三》、《南本》，崩下重崩字，無乃字。舜子商均亦不肖以下采《孟
　　　　　子・萬章篇》。

　案：《孟子・萬章》上：「昔者，舜薦禹於天，十有七年，舜崩，三年之喪畢，禹
　　　避舜之子於陽城。」〈夏本紀〉：「帝舜薦禹於天，爲嗣。十七年而帝舜崩，
　　　三年喪畢，禹解辟舜之子商均於陽城。」「崩」字不重爲是。

堯子丹朱，舜子商均，皆有彊土，以奉先祀。

集解：譙周曰：「以唐封堯之子，以虞封舜之子。」

索隱：《漢書・律曆志》云封堯子朱於丹淵爲諸侯。商均封虞，在梁國，今虞城縣也。

正義：《括地志》云：「定州唐縣，堯後所封。宋州虞城縣，舜後所封也。」

　案：〈律曆志〉本文作：「使子朱處于丹淵爲諸侯」；「使子商均爲諸侯」。是堯讓天
　　　下時，使之出居，即爲諸侯，固非舜所封。〔註20〕

_____

〔註20〕同註1，頁128。

服其服，禮樂如之，以客見天子，天子弗臣，示不敢專也。

正義：為天子之賓客也。

會注考證：《尚書・皋陶謨》云：「虞賓在位。」《傳》云：「丹朱為王者後，故稱賓。」
《禮記・郊特牲》云：「王者存二代之後，猶尊賢也，尊賢不過二代。」

　案：《白虎通・王者不臣篇》云：「《尚書》曰：『虞賓在位，不臣丹朱也。』」丹朱
時有助祭，故得以臯后德讓也。

　　自黃帝至舜，禹，皆同姓而異其國號，以章明德。故黃帝為有熊，帝顓
頊為高陽，高辛為高辛，帝堯為陶唐，帝舜為有虞。帝禹為夏后而別氏，姓
姒氏。契為商，姓子氏。棄為周，姓姬氏。

自黃帝至舜、禹，皆同姓而異其國號，以章明德。

集解：徐廣曰：「《外傳》曰：『黃帝二十五子，其得姓者十四人。』虞翻云『以德為
氏姓』。又虞說以凡有二十五人，其二人同姓姬，又十一人為十一姓，酉、
祁、已、滕、葴、任、荀、釐、姞、嬛、衣是也，餘十二姓德薄不紀錄。」

會注考證：《外傳》、《國語・晉語》，崔述曰：「上古之時人情樸略，容有未受封者，
故因錫土而遂賜之，所以〈禹貢〉有錫土姓之文，非每人皆賜之以姓也，安
有同父而異姓者哉？姓也者生也，有姓者所以辨其所由生也。苟同父而各姓
其姓，則所由生者無可辨，有姓曷取焉。自《國語》始有一人子孫分為數姓
之說，而《大戴記》從而衍之，《史記》又從而采之，遂謂唐虞三代共出一
祖，而帝王之族姓，遂亂雜而失其真矣。然則誣古聖而惑後儒者，皆《國語》
為之濫觴也。且〈晉語〉前既云『青陽與夷鼓為已姓』，後又云『青陽與倉
林為姬姓』，是青陽一人而有兩姓矣。〈晉語〉既云黃帝之子青陽夷鼓皆為己
姓，〈鄭語〉又云：『祝融之後，己姓昆吾蘇顧溫董』，是己一姓而又有兩祖
矣，其自矛盾如是，焉可為信哉？」梁玉繩曰：「黃帝至禹，諸帝王竝非一
族，安得同姓。史于五帝之姓多缺不具，而夏之姓姒下文已明書之，何云同
姓哉？此《史通》所謂連行接句，頓成乖角者也。」歐陽修曰：「司馬遷所
作〈本紀〉，出於《大戴禮》《世本》諸書，今依其說，圖而考之，堯舜夏商
周皆同出於黃帝，堯之崩也，下傳其四世孫舜；舜之崩也，復上傳其四世祖
禹，而舜禹皆壽百歲，稷契於高辛為子，乃同父異母之兄弟。今以其世次而
下之，湯與王季同世，湯下傳十六世而為紂，王季下傳一世而為文王，二世
而為武王，是文王以十五世祖，臣事十五世孫紂而武王以十四世祖伐十四世

孫而代之王，何其繆哉？」

案：《會注考證》所引諸家之說可信；古世系固多錯亂。（說見前〈黃帝本紀〉）馬
　　驌論云：「《史記》舜亦黃帝苗裔，爲高陽六世孫，則於堯爲玄孫之屬，《路
　　史》辯其非，以爲系出虞幕，五帝之中，獨不祖黃帝。《國語》云：『虞幕能
　　聽協風，與夏商周之祖竝稱。』韋昭注：『幕即虞思』，非也；若舜爲宗親，
　　乃降爲匹庶，必待四岳之舉，且亂嬪嬪倫，妻以二女，先儒皆以爲疑，今從《路
　　史》。」〔註21〕

故黃帝爲有熊，帝顓頊爲高陽，帝嚳爲高辛，帝堯爲陶唐，帝舜爲有虞。帝禹爲夏后而別氏，姓姒氏。

集解：韋昭曰：「陶唐皆國名，猶湯稱殷商矣。」張晏曰：「堯爲唐侯，國於中山，
　　唐縣是也。」皇甫謐曰：「舜嬪于虞，因以爲氏；今河東大陽西山上虞城是
　　也。」

會注考證：黃帝爲有熊，傳記無所概見。梁玉繩曰：「夏代稱后，故云夏后氏，王則
　　間稱之，何論帝也？帝禹之稱，且以帝與后連書亦複。」又曰：「三代以前，
　　必著功德，然後賜姓命氏，故人不皆有姓。三代以降，族類繁亂，皆所謂姓，
　　但有氏而已。姓一定而不易，雖百世弗改，氏遞出而不窮，即再傳可變。史
　　公承秦項焚燹之餘，譜學已紊，姓氏遂混，有以姓爲氏者；如夏之姒，商之
　　子，姓也，非氏也。而連氏于其下，曰姒氏子氏，有以氏爲姓者；如秦之趙，
　　漢之劉，氏也，非姓也；而加姓于其上，曰姓趙姓劉，然其謬非始于史公。
　　《穀梁》隱九年：『南季來聘』，《傳》云：『南氏姓也，則已混稱之矣。』或
　　問《春秋》書羌氏子氏，姜與子俱姓，而書氏何居？曰『古者男子稱氏，婦
　　人稱姓，而姓之與氏，散亦得通』，是以《通志·氏族序》云：『姓可呼爲氏，
　　氏不可呼爲姓，從未有姓氏并稱之者。』《易》言黃帝堯舜氏作，則又以號
　　爲氏，以名爲氏，亦稱姓爲氏之比矣。」

案：梁說妄駁史公之論，未允。《大戴禮·誥志篇》：「主祭于天曰天子，卒葬曰帝。」
　　《禮·曲禮篇》：「措之廟，立之主，曰帝。」譙周云：「夏殷之禮，生稱王，
　　死稱廟主，皆以帝名配之。」故《紀年》，夏天子皆稱帝。〈夏本紀〉，從禹
　　至履癸，十七君，俱曰帝某耳。〔註22〕考啓在《墨子·耕柱篇》、《山海經·
　　海外西經》、〈大荒西經〉等書中皆稱夏后啓，或夏后開，《呂氏春秋·先己

〔註21〕見馬驌《繹史》，有虞世系九。頁9，商務版。
〔註22〕同註13，頁33。

篇》又稱夏后伯啓。羿在〈天問〉稱夷羿，《左傳》稱有窮后羿，《左傳》引
〈虞箴〉又稱帝夷羿，揚雄〈上林苑令箴〉亦稱帝羿。蓋本皆后、伯，後乃
進而帝矣。〔註23〕

契爲商，姓子氏。棄爲周，姓姬氏。

集解：鄭玄〈駁許慎五經異義〉曰：「《春秋左傳》『無駭卒，羽父請諡與族。公問族
於眾仲，眾仲對曰：「天子建德，因生以賜姓，胙之土而命之氏。諸侯以字
爲氏，因以爲族。官有世功，則有官族，邑亦如之。」公命以字爲展氏』。
以此言之，天子賜姓命氏，諸侯命族。族者，氏之別名也。姓者，所以統繫
百世，使不別也。氏者，所以別子孫之所出。故《世本》之篇，言姓則在上，
言氏則在下也。」

索隱：《禮緯》曰：「禹母脩己吞薏苡而生禹，因姓姒氏。」而契姓子氏者，亦以其
母吞乙子而生。

案：〈殷本紀〉：「殷契，母曰簡狄，見玄鳥墮其卵，簡狄取吞之，因孕生契。契長
而佐禹有功，封于商，賜姓子氏。」《集解》引《禮緯》曰：「祖以玄鳥生子
也。」《論衡》亦云：「禼母吞燕卵而生禼，故殷姓曰子。」〈周本紀〉：「帝
舜封弃於邰，號曰后稷，別姓姬氏。」《集解》引《禮緯》曰：「祖以履大跡
而生。」

〔註23〕見《中國古史研究》第七冊上篇第二篇〈論古史傳說演變之規律性〉，頁142。

第六章　贊　詞

　　太史公曰：學者多稱五帝，尚矣。然《尚書》獨載堯以來，而百家言黃帝，其文不雅馴，薦紳先生難言之。孔子所傳〈宰予問五帝德〉及〈帝繫姓〉，儒者或不傳。余嘗西至空峒，北過涿鹿，東漸於海，南浮江淮矣，至長老皆各往往稱黃帝、堯、舜之處，風教固殊焉，總之不離古文者近是。予觀《春秋》、《國語》，其發明〈五帝德〉、〈帝繫姓〉章矣，顧弟弗深考，其所表見皆不虛。書缺有閒矣，其軼乃時時見於他說。非好學深思，心知其意，固難為淺見寡聞道也。余并論次，擇其言尤雅者，故著為〈本紀〉書首。

太史公曰：

正義：太史公，司馬遷自謂也。〈自敍傳〉云「太史公曰先人有言」，又云「太史公
　　　曰余聞之董生」，又云「太史公遭李陵之禍」。明太史公，司馬遷自號也。遷
　　　為太史公官，題贊首也。虞憙云：「古者主天官者皆上公，非獨遷。」

會注考證：姚鼐曰：「太史公係後人尊稱之辭，漢官儀乃云其官本名太史公，此謬說
　　　也。《漢書》臣瓚注引〈茂陵書〉：『司馬談以太史丞為令』，又孔北海告高密
　　　縣曰：『昔太史公、廷尉吳公、謁者僕射鄧公皆漢之名臣，世嘉其高，皆悉
　　　稱公，然則公者仁德之正號，不必三事大夫也。』據此則凡《史記》內以太
　　　史公稱談者，即子長所加，以稱子長者，皆後人所益，又何疑焉，若《文選》
　　　載〈報任安書〉首云：『太史公牛馬走』，公字乃令字之誤耳，稱太史令，猶
　　　後人之列銜，稱牛馬走，猶後人稱僕稱弟之類。」梁玉繩曰：「太史公之稱，
　　　〈今上紀〉及〈自序傳〉注引《桓譚新論》云東方朔所署。又引韋昭云：『遷
　　　外孫楊惲所加』，又引衛宏〈漢儀注〉謂太史公武帝置，位在丞相上，遷死

後宣帝以其官爲令，行文書而已。又引虞喜《志林》謂古主天官者皆上公，由周至漢，其職轉卑，然朝會坐位，猶居公上，其官屬仍以舊名尊之，考《史記》遷死後稍出，至宣帝時始宣布，東方朔安得見之，《索隱》非之矣。〈遷傳〉有楊惲祖述其書之語，韋昭所本，《索隱》亦從之，但一部《史記》均稱太史公，惟〈自序〉中遷爲太史令一句稱令；然《正義》引史作公，疑今本傳譌，或依《漢書》改，豈盡惲增之邪！《索隱》以爲姚察非之矣。蓋太史公是官名，衛宏漢人，其言可信。」又曰：「《史記》祇天官，太史公推古天變，及〈封禪書〉兩稱太史公，〈自序〉前篇六稱太史公，指司馬談，文義顯白，餘皆自謂。」愚按太史公官名；太史令之稱太史公，猶太倉令之稱太倉公。自是當時官府通稱，固非官名，亦非尊加，姚梁之說，恐皆非是，說又見于〈太史公自序〉）。

案：崔述《史記探源》曰：「〈自序〉云：『談爲太史公。』《索隱》曰：『公者，遷所著書，尊其父云公也。』〈自序〉又云：『有子曰遷』，又曰：『太史公卒三歲，而遷爲太史令。』是則遷稱其父曰太史公，自稱其官曰太史令。故《漢書‧律歷志》、《後漢書‧班彪傳》皆稱遷爲太史令，豈其官名太史公哉？《漢書‧百官表》：『太史令爲太常屬官，秩六百石耳。』虞喜以爲上公。謬矣！〈自序〉：『太史公曰：先人有言』以下。凡遷自稱，亦作太史公者，後人不達此爲遷尊其父之稱，從而改之爾。各篇贊語亦然，但此稱相沿已久。且尊而公之，敬禮先哲，亦所宜然，故今亦仍其舊云。」此與《會注考證》之說同，是也。

學者多稱五帝，尚矣。然《尚書》獨載堯以來；而百家言黃帝，其文不雅馴，薦紳先生難言之。

集解：徐廣曰：「薦紳即縉紳也，古字假借。」

索隱：尚，上也。言久遠也。然「尚矣」文出《大戴禮》。

正義：馴，訓也。謂百家之言皆非典雅之訓。

會注考證：〈五帝德〉云：夫黃帝尚矣，先生難言之。

案：《廣雅‧釋詁》：「馴，善也。」「雅馴」謂「典雅馴善」也。《正義》釋爲「典雅之訓」，似未審。薦、縉同屬精紐，故相通用；《莊子‧天下篇》：「鄒、魯之士，搢紳先生多能明之。」《一切經音義》八一引搢作縉，徐說是也。

孔子所傳〈宰予問五帝德〉及〈帝繫姓〉，儒者或不傳。

索隱：〈五帝德〉〈帝繫姓〉皆〈大戴禮〉及《孔子家語》篇名。以二者皆非正經，

故漢時儒者以爲非聖人之言，故多不傳學也。

正義：繫音奚計反。〈五帝德〉、及〈帝繫姓〉皆《大戴禮》文及《孔子家語》篇名。
　　　漢儒者以二書非經，恐不是聖人之言，故或不傳學也。

　案：郭嵩燾《史記札記》曰：「下文『予觀《春秋》《國語》，其發明〈五帝德〉〈帝
　　　繫姓〉章矣』，諸本皆無『及』字，此『及』字疑衍。」

余嘗西至空峒，北過涿鹿，東漸於海，南浮江淮矣，至長老皆各往往稱黃帝、堯、舜之處，風教固殊焉，

正義：余，太史公自稱也。嘗，曾也。空桐山在原州平高縣西百里，黃帝問道於廣
　　　成子處。涿鹿山在嬀州東南五十里，山側有涿鹿城，即黃帝、堯、舜之都也。

會注考證：《楓》、《三》、《南本》，無至字，固作國。

　案：空桐，涿鹿說見前（〈黃帝本紀〉）。又《書·禹貢》：「東漸于海，」（又見〈夏
　　　本紀〉），《僞孔傳》：「漸，入也。」

總之不離古文者近是。

索隱：古文即〈帝德〉、〈帝系〉二書也。近是聖人之說。

會注考證：沈濤曰：「總之不離古文者近是，是古文即謂《尚書》。〈太史公自序〉：『年
　　　十歲則誦古文』，亦謂古文《尚書》。小司馬于紀贊則以爲〈帝德〉〈帝繫〉
　　　等書，于〈自序〉則以爲《左傳》《國語》等書皆非是。」又曰：「《漢書·
　　　儒林傳》曰：『司馬遷亦從安國問故。遷書載〈堯典〉、〈禹貢〉、〈洪範〉、〈微
　　　子〉、〈金縢〉等篇，多古文說。』是《史記》之用古文，孟堅言之鑿然矣。
　　　自漢以來皆無異說，惟史遷每以訓詁字易經文，又兼裴駰司馬貞張守節所據
　　　本，每多互異，蓋已爲六朝人所竄亂。然藉此以求古文之眞，尚可存十一於
　　　千百。」愚按古文謂以古文書者，不止《尚書》一經，而是主斥《尚書》，
　　　說又見〈十二諸侯年表序〉。

　案：《索隱》之說較允，史公〈五帝本紀〉多據今文歐陽《尚書》，非古文也。（詳
　　　見第七章《史記》所據《尚書》文）

予觀《春秋》、《國語》，其發明〈五帝德〉、〈帝繫姓〉章矣，顧弟弗深考，其所表見皆不虛。

集解：徐廣曰：「弟，但也。《史記》、《漢書》見此者非一。又左思〈蜀都賦〉曰『弟
　　　如滇池』，而不詳者多以爲字誤。學者安可不博觀乎？」

索隱：太史公言己以《春秋》、《國語》古書博加考驗，益以發明〈五帝德〉等說其
　　　章著也。其所表見皆不虛，言〈帝德〉〈帝系〉所有表見者，皆不虛妄也。

正義：顧，念也。弟，且也。太史公言博考古文，擇其言表見之不虛，甚章著矣，
　　　思念亦且不須更深考論。

會注考證：中井積德曰：「言《春秋》《國語》中多說五帝之事。」錢大昕曰：「弟但
　　　聲相近」，中井積德曰：「弗深考，譏儒者不傳也。」

　案：《黃善夫本》、《殿本集解》引徐廣注「《史記》」並誤「史說」，今正。

書缺有閒矣，其軼乃時時見於他說。

索隱：言古典殘缺有半載，故曰「有間」。然帝皇遺事散軼，乃時時旁見於他記說，
　　　即〈帝德〉、〈帝系〉等說也。故已今採按而備論黃帝已來事耳。

正義：言古文《尚書》缺失其間多矣，而無說黃帝之語。

會注考證：中井積德曰：「書缺有閒，《尚書》殘缺有年載也。」

　案：王叔岷先生《史記斠證》曰：「軼下本有事字，故《索隱》云：『遺事散佚』，
　　　《史通·暗惑篇》引此，軼下正有事字。」

非好學深思，心知其意，固難爲淺見寡聞道也。余并論次，擇其言尤雅者，故著爲〈本紀〉書首。

正義：太史公據古文并諸子百家論次，擇其言語典雅者，故著爲〈五帝本紀〉，在《史
　　　記》百三十篇書之首。

會注考證：趙恆曰：「此論〈本紀〉所以首黃帝之意。蓋《尚書》獨載堯以來，而《史
　　　記》始黃帝；《史記》之所據者，〈五帝德〉〈帝繫姓〉也，乃儒者或不傳之
　　　書也。然遷以所涉歷驗之風教而近是，參之《春秋》《國語》，而所表見爲不
　　　虛。是以《尚書》雖缺，而其軼之見於他說，如〈五帝德〉〈帝繫姓〉者不
　　　可不言而傳之也，要在學者博聞深思，精擇而愼取之耳。故以黃帝著爲〈本
　　　紀〉首，則顓頊高辛在其中矣。」

　案：水澤利忠《史記會注考證校補》據《慶元本》曰：「右述贊之體，深所不安。
　　　何者？夫敘事美功，合有首末，懲惡勸善，是稱褒貶。觀太史公贊論之中，
　　　或國有數君，或士兼百行，不能備論終始，自可略申梗概，遂乃頗取一事，
　　　偏引一奇，即爲一篇之贊，將爲龜鏡，誠所不取，斯亦明月之珠，不能無類
　　　矣，今並重爲一百三十篇之贊云。」

第七章 結　語

一、《史記·五帝本紀》所據《尚書》

太史公著《史記》百三十卷，采經摭傳，於〈五帝本紀〉取材多本於《尚書》。
史遷所據《尚書》，本於何家？歷代學者，遑論不決，班固首主太史公多古文說。《漢
書·儒林傳》云：

> 孔氏有古文《尚書》，孔安國以今文字讀之，因以起其家逸《書》，得
> 十餘篇，蓋《尚書》茲多於是矣。遭巫蠱，未立於學官。安國為諫大夫，
> 授都尉朝，而司馬遷亦從安國問故。遷書載〈堯典〉、〈禹貢〉、〈洪範〉、〈微
> 子〉、〈金縢〉諸篇，多古文說。

然古文肇出魯壁，漢初不列學官，盛於新莽，微於中興。其有今、古文義之別者，
乃劉歆倡列學官，推演創說而起，《漢書·楚元王傳》（附〈劉歆傳〉）曰：

> 及歆親近，欲建立《左氏春秋》及《毛詩》、《逸禮》、古文《尚書》
> 皆列於學官。哀帝令歆與五經博士講論其義，諸博士或不肯置對，歆因移
> 書太常博士責讓之。……其言甚切，諸儒怨恨。是時名儒光祿大夫龔勝以
> 歆移書上疏深自罪責，願乞骸骨罷歸。及儒者師丹為大司空，亦大怒，奏
> 歆改亂舊章，非毀先帝所立。上曰：「歆欲廣道術，亦何以為非毀哉？」
> 歆由是忤執政大臣，為眾儒所訕，懼誅，求出補吏，為河內大守。

是古文之義起於劉歆，與史遷引書「多古文說」難以相符，清人陳喬樅意多古文說，
非指古文《尚書》，乃史遷取軼說與古文合者而載之，《今文尚書經說考》云：

> 「余嘗西至空峒，北過涿鹿，東漸於海，南浮江淮矣。至長老皆各往
> 往稱黃帝堯舜之處，風教固殊焉。總之不離古文者近是。書缺有間矣，其
> 軼乃時時見於他說，非好學深思，心知其意，未易為淺見寡聞者道也。余

並論次擇其言尤雅者，故著爲〈本紀〉書首。」遷之言如此，然則遷所采取軼語，皆擇其與古文《尚書》有合者，乃載之《史記》，誠以《尚書》百篇，伏生所傳僅二十九篇，而古文逸《書》得多十六篇，較伏生爲補備耳。如〈堯典〉〈本紀〉言堯舜命則天下得其利，至踐天子位焉云云。〈舜本紀〉言堯賜舜絺衣與琴，爲築倉廩，予牛羊，及瞽叟使舜塗廩穿井，並至舜復事瞽叟愛弟彌謹云云。又言高陽氏有才子八人，至於是四門闢云云，皆今文《尚書》所缺，時或散見於書傳而於古文逸《書》有合者，故云遷所載多古文說也。

崔適《史記探源》又云：

> 凡《史記》所錄〈堯典〉，〈禹貢〉、〈金縢〉、〈微子〉、〈洪範〉五篇，今可考見其爲今文與今文說者二十二條，無一從古文說者，然則《漢書·儒林傳》謂遷載此五篇多古文說，豈非劉歆所僞作，爲己作證人，而誣太史公者哉！

古文《尚書》甚顯於東漢，其未立學官之時，諸儒苟非從師講授，則皆莫之見。如〈趙岐傳〉稱其少明經，注稱其嘗讀〈周官〉，不言其受古文《尚書》，則亦不知古文爲何書也。故兩漢典籍引《尚書》，蓋本今文，若賈馬鄭之輩或授古文，然所傳亦爲伏生廿九篇，史遷作史，引錄《尚書》，采用今文亦可知矣。

漢時今文有三家，但稱三家《尚書》；即歐陽、大小夏侯。伏生爲今文家之祖，秦時燔書禁學，伏生獨抱遺編壁藏之。漢定，求其書亡數十篇，僅得二十九篇，以教於齊魯之間。孝文帝時，欲求治《尚書》者，天下無有，乃聞伏生能治，欲召之，是時伏生年九十餘矣，不能行。於是詔太常使掌故晁錯往受之，學者由是頗能言《尚書》，諸山東大師無不涉《尚書》以教矣。伏生授沛南張生及歐陽生，歐陽生世世相傳，謂之歐陽氏學，夏侯都尉從張生受《尚書》以傳族子始昌，始昌傳勝，是爲大夏侯學，勝又傳從兄子建，是爲小夏侯學。然則史遷引《尚書》，究從何家邪？

陳喬樅《今文尚書經說考》曰：

> 至其所錄《尚書》文字，則悉依今文。段玉裁謂漢人援引《尚書》，皆用見立學官今文，其說甚確。喬樅聞諸先大夫曰：「〈五帝紀〉之載〈堯典〉居郁夷曰柳谷，便在伏物，黎民始飢，五品不訓，五流有度，五度三居。〈夏本紀〉之載〈禹貢〉維菁輵桔，滎播既都。〈周本紀〉之載〈洪範〉毋偏鰥寡，皆與今文脗合。司馬子長時；《書》唯有歐陽。大小夏侯二家未立學官，是則《史記》所據《尚書》乃歐陽本所述，訓義亦今文家之言也。」

漢武帝建武元年置五經博士,《書》惟有歐陽,《漢書‧儒林傳》曰:

> 歐陽生字和伯,事伏生,授倪寬,寬有俊材,初見武帝,語經學。上
> 曰:「吾始以《尚書》爲樸學,弗好,及聞寬說,可觀。」乃從寬問一篇。
> 歐陽、大小夏侯氏學皆出於寬。寬授歐陽生子,世世相傳,至曾孫高子陽,
> 爲博士。

至孝宣甘露之世後,大小夏侯《尚書》方立學官,〈儒林傳〉言夏侯勝又從歐陽氏問
從,勝傳從兄子建,建又師事歐陽高。勝至長信少府,建太子太傅,自有傳,由是
《尚書》有大小侯之學,《漢書‧宣帝紀》甘露三年:

> 詔諸儒講五經同異,太子大傅蕭望之等平奏其議,上親稱制臨決焉。

> 乃立梁丘《易》、大小夏侯《尚書》、穀梁《春秋》博士。

《漢書‧儒林傳》贊亦曰:

> 初,《書》唯有歐陽,《禮》后,《易》楊,《春秋》公羊而已。至孝宣
> 世,復立大小夏侯《尚書》,大小戴《禮》,施、孟、梁丘《易》,穀梁《春
> 秋》。

則歐陽夏侯之立於學官,時序有別矣。故太史公之時,尚書學立於博士者,僅歐陽
一家,時人所習皆歐陽之學,司遷引言亦本於斯也。

今自《史記‧五帝本紀》中,輯證堯、舜〈本紀〉之文,足證史遷所引歐陽《尚
書》,茲條釋如下:

〈堯本紀〉曰:「曰昧谷」,段玉裁曰:「《尚書正義》卷二曰:『夏侯等書昧谷爲
柳谷。是與鄭注不同也。〈五帝本紀〉;昧谷,徐廣曰:一作柳谷。』按司馬遷用今
文《尚書》作《史記》。作柳者是司馬貞本;作昧者,淺人以所習古文《尚書》改之
也。」此史遷本歐陽《尚書》之一證也。

《尚書‧堯典》:「鳥獸毛毨」,許叔重《說文》、鄭康成《周禮》注皆作「鳥獸毛
毪」,是古文《尚書》作毛毪也,《史記》作毛毨,當是今文,此本臧琳、皮錫瑞說。

〈堯典〉:「父頑、毋嚚、弟傲。」〈五帝本紀〉作弟傲,臧琳說今文經作弟傲,
皮氏同其說。

〈堯典〉:「百揆時敘」,《史記》:「百官時序」。皮錫瑞曰:「敘作序亦今文《尚
書》,蔡邕〈太尉楊公碑〉曰:『遷少府光祿勳,敬揆百事,莫不時序。』〈太傅祠前
銘〉曰:『越尹三卿,百揆時序。』禰衡〈顏子碑〉曰:『百揆時序』。皆今文作序之
證。」

〈堯典〉:「舜生三十徵庸,三十在位,五十載,陟方乃死。」〈五帝本紀〉:「舜
年二十以孝聞,年三十堯舉之,年五十攝行天子事,年五十八堯崩,年六十一代堯

踐帝位。踐帝位三十九年，南巡狩，崩於蒼梧之野。」皮錫瑞曰：「司馬子長據今文《尚書》作《史記‧五帝本紀》曰：『舜年三十，堯舉之，年五十，攝行天子事。』此徵庸二十而在位，此今文《尚書》之一證也。《論衡‧氣壽篇》曰：『〈堯典〉曰：朕在位七十載，求禪得舜，舜徵二十歲，在位堯退而老，八歲而終，至殂落九十八歲，未在位之時必已成人，今計數百有餘矣。』又曰：『舜生三十徵庸，二十在位，五十載陟方乃死，適百歲矣。』此又今文《尚書》之一證也。《孟子‧萬章篇》曰：『五十而慕者，予於大舜見之矣。』趙注書曰：舜生三十徵庸，二十在位，在位時尚慕，故言五十也。倘同古文《尚書》作三十在位，則不爲五十而慕之證矣。此又今文《尚書》之一證也。」

綜上論述，則知《史記》所據《尚書》乃本諸歐陽之學，前人陳、皮、崔氏諸說，可徵允信，實瞭然而不惑矣。

《史記》所引《尚書》雖本歐陽之學，然太史公嘗從安國問故，又述孔壁得古文事；兼之漢儒釋經，未必盡去古文，閒有一二字雜於文中者，史遷則據之而書，以〈五帝本紀〉考之，猶略得一二，雖遺文殘缺，亦如窺豹得其一斑。

〈五帝本紀〉述〈堯典〉：「居郁夷，曰湯谷。」（從《索隱》所據舊本）史公述〈堯典〉以古文。《索隱》引《淮南》：「日出湯谷，浴於咸池。」則湯谷爲海東之地。郁夷者，據《詩‧小雅》：「周道倭遲」，《漢‧地理志》引作「周道郁夷」，是郁倭古通。倭人之名，已見《漢志》，其地正在海東，與湯谷相應。《說文》：「堣夷在冀州陽谷，立春日日値之而出。」《書》曰：「宅堣夷」，此乃杜衛以來從今文改讀耳。《經典釋文》稱「堣夷」，《尚書考靈曜》及《史記》作「禺銕」《書正義》稱：「夏侯等書宅堣夷爲宅嵎鐵，〈禹貢〉堣夷既略，《索隱》稱今文《尚書》及〈帝命驗〉並作禺銕。」尋〈堯典〉之郁夷在海東，〈禹貢〉之堣夷在青州，本非同地而今文同作禺鐵，杜衛諸師因之，并「郁夷」亦改曰「堣夷」誤矣。湯谷爲眞本爲孔讀，雖不可知，若郁夷則斷非易字。（本章太炎〈太史公古文尚書說〉）

上言《說文》郁夷作堣夷，古文也。史公則代以郁夷，郁夷聲近可通。（見〈堯本紀〉說）曰湯谷（今本《史記》作暘谷），《說文》以湯字古文作暘，今文作湯，史公代以湯；湯嶋暘所從聲同，故可通用。然史公所本則爲古文，以音同字易改之也。此史遷旁取古文之證。

二、《史記‧五帝本紀》所引《尚書》與今傳《尚書》比較

甲、引文全同者

綜考《史記‧五帝本紀》引錄《尚書》原文，字詞全同未易者，厥有四端，茲

列述如下：

（1）《尚書》原文簡明可曉，一目瞭然，無煩易改者。如「以親九族」，「九族既睦」，……「百姓昭明」，……「敬授民時」，……「敬致」。……「鳥獸毛毨」。……「鳥獸氄毛」。……「朕在位七十載，汝能庸命」。……「父頑」、「母嚚」，……「賓于四門」，「四門穆穆」，……「群后四朝」，……「明試以功」，「車服以庸」，……「蠻夷率服」。……「有能奮庸」，……「禹」，「汝平水土」，……「契」，「百姓不親」，……「汝司徒」，「敬敷五教」，「在寬」。……「蠻夷猾夏」，「寇賊姦軌」，「汝作士」。……「有能典朕三禮」，……「直而溫」，「寬而栗」，……「神人以和」。……「百獸率舞」。

（2）《尚書》原文為專有名詞；人名、地名、祭名、社會貫用名詞，不可改易者。若「乃命羲和」，……「分命羲仲」，……「曰暘谷」，……「申命羲叔」，……「曰昧谷」，……「申命和叔」，……「曰幽都」，……「放齊曰」，……「象傲」，……「正月上日」，「受終于文祖」，……「禋于六宗」，……「望于山川」，……「歲二月」，……「至于岱宗」，……「望秩於山川」。「同律、度、量、衡」。……「肇十有二州」，……「汝后稷」，「播時百穀」，……「皐陶」，……「益拜稽首」，「讓于朱、虎、熊、羆。」……分北三苗。

（3）《尚書》原文為專有常識，乃彼時社會所習用，不煩改易者。如：「日中、星鳥」，……「日永」、「星火」，……「星虛」；……「日短」、「星昴」，……「在璿璣玉衡」，「以齊七政」，……「聲依永」，「律和聲」。

（4）《尚書》原文為禮儀制度，已成定範，易之不便者。如：「修五禮」，「五玉」，「三帛」，「二生」，「一死」，……「如五器」，「卒乃復」。……「象以典刑」，「流宥五刑」，「鞭以官刑」，「扑作教刑」，「金作贖刑」。……「五刑有服」，「五服三就」。

乙、《史記》以訓詁字代經文例

《尚書》文義之艱深，甚於他經，經士傳說，多已改為簡明之字，太史公作史，尤貴明易，故每以訓詁字易代，而《爾雅》為訓詁之正義，今義釋大抵本此立說，條述如下：

（1）〈堯典〉：「克明俊德」，〈五帝本紀〉：「能明馴德」。

以「能」代「克」。

（2）〈堯典〉：「協合萬邦」，〈五帝本紀〉：「合和萬國」。

以「合」代「協」。以「國」代「邦。」

（3）〈堯典〉：「欽若昊天」，〈五帝本紀〉：「敬順昊天」。

以「敬」代「欽」。以「順」代「若」。

（4）〈堯典〉：「歷象日月星辰」，〈五帝本紀〉：「數法日月星辰」。

以「數」代「歷」。以「法」代「象」。

（5）〈堯典〉：「宅嵎夷」，〈五帝本紀〉：「居郁夷」。

以「居」代「宅」。

（6）〈堯典〉：「寅賓出日，平秩東作。」〈五帝本紀〉：「敬道日出，便程東作。」

以「敬」代「寅」。以「道」代「賓」。以「程」代「秩」。

（7）〈堯典〉：「宵中、星虛、以殷仲秋。」〈五帝本紀〉：「夜中、星虛，以正中秋。」

以「夜」代「宵」。以「正」代「殷」。

（8）〈堯典〉：「朞三百有六旬有六日，以閏月定四時成歲。」〈五帝本紀〉：「歲三百六十六日，以閏月正四時。」

以「正」代「定」。

（9）〈堯典〉：「允釐百工，庶績咸熙。」〈五帝本紀〉：「信飭百官，眾功皆興。」

以「信」代「允」。以「官」代「工」。以「眾」代「庶」。以「功」代「績」。以「皆」代「咸」。以「興」代「熙」。

（10）〈堯典〉：「帝曰：『疇咨若時登庸？』〈五帝本紀〉：「堯曰：『誰可順此事？』」

以「誰」代「疇」。以「順」代「若」。

（11）〈堯典〉：「放齊曰：『胤子朱啓明。』」〈五帝本紀〉：「放齊曰：『嗣子丹朱開明。』」

以「嗣」代「胤」。

（12）〈堯典〉：「帝曰：『吁！嚚訟，可乎！』」〈五帝本紀〉：「堯曰：『吁！頑凶，不用。』」

以「凶」代「訟」。

（13）〈堯典〉：「驩兜曰：『都！共工方鳩僝功。』」〈五帝本紀〉：「讙兜曰：『共工旁聚布功，可用』」

以「布」代「僝」。

（14）〈堯典〉：「帝曰：『吁！靜言庸違，象恭滔天。』」〈五帝本紀〉：「堯曰：『共工善言，其用僻；似恭。漫天，不可。』

以「善」代「靜」。以「用」代「庸」。以「僻」代「違」。

（15）〈堯典〉：「下民其咨，有能俾乂？」〈五帝本紀〉：「下民其憂，有能使治者？」

以「憂」代「咨」。以「使」代「俾」。以「治」代「乂」。

（16）〈堯典〉：「師錫帝曰。」〈五帝本紀〉：「眾皆言於堯曰」。

以「眾」代「師」。

（17）〈堯典〉：「帝曰：『俞，予聞；如何？』岳曰：『瞽子』」〈五帝本紀〉：「堯曰：

『然，朕聞之，其如何？』嶽曰：『盲者子。』」

　　以「然」代「俞」。以「朕」代「予」。「盲」代「瞽」。

（18）〈堯典〉：「帝曰：『格爾舜，詢事考言。』」〈五帝本紀〉：「堯以爲聖，召舜曰：
　　　『女謀事至。』」

　　以「謀」代「詢」。

（19）〈堯典〉：「敷奏以告」，〈五帝本紀〉：「徧告以言」。

　　以「徧」代「敷」。以「告」代「奏」。

（20）〈堯典〉：「肇十有二州，封十有二山，濬川。」〈五帝本紀〉：「肇十有二州，
　　　決川。」

　　以「決」代「濬」。

（21）〈堯典〉：「惟刑之恤哉！」〈五帝本紀〉：「惟刑之靜哉！」

　　以「靜」代「恤」。

（22）〈堯典〉：「百姓如喪考妣。」〈五帝本紀〉：「百姓悲哀，如喪父母。」

　　以「父」代「考」。以「母」代「妣」。

（23）〈堯典〉：「惇德允元，而難任人。」〈五帝本紀〉：「行厚德，遠佞人。」

　　以「厚」代「惇」。以「遠」代「難」。以「佞」代「任」。

（24）〈堯典〉：「亮乎惠疇？」〈五帝本紀〉：「使居官相事。」

　　以「相」代「亮」。以「事」代「采」。

（25）〈堯典〉：「僉曰：『伯禹作司空。』帝曰：『俞咨！禹，汝平水土，惟時懋哉！』
　　　禹拜稽首，讓于稷、契、暨皋陶。帝曰：『俞，汝往哉！』」〈五帝本紀〉：「皆
　　　曰：『伯禹爲司空，可美帝功。』舜曰：『嗟，然！禹，汝平水土，維是勉哉。』
　　　禹拜稽首，讓於稷、契與皋陶。舜曰：『然，往矣。』」

　　以「爲」代「作」。以「嗟」代「咨」。以「然」代「俞」。以「勉」代「懋」。
　　以「與」代「暨」。

（26）〈堯典〉：「黎民阻飢」，〈五帝本紀〉：「黎民始飢」。

　　以「始」代「阻」。

（27）〈堯典〉：「五品不遜」。〈五帝本紀〉：「五品不馴」。

　　以「馴」代「遜」。

（28）〈堯典〉：「帝曰：『疇若于上下草木鳥獸？』僉曰：『益哉！』帝曰：『俞咨！
　　　益，汝作朕虞。』」〈五帝本紀〉：「舜曰：『誰能馴予上下草木鳥獸？』皆曰：
　　　『益可！』於是以益爲朕虞。」

　　以「皆」代「僉」。

（29）〈堯典〉：「夙夜惟寅，直哉惟清。」〈五帝本紀〉：「夙夜維敬，直哉維靜絜。」
以「敬」代「寅」。以「靜」代「清」。

（30）〈堯典〉：「教冑子」，〈五帝本紀〉：「教稺子」。
以「稺」代「冑」。

（31）〈堯典〉：「詩言志，歌永言。」〈五帝本紀〉：「詩言意，歌長言。」
以「意」代「志」。以「長」代「永」。

（32）〈堯典〉：「帝曰：『龍，朕墍讒說殄行。』」〈五帝本紀〉：「舜曰：『龍，朕畏忌
讒說殄偽。』」
以「畏忌」代「墍」。

（33）〈堯典〉：「欽哉！惟時亮天功。」〈五帝本紀〉：「敬哉！惟時相天事。」
以「敬」代「欽」。以「相」代「亮」。以「事」代「功」。

（34）〈堯典〉：「允釐百工」，〈五帝本紀〉：「信飭百官」。
以「飭」代「釐」。

（35）〈堯典〉：「帝曰：『我其試哉！』女于時，觀厥刑于二女。」〈五帝本紀〉：「堯
曰：『吾其試哉。』於是堯妻之二女，觀其德於二女。」
以「德」代「刑」。

丙、《史記》以假借字代經文例

（1）〈堯典〉：「平章百姓」，〈五帝本紀〉：「便章百姓。」
以「便」代「平」。

（2）〈堯典〉：「宅嵎夷」，〈五帝本紀〉：「居郁夷。」
以「郁」代「嵎」。

（3）〈堯典〉：「鳥獸孳尾」，〈五帝本紀〉：「鳥獸字微」。
以「字」代「孳」。以「微」代「尾」。

（4）〈堯典〉：「納于百揆」，〈五帝本紀〉：「乃徧入百官」。
以「官」代「揆」。

（5）〈堯典〉：「肆類于上帝」，〈五帝本紀〉：「遂類于上帝」。
以「遂」代「肆」。

（6）〈堯典〉：「輯五瑞」，〈五帝本紀〉：「揖五瑞」。
以「揖」代「輯」。

（7）〈堯典〉：「東巡守」，〈五帝本紀〉：「東巡狩」。
以「狩」代「守」。

（8）〈堯典〉：「克明俊德」，〈五帝本紀〉：「能明馴德」。

　　　以「馴」代「俊」。

（9）〈堯典〉：「寇賊姦宄」，〈五帝本紀〉：「寇賊姦軌」。

　　　以「軌」代「宄」。

丁、《史記》以本字代假借字例

（1）〈堯典〉：「平秩南訛」，〈五帝本紀〉：「便程南為」。

　　　以「為」代「訛」。

（2）〈堯典〉：「巽朕位」，〈五帝本紀〉：「踐朕位」。

　　　以「踐」代「巽」。

（3）〈堯典〉：「舜讓于德，弗嗣。」〈五帝本紀〉：「舜讓，於德不懌。」

　　　以「懌」代「嗣」。

（4）〈堯典〉：「修五禮」，〈五帝本紀〉：「脩五禮」。

　　　以「脩」代「修」。

（5）〈堯典〉：「格于藝祖」，〈五帝本紀〉：「至于祖禰廟」。

　　　以「禰」代「藝」。

（6）〈堯典〉：「至于岱宗，柴；」〈五帝本紀〉：「至於岱宗，紫；」

　　　以「紫」代「柴」。

參考書目

一、經　部

1. 《尚書正義》，孔穎達，十三經注疏本。
2. 《古文尚書撰異》，段玉裁，皇清經解本。
3. 《尚書今古文注疏》，孫星衍，皇清經解本。
4. 《今文尚書經說考》，陳喬樅，續皇清經解本。
5. 《今文尚書考證》，皮錫瑞，藝文印書館。
6. 《書集傳》，蔡沈，世界書局。
7. 《尚書覈詁》，楊筠如，學海出版社。
8. 《尚書大傳》，伏生撰，陳壽祺輯，古經解彙函本。
9. 《尚書釋義》，屈萬里，華岡出版部。
10. 《經典釋文》，陸德明，通志堂經解本。
11. 《先秦典籍引尚書考》，許師錟輝，自印本。
12. 《周易正義》，王弼‧韓康伯注，孔穎達等正義，十三經注疏本。
13. 《大戴禮記》，戴德輯，商務印書館。
14. 《毛詩正義》，毛亨傳、鄭玄箋，孔穎達等正義，十三經注疏本。
15. 《周禮注疏》，鄭玄注，賈公彥疏，十三經注疏本。
16. 《禮記正義》，鄭玄注，孔穎達正義，十三經注疏本。
17. 《春秋左傳正義》，杜預集解，孔穎達正義，十三經注疏本。
18. 《春秋穀梁傳注疏》，范寧集解，楊士勛疏，十三經注疏本。
19. 《論語注疏》，何晏注，邢昺疏，十三經注疏本。
20. 《孟子注疏》，趙岐注，孫奭疏，十三經注疏本。
21. 《爾雅注疏》，郭璞注，邢昺疏，十三經注疏本。
22. 《九經古義》，惠棟，皇清經解本。
23. 《漢碑引經考》，皮錫瑞，文海出版社。
24. 《讀書雜志》，王念孫，商務印書館。
25. 《太史公尚書說》，譚固賢，台灣大學中國文學研究所碩士論文。

二、史 部

1. 《史記集解》，裴駰撰，北宋景祐監本，中央研究院傅斯年圖書館藏。
2. 《史記索隱》，司馬貞撰，南宋紹熙間黃善夫刊本，商務印書館。
3. 《史記正義》，張守節撰，南宋紹熙間黃善夫刊本，商務印書館。
4. 《史記會注考證》，瀧川資言，藝文印書館。
5. 《史記會注考證校補》，水澤利忠，廣文書局。
6. 《史記新校注稿》，張森楷，中國學典館復館籌備處印行。
7. 《史記舊注平議》，王駿圖‧王駿觀撰，正中出版社。
8. 《史記志疑》，梁玉繩，學生書局。
9. 《史記評林》，凌稚隆，蘭臺書局。
10. 《史記札記》，郭嵩燾，樂天出版社。
11. 《史記探源》，崔適，廣文書局。
12. 《史記斠證》，王叔岷，中央研究院歷史語學研究所集刊。
13. 《史記地名考》，錢穆，龍門書局。
14. 《史記會注考證駁議》，魯實先，湘芬書局印行。
15. 《漢書補注》，班固，藝文印書館影印。
16. 《後漢書集解》，范曄，藝文印書館影印。
17. 《三國志集解》，陳壽，藝文印書館影印。
18. 《國語》，左丘明，藝文印書館影印。
19. 《戰國策》，高誘注，藝文印書館影印。
20. 《古本竹書紀年輯校》，王國維，藝文印書館影印。
21. 《逸周書集訓校釋》，朱右曾，商務印書館。
22. 《讀史方輿紀要》，顧祖禹，新興書局。
23. 《古史考》，譙周，《叢書集成》三編，《黃氏逸書考》。
24. 《今本竹書紀年疏證》，王國維，藝文印書館影印
25. 《世本八種》，西南書局影印。
26. 《中國古史研究》
27. 《古文甄微》，蒙文通，商務印書館。
28. 《汲冢紀年存真》，朱石曾輯錄，新興書局。
29. 《考信錄》，崔述，商務印書館。
30. 《路史》，羅泌，中華書局。
31. 《繹史》，馬驌，廣文書局
32. 《帝王世紀》，皇甫謐，《百部叢書集成》，〈指海〉第三函。

33. 《先秦史》，開明書局。

34. 《中華五十年史》，張其昀，中國新聞出版公司。

35. 《中國神話故事》，河洛圖書出版社。

36. 《史記會注考證訂補》，施之勉，華岡出版部。

37. 《二十二史考異》，錢大昕，中文出版社。

三、子　部

1. 《荀子集解》，楊倞注,王先謙集解，藝文印書館影印。

2. 《孔子家語》，王肅注，世界書局。

3. 《潛夫論》，王符撰，世界書局。

4. 《莊子集釋》，郭慶藩輯，河洛圖書出版社。

5. 《管子纂詁》，安井衡纂詁，河洛圖書出版社。

6. 《韓非子集釋》，韓非撰，河洛圖書出版社。

7. 《墨子閒詁》，孫詒讓閒詁，世界書局。

8. 《呂氏春秋》，高誘注‧畢沅校，世界書局。

9. 《老子注》，王弼注，藝文印書館。

10. 《風俗通義》，應劭，中國子學名著集成編印基金會印行。

11. 《金樓子》，蕭繹，中國子學名著集成編印基金會印行。

12. 《白虎通疏證》，班固，中國子學名著集成編印基金會印行。

13. 《古今注》，崔豹，《四部備要‧子部》。

14. 《鹽鐵論》，桓寬，商務印書館。

15. 《文子》，撰者不詳，《四部備要‧子部》。

16. 《孫子十家注》，孫星衍撰，商務印書館。

17. 《淮南子》，高誘注，世界書局。

18. 《論衡》，王充撰，世界書局。

19. 《列子注》，張湛注，世界書局。

20. 《山海經箋》，郝懿行疏，藝文印書館。

21. 《尹子》，（周）尸佼撰，《四部備要‧子部》。

22. 《說苑》，劉向，中國子學名著集成編印基金會印行。

四、小學類

1. 《說文解字注》，段玉裁注，藝文印書館影印。

2. 《說文解字詁林》，丁福保編，商務印書館。

3. 《釋名》，劉熙，商務印書館。

4. 《集韻》，丁度，中華書局。

5. 《廣韻》，陳彭年等重修，藝文印書館。

6. 《三代吉金文存》，羅振玉，文華出版社。

五、雜著類

1. 《記纂淵海》，宋潘自牧，新興書局。

2. 《述異記》，任昉，《百部叢書集成》，龍威秘書。

3. 《增補六臣注文選》，昭明太子，華正書局。

4. 《羣書治要》，魏徵，《四部叢刊》初編縮本。

5. 《藝文類聚》，歐陽詢，木鐸編輯室排印本。

6. 《北堂書鈔》，虞世南，清孔廣陶校刊本，新興書局。

7. 《白孔六帖》，白居易，新興書局。

8. 《初學記》，徐堅，明嘉靖年刻本，新興書局。

9. 《冊府元龜》，宋王欽若‧楊億撰，清華書局。

10. 《太平御覽》，李昉，宋蜀刻本，商務印書館。

11. 《拾遺記》，王嘉，《百部叢書集成》，古今逸史。

12. 《古今圖書集成》，文星出版社。

六、參考論文部份

1. 〈國語中之五帝－黃帝顓頊帝嚳堯舜－及禹〉，林乾祐，《中山大學語言歷史學研究所週刊》二卷 16 期。

2. 〈評史記五帝本紀〉，梁勁，《中山大學語言歷史學研究所週刊》二卷 16 期。

3. 〈莊子中的古史〉，方書林，《中山大學語言歷史學研究所週刊》二卷 22 期。

4. 〈山海經中的古代故事及其系統〉，吳晗，《史學年報》第一卷第 3 期。

5. 〈黃帝之制器故事〉，齊思和，《史學年報》第二卷第 1 期。

6. 〈史記所謂古文說〉，王國維，《王觀堂先生全集》，文華出版社。

7. 〈史記引尚書文考例〉，張鈞才，《金陵學報》六卷 2 期，民國 25 年 11 月出版。

8. 〈太史公古文尚書說〉一卷，章炳麟，《章氏叢書》續編本。

9. 〈古文尚書拾遺〉，章炳麟，《國學論衡》四期上。

10. 〈臧琳五帝本紀書說〉，臧琳，《百部叢書集成‧拜經堂叢書本》第一函。

11. 〈臧琳五帝本紀書說正〉，姚豫太，《制言》半月刊二卷 6 期，民國 25 年 10 月。

12. 〈古史新證〉，王國維，《王觀堂先生全集》，文華出版社。

13. 〈史記引尚書文考釋〉，黃盛雄，《台中師專學報》第 7 期。

14. 〈司馬遷古文尚書義釋例〉，李周龍，《孔孟月刊》九卷 9 期。

15. 〈堯典的研究〉，衛聚賢，《史學年報》第一卷第 2 期。

荀悅《漢紀》之研究

曾慶生　著

作者簡介

曾慶生，中興大學歷史學系碩士班畢業，目前服務公職。

提　要

　　在馬、班的紀傳體壟斷史壇數百年之後，荀悅《漢紀》始以編年體獨出，成為史壇大事，因此就時機言，《漢紀》的出現確實在編年體的復興運動中具有示範的作用；但是就著作動機、著作體裁、對編年古體的認識，及古體創作風氣的影響言，並不足以使《漢紀》在編年體復興與二體並行的史學意義裡穩居關鍵的角色。

　　雖然如此，荀悅傚倣《左傳》的經典觀念，塑造《漢紀》成為一代大典的企圖，則在理論上提高了史的價值與地位；另外，《漢紀》蘊藉春秋精神於文意的筆法，也啟示後世編年史家的效行。

　　綜論《漢紀》雖僅是形式而非實質的古體復興，然於史體概念及史籍地位上，實已起了示範的作用。

目

錄

第一章 緒 論

　　關於荀悅之《漢紀》，本文的研究重點約有幾項：一、荀悅以忠漢的立場寫史，其下筆的態度與輕重，是否有掩飾主闕的傾向？二、《漢紀》以編年體獨出於紀傳體創作風氣之外，其在古史復興運動中，究竟扮演何種角色？三、史傳所賦予《漢紀》「辭約事詳」的評價，是屬於編年史體的籠統稱美？或是有其對比性的意義？四、《漢紀》之改寫《漢書》，除了基於閱讀便利之簡化外，是否也在史體的運用、史筆的構思及史論的闡述上，呈現撰作的創作意義或得失？五、由《漢紀》的編纂及史論中，所反映出來的荀悅思想特色爲何？

　　《漢紀》在古史復興中的角色，一般學者多認爲《漢紀》是編年古體的復興，從此以後，編年與紀傳角力爭先，形成二體並競的局面〔註 1〕。然而雷家驥先生在《中古史學觀念史》中，則稱《漢紀》只是《漢書》帝紀的擴大，並非有意識於恢復古體編年史〔註 2〕。本文亦持此觀點，在第二章作說明。

　　而對於荀悅著作《漢紀》的立場問題，陳啓雲先生的專著，對此也有所澄清〔註 3〕。由於陳先生的著作對《漢紀》相關的討論頗多，故於此處略加說明。

　　陳先生對《漢紀》的成書立場，提出兩點說明：第一、《漢紀》成書於東漢朝廷

〔註 1〕如劉知幾、梁啓超、劉隆有、杜維運等古今學者即採此說。參見劉知幾撰，浦起龍釋：《史通通釋》卷二〈二體〉、卷十二〈古今正史〉，台北：里仁書局，民國 82 年 6 月，頁 29、339。梁啓超：《中國歷史研究法》，台北：里仁書局，民國 73 年 10 月，頁 63。劉隆有：〈荀悅〉，收於《中國史學家評傳》（上），河南：中州古籍出版社，1985 年 4 月，頁 110～111。杜維運：《中國史學史》第一冊，台北：三民書局，民國 82 年 11 月，頁 304。

〔註 2〕雷家驥：《中國史學觀念史》，台北：學生書局，民國 79 年 10 月，頁 548～549。

〔註 3〕Chen Chi-Yun, Hsun Yueb（A.D.148～209）:The Life and Reflections of an Early Mediveal Confucian, Cambridge University Press, 1975.同氏著 Hsun Yueh and the Mind of Late Han China, Princeton University Press, 1980.

財政極端貧困的情勢之下，因此絕無可能接受龐大官方資助，來創作所謂官方立場的史記。第二、就《漢紀》的實際內容分析，其對前漢朝廷腐敗無能的批判，實更甚於《漢書》〔註4〕。

而本文繼續了陳先生的討論，分別在第三章「荀悅史論之分析」、第四章「政治思想」與「天人思想」等章節裡，以公私義利之辨、天道原理的君王職責，和天命說的補救機制等角度，再爲荀悅「忠漢」卻非「媚君」的立場作說明。

另外，對於《漢紀》批評之筆的「荀悅曰」，陳先生依批評的強度與對象，將「荀悅曰」分成四類：

1. 概論性的陳述，無明顯的批評意味者。

2. 依前漢史事，基於歷史鑒戒與大眾利益的立場，而提出和緩的忠告或建言者。

3. 對於政策及施政方法的錯失，而提出較強烈的批評者。

4. 對於帝王本身的私德不修，而提出最嚴厲的批評者。〔註5〕

本文乃另據「荀悅曰」的「內容類型」約分爲八類，在第三章中分析荀悅史論之性質。

陳先生又以漢末的時局，分析荀悅生涯的四個階段：

1. 黨錮之禍時，退隱不仕，其間反映出荀悅對時局的失望與對朝政的批評。

2. 黃巾之亂到獻帝遷都許縣之際，其時中央政權崩解、社會失序，荀悅對漢廷的態度，乃由批評轉向於支持。

3. 建安時期的公職階段，此時潁川故鄉的精英集團全力護持漢廷，《漢紀》正成書於此時，屬於東漢清議風格的作品。

4. 《漢紀》成書後，曹操軍事的勝利，使其日漸暴露僭陵漢室的野心，許縣的精英分子陸續遭遇迫害，由此使漢末士人的清議精神，逐漸轉成自保的清談風氣。《申鑒》即著作於此時，其風格乃融合了清議尾聲與清談初啼的寫照，如前兩卷之〈政體〉與〈時事〉猶爲清議慷慨之作，後三卷〈俗嫌〉與〈雜言〉上下篇，則明顯爲清談的象徵。〔註6〕

陳啓雲先生以荀悅的生涯階段來說明《漢紀》與《申鑒》的創作時機，有助於我們對荀悅著作在時代意義上的理解。不過若據此而判分《漢紀》爲清議之作，而《申鑒》乃開始流露清談之風，則有商榷之處。據〈俗嫌〉與〈雜言〉上下篇的內容分析，率皆關於天人感應、性命之理，以及破除迷信、忌諱等意見的討論，這些

〔註4〕同註3前書，頁2～3。

〔註5〕同註4，頁94。

〔註6〕同註4，頁3～4。

討論實出於荀悅天人感應說及天人三勢說的一貫立場，且早已發論於《漢紀》之中〔註7〕，換言之，《漢紀》與《申鑒》之思想風格並無明顯的轉變〔註8〕。變因此本文在第四章，兼取《申鑒》之資料，與《漢紀》相互引證，以說明荀悅在天人思想上的看法，也藉以反映《漢紀》與《申鑒》思想風格之一致性。

至於對荀悅思想特色的分析，陳先生以爲荀悅的作品常反映出妥協與調和的特色，此由於兩漢學風在儒、道、法三家爭競之下，儒者憑藉中庸之道的治學傳統，乃同時包容與吸收道、法部分思想所致。此外，荀悅個人擁護漢廷的忠誠理想，和託庇於曹氏強權以求興復的現實之間，彼此折衝、協調的需要，也是影響荀悅妥協思考的重要因素。〔註9〕

對於荀悅思想帶有調和特色的討論，本文在第三章「荀悅史論之分析」一節中，也以「法式制度之本原與意義」及「行政決策之權通」兩方面的舉證，來說明荀悅思想之理想性與權通性。

以上大致是陳著意見的說明，以下則略述本文各章的研究重點及學者的相關意見：

關於《漢紀》編年史體的寫作，在古史復興運動中的意義，如前述，本文同意雷家驥先生的觀點，繼而就《漢紀》的著作動機、著作體裁，荀悅對編年古體的認識，以及《漢紀》對古史創作風氣的影響等幾個角度說明《漢紀》之成書，乃爲形式而非實質的古史復興。

關於《漢紀》「辭約事詳」的評價，前人率多籠統稱美〔註10〕，本文乃實際比對《漢紀》與《漢書》全書及〈本紀〉在敘事筆法及著史體裁上的特色與差別，進而對《漢紀》「辭約事詳」的特色，提出新的評價。

關於《漢紀》刪省《漢書》的得失，高國抗、尹達與劉隆有先生皆推美《漢紀》

〔註7〕據范曄《後漢書》所記，《申鑒》似寫作於《漢紀》之前，但依袁宏《後漢書》載：「(建安)十年……八月，侍中荀悅撰政治得失，名曰『申鑒』」，則《申鑒》又爲後作。(《漢紀》據序言所稱，成書於建安五年)袁書成於范書之前，其所據當較爲眞。參見賀凌虛：〈荀悅的生平、著作及基本觀念〉，《書目季刊》，14 卷 1 期，民國 69 年 6 月，頁 6～7。

〔註8〕劉隆有先生即指出《漢紀》之史論觀點符同於《申鑒》，表現出荀悅思想之一貫性。參見劉隆有：〈荀悅〉，收於《中國史學家評傳》(上)，河南：中州古籍出版社，1985 年 3 月 1 版，頁 99。

〔註9〕同註3，頁 5～7。

〔註10〕如范曄《後漢書》本傳(卷六十二，點校本，台北：宏業書局，民國 73 年 3 月二版，頁 536)，稱《漢紀》「辭約事詳」。又如張宗泰也稱《漢紀》「辭約事豐」，(參見《漢紀西漢年紀合刊》書前識語附〈四庫全書提要補正〉，台北：鼎文書局，民國 69 年 9 月，頁 3。)

之類敘法，彌補了傳統編年體之缺陷〔註11〕。本文則進一步取《漢紀》高祖紀，比對於《漢書》，以分析荀悅整合紀、傳之功與刪削過度之失。

關於荀悅史論之分析，李書蘭、鄒賢俊、劉隆有諸位先生已經細檢「荀悅曰」之字數，並分析其中多屬於政體與治術的討論〔註12〕。而陳啓雲先生也依據「荀悅曰」之批判強度與對象爲之分類說明。

本文據此進一步比較「荀悅曰」、「本傳曰」及「讚曰」三種議論文體的差別，以說明「荀悅曰」筆法的特質。並且依「荀悅曰」的內容類型爲荀悅的史論作分類。

關於《漢紀》擇取《漢書》之意義，劉隆有先生以爲《漢紀》之著作，實欲藉史鑒的作用來調和獻帝與曹操間的君臣關係。〔註13〕

本文則取東漢外戚、宦官佞幸、災異、州牧、厚葬、舉才封賞、錢貨、肉刑諸議題，來反映《漢紀》擇取《漢書》之時代意義。

關於荀悅政治思想之分析，蕭公權、劉隆有先生均強調荀悅對於協調君臣關係之重視，且以爲荀悅的政體原理，乃在於反對專制體制。而李書蘭先生則稱荀悅的政治原理，實爲對中央集權與封建分權同抱期望與懷疑。〔註14〕

本文則以權力平衡的說法，來解釋荀悅在封建、中央集權與州牧三者上的意見。此外，並以政體、治術、君臣關係三部份來勾勒荀悅之政治思想。

關於荀悅天人思想之分析，賀凌虛先生以爲荀悅之性命論，係出於孔子、劉向、揚雄與王充之前說〔註15〕。

本文則著重以漢儒天人感應說之傳統，以及荀悅天人三勢說的獨特創意作解析。且以「天人感應」與「天人份際」兩部分，來說明荀悅之天人思想。

〔註11〕參見高國抗：《中國史學史概要》（廣東，1985年），頁45。尹達：《中國史學發展史》（河南：中州古籍出版社，1985年），頁110。劉隆有：〈荀悅〉，收於《中國史學家評傳》（上），河南：中州古籍出版社，1985年4月，頁110。

〔註12〕參見李書蘭：〈漢紀史論的政治觀點〉《史學史研究》，1985年3月，頁32～33。鄒賢俊：〈漢紀〉，收於《中國史學名著評介》第一卷（台北：里仁書局，民國83年4月台一版），頁213～244。劉隆有：〈荀悅漢紀在史論方面的特色及其歷史地位〉《史學史資料》，1982年4月，頁23～24。

〔註13〕劉隆有：〈極爲治之體，盡君臣之義－荀悅史學思想試析〉《史學史研究》，1983年4月，頁32～34。

〔註14〕蕭公權：《中國政治思想史》上（台北：聯經，民國81年10月），頁335～336。劉隆有：〈極爲治之體，盡君臣之義－荀悅史學思想試析〉《史學史研究》，1983年4月，頁32～34。李書蘭：〈漢紀史論的政治觀點〉《史學史研究》，1985年3月，頁35。

〔註15〕賀凌虛：〈荀悅的生平、著作及其基本觀念〉《書目季刊》14卷1期，民國69年6月，頁22。

　　關於荀悅之鑒戒史觀，鄒賢俊先生以爲荀悅繼承和發揮了傳統以來的史鑒思想〔註16〕，而劉隆有先生更指出，荀悅是中國史學史上，直接以鑒戒意識作爲最高著史目的第一人。〔註17〕

　　本文則由實錄之基礎、道義之目的、史官之維繫、經典之使命，與博通之取法等角度，全面解析荀悅之鑒戒史觀。

〔註16〕鄒賢俊：〈漢紀〉，收錄於《中國史學名著評介》（第一卷），頁 202，台北：里仁書局，民國 83 年，4 月台一版。

〔註17〕劉隆有：〈荀悅〉，收於《中國史學家評傳》（上），頁 102，河南：中州古籍出版社，1985 年 3 月 1 版。

第二章 《漢紀》編年史體之評價與意義

第一節 荀悅及《漢紀》之成書

荀悅字仲豫，東漢潁川郡潁陰縣人，為荀卿的十三世孫。

他的祖父荀淑，少有高行，博學而不好章句。安帝時徵拜為郎中，當世名賢李固、李膺等皆師宗之。後棄官閑居以養志。桓帝建和三年卒，年六十七。其有子八人：儉、緄、靖、燾、汪、爽、肅、專，皆得名稱，時稱為荀氏「八龍」。〔註1〕

他的二叔荀靖「有至行，不仕，年五十終，號曰玄行先生。〔註2〕」

他的五叔荀爽，字慈明，一名諝。幼而好學，年十二即通《春秋》、《論語》，太尉杜喬稱其「可為人師」，從此遂耽思於經書，慶弔、徵命皆不應，潁川地方傳語稱：「荀氏八龍，慈明無雙。」桓帝延熹九年，舉至孝，拜為郎中，對策奏聞後，旋棄官而去。後遭黨錮之禍，避隱十餘年，以著述為事，得碩儒之譽。黨禁解除後，辟舉徵召皆不至。待獻帝即位，董卓輔政，始徵為平原相，追拜光祿勳，視事三日，進拜司空。其由布衣而登臺司僅九十五日。其時董卓殘暴不仁，爽乃與司徒王允、長史何顒等共謀誅董卓，會病卒年六十三，著有《禮》、《易傳》、《詩傳》、《尚書正義》、《春秋條例》，又集漢事成敗可為鑒戒者撰成《漢語》，此外又作〈公羊問〉、〈辨讖〉，并其論敘之文合為《新書》，凡百餘篇，然多已亡佚。〔註3〕

荀悅之堂弟荀彧，少時即具幹練，南陽高士何顒許為王佐之才。靈帝中平六年舉為孝廉，派任山東亢父縣令，董卓之亂時棄官還鄉，其後袁紹與曹操相持，彧懷

〔註1〕《後漢書・荀淑傳》，卷62，頁533。
〔註2〕同前註。
〔註3〕《後漢書・荀爽傳》，卷62，頁533～535。

匡濟漢室之義，選擇曹操陣營，拜爲鎮東司馬，從此爲曹氏擘畫大業，後以反對曹操進爵魏公而見疑，乃飮藥自盡，年五十〔註4〕。

荀悅爲荀儉之子，荀儉早卒，其家學似由其五叔荀爽而來〔註5〕，其自幼聰穎，年十二能說《春秋》。

永康九年（107年），桓帝崩逝，靈帝入嗣，其時竇太后臨朝，任命其父竇武爲大將軍，並以前太尉陳蕃爲太傅，竇、陳二人徵用名賢，共參政事，於是桓帝末年因黨禍而禁錮之李膺、杜密等人又獲進用。

建寧元年（168年）竇武、陳蕃奏請太后罷斥宦官，誅除曹節、侯覽、王甫等閹寺，後因事洩，曹節等反而劫持太后、靈帝，矯詔拘捕竇、陳，竇武自殺，陳蕃亦遇害，其門生故吏皆受牽連而免官禁錮〔註6〕。於是終靈帝之世（168～189年），閹宦用權，士人多退身窮處，荀悅在此時局之下亦託疾隱居不仕，故時人多不識其博才。

後靈帝崩逝，大將軍何進謀召外兵誅除閹宦，不料事機不密，反爲所害。其後司隸校尉袁紹等將兵入宮，始一舉誅盡宦官。然而董卓乘釁舉涼州兵入洛陽，奪國政，廢少帝而改立獻帝，袁紹乃號召東方豪傑共討董卓，卓西遷長安，終以暴虐無道爲司徒王允，及中郎將呂布所殺。〔註7〕

其時長安大亂，獻帝逃回洛陽，曹操隨後遷帝於許都，唯政令悉由曹氏所出，天子恭己而已。

獻帝建安元年，曹操遷爲鎮東將軍〔註8〕，荀彧乃推薦荀悅辟入鎮東將軍府任

〔註4〕《後漢書·荀彧傳》，卷70，頁591～593。

〔註5〕荀爽通《春秋》，重《左傳》，這些古學修養，皆影響於荀悅。（參見第三章第一節「《漢紀》擇取《漢書》之意義——『博士』」）而荀悅以陽陰善惡升降來說明人性，也承自於荀爽易學之特色。荀悅稱：「凡陽性升，陰性降，升難而降易。善陽也，惡陰也，故善難而惡易，縱民之情使自由之，則降於下者多矣。」（《申鑒·雜言下》卷5，頁145。）清代今學家皮錫瑞曾批評荀爽易學之升降說，謂：「荀氏之說消息，以乾升坤降，萬物始乎泰，終乎否。夫陰陽之在天地，出入上下，故理有易有簡，位有進有退，道有經有權，歸於正而已。而荀氏言陽常宜升而不降，陰常宜降而不升，則姤遯否之義，大於既濟也。」（參見皮錫瑞：《經學通論》，臺北：商務印書館，民國78年10月臺五版，頁22。）可見荀悅「升難降易」的警礪，有承自於荀爽「乾升坤降」之意。關於荀爽的易學升降說，又可參考屈萬里：《先秦漢魏易例述評》，臺北：學生書局，民國58年，頁116～121。

〔註6〕參見《後漢書》，卷66〈陳蕃傳〉，頁563；卷68〈竇武傳〉，頁580～582。

〔註7〕參見《後漢書》，卷69〈何進傳〉，頁583～584；卷72〈董卓傳〉，頁600～604；卷74〈袁紹傳〉，頁614～616。

〔註8〕建安元年六月，曹操遷爲鎮東將軍。見陳壽：《三國志》卷一〈武帝紀〉新校本，臺北：鼎文書局，民國76年5月五版，頁13。

事，後遷爲黃門侍郎，與荀彧、孔融侍講禁中，且夕談論。獻帝雅好典籍，常以《漢書》文繁難省，乃令荀悅依左氏體簡化《漢書》，成《漢紀》三十卷〔註9〕。悅又著有《申鑒》五篇，多爲申明政體之論，其時政移曹氏，荀悅雖志在獻替而謀無所用，故有此作〔註10〕。此外又撰有〈崇德〉、〈正論〉及其他諸論數十篇，但皆已亡佚，建安十四年卒（209年），年六十二。（推知其生年爲桓帝建和二年，西元148年。）〔註11〕

　　《漢紀》成書後，歷來學者多給予極高評價，如張璠《漢紀》稱其「因事以明臧否，致有典要，大行於世。」劉知幾《史通·六家》篇，以《漢紀》爲左傳家之首，〈二體〉篇又稱其「歷代寶之，有逾本傳。」李燾則謂《漢紀》雖不出班書，然諫大夫王仁與侍中王閎兩通諫疏，則爲班書所無，且《資治通鑑》記太上皇事以及宣帝五鳳中郊泰時的月份，皆捨班而從荀，以荀悅修《漢紀》時，《漢書》猶未有舛謬之故〔註12〕。而王銍在〈兩漢紀後序〉裡也稱美「荀、袁二紀於朝廷紀綱、禮樂、刑政、治亂、成敗、忠邪、是非之際，指陳論著，每致意焉。反覆辨達，明白條暢，啓告當代，而垂訓無窮。」〔註13〕近人梁啓超更推美：「《漢書》之作，以年繫事，易人物本位爲時際本位，學者便焉……故自荀悅以後，編年體亦循其則，每易一姓，紀傳家既爲作一書，編年家復爲作一紀……要之，自有左氏、司馬遷、班固、荀悅……

〔註9〕據目錄序所稱，《漢紀》撰於建安三年，成於建安五年。見《漢紀》，頁5。

〔註10〕荀氏叔姪一門，或處隱或出用，要之，皆出於匡救漢室之用心。以荀爽而言，遭黨錮，乃隱遁十餘年，積極於著述以明道化俗，後來以黃髮之齡屈事於董卓之朝，實在於存保社稷而委曲求全。因此范曄論曰：「平運則弘道以求志，陵夷則濡跡以匡時……所謂『大直若屈』道固逶迤也。」以荀悅而言，靈帝時閹宦用權，乃託疾隱退，後以從弟之薦入辟曹操府，也在於藉曹而扶漢，否則在「政移曹氏，天子恭己」大局底定下，他不會生「志在獻替而謀無所用」的遺憾。以荀彧而言，董卓之亂時，棄官還鄉，待曹操雄略崛起，乃「懷匡佐之義」從佐曹氏「崇明王略，以急國艱」，其本意也在助曹而扶漢，所以當董昭欲進曹操爲魏公之際，他慷慨陳言：「曹操本興義兵，以匡振漢朝，雖勳庸崇著，猶秉忠貞之節，君子愛人以德，不宜如此。」且由此而得恨於曹操，最後以自殺明志。故范曄爲其辨明曰：「豈云因亂假義，以就違正之謀乎？誠仁爲己任，期紓民於倉卒也……非薄於仁而欲之，蓋有全必有喪也，斯又功之不兼者也。」關於荀爽、荀悅、荀彧之事跡，見《後漢書》卷62〈荀爽、荀悅傳〉、卷70〈荀彧傳〉，頁535、591～594。

〔註11〕關於荀悅之生平、著作，參見《後漢書·荀悅傳》，卷62，頁535～536。

〔註12〕又據劉隆有先生統計，《資治通鑑》在兩漢部份的「史論」徵引自荀悅的意見者，多達八則；另外引自《史記》者二則；《漢書》十七則；唐李德裕二則；出於司馬光的「臣光曰」則有二十四則。劉隆有：〈荀悅漢紀在史論方面的特色及其歷史地位〉《史學史資料》1980年4月，頁28。

〔註13〕以上關於張璠、劉知幾、李燾、王銍的意見，請參見《漢紀》前附〈四庫提要〉，臺北：商務印書館，人人文庫，民國63年11月臺二版，頁1。

然後中國始有史。」〔註14〕知其對《漢紀》斷代編年史體之推崇。

又據《隋書・經籍志》及《新唐書・藝文志》所載,《漢紀》於獻帝時,即有應劭爲之注釋,北魏時崔浩也作《漢紀音義》三卷。但於《崇文總目》、《直齋書錄解題》及《宋史・藝文志》等公私書目中,應劭之注與崔浩之音義都未見著錄,似乎於北宋後期至南渡之後,即已亡佚,此後即未見另有爲之注釋者。〔註15〕

《漢紀》現存的版本,主要有:宋王銍取與《後漢紀》合輯的紹興十二年(1142)刊本;明正德十五年(1520)翟清刊、呂冉的校正本;嘉靖二十七年(1548)的吳郡黃姬水重刻本;萬曆二十六年(1598)的南京國子監本;清康熙三十五年(1696)襄平蔣國祥、蔣國祚取之與《後漢紀》合刻的蔣氏樂三堂本,還有據黃姬水本影印的《四部叢刊》本〔註16〕。本文所引用辭句,乃以黃姬水刻本爲依據,(華正書局影印本),而參校以蔣氏樂三堂本(台灣商務印書館人人文庫本)。

第二節　論《漢紀》之古體復興

要推論中國眞正有系統的古史,現存者當以《春秋》爲首。《春秋》的記事之法,是以事繫日、以日繫月、以月繫時、以時繫年的。而這樣的記事方法並不只是春秋魯史專有的特點,其時,各國史書的體裁應都是如此,如由魏史官所寫成的《竹書紀年》,其史體即和魯史相似。由此推知編年體實爲中國古代記史之常體。〔註17〕

然而古史常體的習慣,卻因爲秦、項對古史的燒絕,從此不明。始皇三十四年因李斯之請「史官非秦紀、皆燒之。〔註18〕」且波及於詩書百家語,於是使先秦百國春秋,包括孔子《春秋》經傳在內都遭焚毀。待秦亡,項羽入咸陽,又添上一陣燒掠,乃連秦博士官所存的古代編年史書也一併燒絕〔註19〕,因此編年古體的形式

〔註14〕梁啓超:《中國歷史研究法》頁 69。

〔註15〕賀凌虛:〈荀悦的生平、著作及其基本觀念〉《書目季刊》14 卷 1 期,頁 6。

〔註16〕鄺賢俊:〈漢紀〉,收於《中國史學名著評介》第一卷,臺北:里仁書局,民國 83 年4 月臺一版,頁 219。

〔註17〕參見李宗侗:《中國史學史》,臺北:中國文化大學出版部,民國 80 年 11 月三版,頁 16。又劉節先生據卜辭及殷周彝銘觀察得知,古人編年時紀月日以述事爲常見之事,殆三代史官即以此爲紀錄原型,東周以降,乃蔚成國史之常體。見劉節:《中國史學史稿》,廣州:中州出版社,1982 年 12 月,頁 15～24。

〔註18〕瀧川龜太郎:《史記會注考證》,學人版,卷 6〈秦始皇本紀〉,臺北:洪氏出版社,民國 71 年 10 月二版,頁 123。而秦火之後雖仍留存《秦紀》,但其「不載日月,其文略不具。」並不能由此窺得編年古體之樣貌。同前書,卷 15〈六國年表〉,頁 276。

〔註19〕班固:《漢書》,點校本,卷 31〈項籍列傳〉,臺北:宏業書局,民國 85 年 3 月二,頁 460。

乃不爲後人所得知。

典籍焚毀的時代因素，使編年古體的實情已不爲後人所認識，其後司馬遷創就新體，撰成《史記》，百年之後班固追跡其法又著成《漢書》，「自是世有著述，皆擬班馬，以爲正史。〔註20〕」更使得後世的著述者只知有紀傳體，而不知別有所謂編年古體在〔註21〕。因此漢儒論史體的淵源，大體仍停留於古代左史記言、右史記事的二分觀念，而並不知有所謂的編年古體與紀傳新體的分別。〔註22〕

在馬班的紀傳體壟斷史壇數百年以後，荀悅的《漢紀》始以編年體獨出，成爲史壇上的大事，因此劉知幾盛讚《漢紀》謂：「歷代寶之，有逾本傳」、「然則班、荀二體，角力爭先，欲廢其一，固亦難矣。後來作者不出二途。〔註23〕」劉知幾的讚美，是否合於實情？我們先繼續其下編年體發展的討論，再作說明。

晉武帝時，汲郡人不準盜發魏安王墓，出土了竹書數十車〔註24〕，這批蝌蚪文字的古書，其中的《紀年》特別引起左傳專家杜預的重視，在《春秋經傳集解》的後序裡，有以下的一段記載：

> 其《紀年》篇起自夏、殷、周，皆三王事，無國別也。唯特記晉國……編年相次。晉國滅，獨記魏事，下至魏哀王之二十年，蓋魏國之史記也。……其著書文意，大似《春秋經》。推此足見古者國史、策書之常也，……以明國史皆承告，據實而書時事。仲尼修《春秋》，以義而制，異文也。……諸所記，多與《左傳》符同，異於《公羊》、《穀梁》，知此二書，近世鑿空，非《春秋》本意，審矣。〔註25〕

這段文字的意義，在於杜預把「古者國史之常」的特徵給發掘出來。《竹書紀年》經

〔註20〕于志寧：《五代史志・經籍二・史・正史序》收入魏徵：《隋書》卷33，鼎文書局新校本，頁957。

〔註21〕其實司馬遷的《史記》雖以紀傳體撰就，然勾考其〈本紀〉、〈世家〉編年繫事的形式，仍是取法於古體的，所以劉知幾在《史通・六家》篇中稱：「至太史公著《史記》，始以天子爲本紀，考其宗旨，如法《春秋》。」（參見浦起龍：《史通通釋》，臺北：里仁書局，民國82年6月，頁8。）但是漢儒並不明於此，只見新體如此，而不知其中實有古體的樣貌在。

〔註22〕《漢書・藝文志》春秋家序辭的一段話，大抵可以說明漢儒對古史二分法的概念：「古之王者世有史官，君舉必書，所以慎言行、昭法式也。左史記言，右史記事，事爲春秋，言爲尚書，帝王靡不同之。」（引自《漢書》卷30〈藝文志〉，頁436。）可見得漢儒對《春秋》的概念是與《尚書》對舉，互爲事、言之記，而非與紀傳相別分的。

〔註23〕《史通通釋》卷2〈二體〉，頁29。

〔註24〕詳情見《晉書》卷51〈束皙傳〉，臺北：鼎文書局新校本，民國76年5月五版，頁1432。

〔註25〕杜預：《春秋經傳集解》後序，《四部叢刊初篇》，上海：商務印書館，頁690～270。

由杜預的考證乃魏國的史書，屬於古代的國史，杜預進一步比對於《春秋經》和《左氏傳》，結果發現「其著書文意大似春秋經」「諸所記多與左傳符同」，且三書都是「編年相次」，由此乃推斷這是「古者國史、策書之常」，於是先秦國史古體的樣貌乃明：皆編年相次、據實而書時事、而文意與《春秋》相似。杜預的這段說明實是古史編年體的重新認識，也是紀傳新體之外，別有編年古體，在觀念上的突破。〔註 26〕

杜預在古史體裁觀念上的突破，影響了晉世史家對於先秦國史面貌的重新認識，進而東晉的干寶以編年體修《晉紀》，乃使編年體重回國史的行列。〔註 27〕

干寶不僅於實務上以編年體創修國史，在史體理論方面，他也曾對編年體的特色有所發揮。《史通·煩省》篇云：

> 昔荀卿有云：遠略近詳，則知史之詳略不均，其為辨者久矣。及干令
> 昇史議，歷詆諸家，而獨歸美《左傳》，云：「丘明能以三十卷之約，括囊
> 二百四十年之事，靡有孑遺，斯蓋立言之高標、著作之良模也。」〔註 28〕

雖然史議原文不可得，但由其「歷詆諸家，而獨歸美《左傳》」知他是比較過紀傳與編年優劣，且得出了「約而靡遺」的結果。即據此編年體的長處，他乃「盛譽丘明而深抑子長」，〔註 29〕向壟斷史壇數百年，由司馬遷首創的紀傳新體，提出挑戰。而這也是史學二體優劣論的首度宣言。

因此不論就國史體裁的興復、編年長處的建樹、二體優劣的辨析言，干寶都堪為領風氣之先的人物。

而自從干寶以後，編年史家接踵出現，著作篇帙約與同時紀傳史家相若，部數則更超越之。〔註 30〕這才真正顯示出劉知幾所稱的「二體角力相爭，欲廢其一，固

〔註 26〕杜預注《左傳》曾多所採用賈逵《左傳》之注文，而賈逵是以綱紀原則來推崇《左傳》的。《後漢書》本傳記賈逵論左、羊之優劣稱：「左氏……斯皆君臣之正義，父子之紀綱……左氏義深於君父，公羊多任於權變。」（卷 36，頁 330）。又賈逵的學生許慎〔許慎曾從學於賈逵，（見許慎著，段玉裁注：《說文解字注》卷 15 下〈許沖後序〉，臺北：百齡出版社，民國 62 年 6 月，頁 831，）〕也以為《公羊》、《穀梁》皆「穿鑿」微言大義，不若《春秋》與《左傳》皆為古文〔《說文解字注》〈許慎序〉，頁 787、789〕。則知在杜預以前，古文學者評價《左傳》，多以其能明綱紀，且文字與《春秋》相近而見稱。至杜預時始進一步以史證經，揭明了《左傳》「國史策書之常」的面貌，杜預採取賈逵《左傳》注文的意見，參見程南洲：《賈逵之春秋左傳學及其對杜預注之影響》，臺北：文津出版社，民國 70 年 3 月；以及氏著《東漢時代之春秋左氏學》，政大中文研究所博士論文，民國 67 年。

〔註 27〕干寶修國史事，參見《晉書》卷 82〈干寶傳〉，頁 222。

〔註 28〕《史通通釋》卷 9，頁 263。

〔註 29〕《史通通釋》卷 2〈二體〉，頁 28。

〔註 30〕雷家驥，前引書，頁 554。

亦難矣」的盛況。

基於上述編年古體興復的大致歷程，我們回頭來檢視荀悅《漢紀》的地位。《漢紀》是編年體亡滅不識後，在紀傳體史風籠罩下所獨出的一部編年體著作。在時機上來講，原該在古體復興與二體並行的史學意義裡，穩居關鍵的角色。然而實際卻不然。對於一個史學思潮能發生重要啟蒙與影響者，必須具備對這個思潮的真實認識與實踐，但荀悅在這兩方面都付之闕如，《漢紀》以編年體的出現，在史學史上或許使它得爲後世的編年史家引爲範例，但不足以使它成爲古史復興運動中的先知。試就幾方面說明之：

首先就《漢紀》的著作動機言，他原只是爲了簡化《漢書》，而方便於皇帝閱讀的。《後漢書》荀悅本傳記載：「〔獻〕帝好典籍，常以班固《漢書》文煩難省，乃令悅依左氏傳體，以爲《漢紀》三十篇。」〔註31〕即《漢紀》最初的成書動機原不在史學意義上，並非欲藉此以提倡編年體，使與紀傳體相競並行，而只是爲了方便獻帝閱讀「省約易習，無妨本書」。〔註32〕

次就《漢紀》的著作體裁言，它只是《漢書》全書的刪省，將傳、表、志的相關史實補入、充實帝紀而已。《漢紀》序自云：

> 其三年詔給事中秘書監荀悅鈔撰《漢書》，略舉其要……悅於是約集
> 舊書，撮序表志，總爲帝紀。〔註33〕

即《漢紀》是本於省約的原則，援《漢書》傳、表、志的部份以入帝紀，只是《漢書》本紀部分的擴大，而非對於編年體有突破性的認識，進而重新整理史料，編纂成一部原創、而非「以副本書」〔註34〕的編年史著。因此王鳴盛評價《漢紀》謂：「其書蓋專取班書別加銓次論斷之。」〔註35〕即《漢紀》只是重新組合《漢書》內容，約集入帝紀中，並非是編年體自主性的創作。

再就荀悅對編年古體的認識言，荀悅對《左傳》的認識，一則在於它編年繫事的敘述方式，有便利閱讀的好處。二則在於《左傳》傳經教化的角色，能「懲惡勸善」。荀悅在《申鑒‧時事》篇，論「復內外注記」時，即明白表示了他對《春秋》經傳的看法：

〔註31〕范曄：《後漢書》卷62〈荀悅傳〉，臺北：宏業書局點校本，民國73年3月二版，頁536。

〔註32〕荀悅：《漢記‧序》，頁5。

〔註33〕同前註。

〔註34〕《漢紀》卷1〈高祖皇帝紀〉小序，頁7。臺北：華正書局，影印黃姬水本，民國63年7月臺一版。

〔註35〕王鳴盛：《十七史商榷》，點校本，臺北：大化書局，民國66年5月影印初版，頁240。

> 古者天子諸侯有事必告於廟，朝有二史，左史記言，右史記動，動爲
> 《春秋》，言爲《尚書》，君舉必記，臧否成敗無不存焉。下及士庶，等各
> 有異，或欲顯而不得，或欲隱而名章，得失一朝而榮辱千載，善人勸焉，
> 淫人懼焉，故先王重之，以嗣賞罰，以輔法教。〔註36〕

由這段對《春秋》記事筆法的說明，可以明白荀悅對其鑒戒功能是引爲模範的，《左傳》既爲傳經之作，自然荀悅對《左傳》的認識也傾重於此教化的意義。可惜的是，荀悅能明白《春秋》是「右史記動」「君舉必記」的實錄，也能體會其「善人勸焉、淫人懼焉」的鑒戒性質，卻未能將其編年相次的體例與君舉必記〔即杜預所稱的「國史皆承告、據實而書時事」〕的敘事風格，與古代的國史作一聯想。在他的觀念裡，史體淵源是「左史記言、右史記動」，史官的職守在使「善人勸焉、淫人懼焉」，由於對後者的理解，使《漢紀》承繼了「懲惡而勸善，獎成而懼敗」〔註37〕的鑒戒傳統，但又由於對前者的執守，使他無緣發現「古者國史策書之常」的史體，原來即是《漢紀》所本的左氏體的敘史方式。

所以，就古史編年體的認識言，荀悅並不及此。

最後，就古史創作風氣的影響言，《漢紀》出，百年之後始有杜預以「古者國史策書之常」論發明編年古體，然仍未及創作。直到四世紀初，干寶才正式提倡、並創作編年古史，使編年古體得以在理論及創作上，開啓了全面復興的契機。又復待孫盛、習鑿齒、袁宏等人踵跡於後，乃使編年古體形成流風與紀傳體並競而行。〔註38〕

所以於風氣之倡導言，荀悅《漢紀》也未能居其功。

要之，荀悅《漢紀》之突出於紀傳新體的重圍，是史學上的偶然，之於編年古體之興復意義，只居於形式範例的角色，而不能謂有承先啓後的貢獻。

不過，荀悅雖未能發明《左傳》的古體意義，但其效仿《左傳》的「典經」觀念，以塑造《漢紀》成爲一代大典的企圖，則在理論上提高了史的價值與地位。〔註39〕

又，《漢紀》之成書，雖非實質的古體復興，然其編年形式，畢竟爲後世的編年史家起了示範的作用，且《漢紀》蘊藉春秋精神於文意的筆法，也啓示了後世編年史家的效行。〔註40〕

〔註36〕荀悅：《申鑒》卷2〈時事〉，臺北：三民書局，民國85年2月，頁74。
〔註37〕同註15，頁3。
〔註38〕雷家驥，前引書，頁551。
〔註39〕蔣義斌：〈荀悅家學與漢末晉初史學〉《史學彙刊》15期，76年7月，頁16。
〔註40〕雷家驥，前引書，頁548～549。

總之，《漢紀》雖僅是形式而非實質的古體復興，然於史體概念及史籍地位上，實已起了示範與啓示的作用。

第三節　「辭約事詳」的再評價

范曄《後漢書》稱美荀悅《漢紀》：「辭約事詳，論辨多美」〔註41〕；劉知幾謂荀悅對《漢書》「厭其迂闊，又依左氏成書，剪裁班史，篇才三十，歷代寶之，有逾本傳」〔註42〕，是「辭約」與「事詳」似爲編年體之一重要特長，甚至足以凌駕紀傳體之上。「辭約事詳」涉及《漢紀》體裁及筆法，在檢視《漢紀》的編年體得失上，有其重要意義，故本節特別討論之。

一、就編年體與紀傳體的體裁論「辭約事詳」

編年體是以編次年月的規範來約束史實的，所謂：「以事繫日、以日繫月，言春以包夏，舉秋以兼冬，年有四時。」〔註43〕這種史體的特色是年下有時，時下包月，而月下繫事，使史實的敘述得到時序上的規則。反觀紀傳體的記述規範則爲：「紀以包舉大綱，傳以委曲細事，表以譜列年爵，志以總括遺露，逮於天文、地理、國典、朝章，顯隱必該，洪纖靡失。」〔註44〕所以從基本體裁來看，編年體獨以編次年月的規範來搜羅史實，這與紀傳體同時用紀、傳、表、志四種項目來述論史事相比，顯得相對單薄。儘管在編年體中尚有追述筆法的改造〔詳第三章第二節《漢紀》筆法之特色與得失〕，可以把紀傳體中傳志表的相關資料，籠絡入編年帝紀中發揮，然而其包舉史實的能力，就數量來說是絕對不及紀傳的。前代史家早有識辨於此，《後漢書》的作者范曄即曾比較二體的優劣，謂：

> 《春秋》者，文既總略，好失事形，今之擬作，所以爲短。紀傳者，
> 史、班之所變也，網羅一代，事義周悉，適之後學，此爲爲優。〔註45〕

「文既總略，好失事形」是編年史體拘束下的短處，而「事義周悉」則是紀傳體包籠史實的優勢。

《文心雕龍》的作者劉勰也說：

> 觀夫左氏綴事，附經間出，于文爲約，而氏族難明，及史遷各傳，人

〔註41〕同註31。
〔註42〕《史通通釋》卷2〈二體〉，頁28。
〔註43〕《史通通釋》卷1〈六家〉，頁8。
〔註44〕同註28。
〔註45〕此范曄語爲魏澹所引，參見《隋書》卷58〈魏澹傳〉，頁1419。

始區論者而易覽，述者宗焉。〔註46〕

「于文爲約，而氏族難明」指的正是編年體以編次年月的方式，搜羅史事的致命傷。而紀傳體創發人物列傳後「人始區論者而易覽」。

所以源於體裁先天上的限制，編年體是不能「事詳」於紀傳體的。當然，編年體大可以排輯各類型的史料，勉強附會其相關性，然後填擠入單薄的敘事結構中，不過如此一來，既失條理，也無由突出編年體相對於紀傳體的簡約特色，甚至於反較紀傳體龐大但類目分明的規範，更加淆亂複雜，即如劉知幾所稱的：

則漢氏之志傳百卷，並列於十二紀中，將恐碎瑣多蕪，闌單失力者矣。
〔註47〕

紀傳體珍貴的地方即在於此，它有龐大但分明的結構來擺置史實，廣集遺文。相對的編年體只以簡單的年月繫事，欲處理複雜糾纏的各類史事，勢必要有所刪削，由此刪削，自不可能「事詳」於紀傳體了。

編年體限於體裁，事不能詳於紀傳，故其敘史自然也「辭約」於紀傳。事不能詳或許是編年體敘事上的缺憾，但辭能約，則是編年史家持以自尊的特點。干寶是古史編年體興復運動中，實際撰作國史並檢視二體優劣的第一人，他即是採「辭約」的角度來「盛譽丘明而深抑子長」，如前引干寶所推美《左傳》者，即在「能以三十卷之約，括囊二百四十年之事，靡有子遺也」。這是古史編年所以能復起、與紀傳並駕齊驅，除了「古者國史策書之常」的權威根據之外，另一個重要的理由。

此外，紀傳體的優勢，在能憑藉紀、傳、表、志四部門的規範，廣蒐史實遺文，致使其紀傳著作既詳且博。這個優勢以史料的廣集、排比與成書的規模言，確實令編年著作相形失色。然而弔詭的是，這個創作上的長處，反而在閱讀上造成不便，令編年體憑其「辭約」的特長乘隙而入，而在閱讀便利與閱讀效率方面，讓「事詳」成爲可能。試說明如下：

紀傳體分紀、傳、表、志四部門，體例龐大，欲安置史事必循一定的規則。因此綱要大事都舉於帝紀，以編次年月作爲全書時序的大綱，對於帝紀無法盡詳的細節，乃散諸於傳、表、志分別臚記、追述說明。此一體裁特色對於搜羅史實，具有尋繁領雜的功效，但在閱讀上卻往往造成繁重難省的麻煩。當觀帝紀，對某事正感興趣而盼讀下文時，帝紀之文卻總嫌疏略不詳，乃須得阻斷閱讀進程，向後翻查傳志表的詳情，而若是一事牽涉多人之傳，糾纏多表多志者，則查詳的工夫，就益加煩累。劉知幾於此即曾提出批評：

〔註46〕劉勰：《文心雕龍》卷4〈史傳〉，臺北：粹文堂書局，民國65年3月，頁285。
〔註47〕同註42。

觀左氏之釋經也……其言簡而要，其事詳而博，信聖人之羽翮，而述者之冠冕也。……當漢代史書，以遷、固爲主，而紀、傳互出，表、志相重，於文爲煩，頗難周覽。〔註48〕

「於文爲煩，頗難周覽」即說明了紀傳體閱讀不便的缺陷，而「言簡而要，事詳而博」恰是編年體在閱讀效率上的長處。

編年體是編次年月來敘事，在時序上有一個穩定的進程，此進程中且已包容了相關史實的人事物在內。以《漢紀》爲例，高祖十一年陳狶謀反一事，《漢紀》既籠絡了各相關的史實：陳狶與韓信結謀的因緣、周緤顧護高祖的忠誠、高祖挑選邯鄲壯士的激昂、購叛陳狶部將的權謀、韓信臨刑前的悔憾、蒯通自存之際的機智……〔註49〕在《漢紀》述來，一目瞭然。反觀《漢書》，要總覽這段史實的全貌，除要看高帝紀，明其時序外，還須翻尋韓信、周緤、蒯通等傳，〔註50〕各傳各自分隔，且語多重出，實造成閱讀心理及閱讀視覺上的不便。

由此對比，我們不妨說，編年體以「辭約」之筆，在穩定的敘事進程中，包容了相關的史實，使讀者在閱讀上取得了「事詳」的效率。當然此「事詳」的意義，並非謂其記事能詳於紀傳體全書紀、傳、表、志所合集的所有史實，而是指編年體著作在閱讀進程中的「完整」和「詳細」，俾使讀者能一氣呵成地總觀大勢，且詳明細節，即劉知幾所謂的「同年共事，莫不備載其事，形於目前，理盡一言，語無重出」〔註51〕的簡明和周全。

《漢書》斷代爲史，既已無法避免紀傳體在閱讀效率上的不便，而設若敘史的年代久遠、史事積重，則更是閱讀上的困擾。《文心雕龍‧史傳》篇云：

原夫載籍之作也，必貫乎百氏，被之千載，表徵盛衰，殷鑒興廢，使一代之制共鳴而長存，王霸之跡並天地而久大……然紀傳爲式〔指列傳〕、編年綴事〔指本紀〕，文非泛論，按實而書，歲遠則同異難密，事積則起訖易疏，斯固總會之爲難也。〔註52〕

這是劉勰論著史「總會」之難的一段文字。就著作言，總會之難，實同難於編年與紀傳史家。但如以成書的規模言，史事積重所造成的篇帙浩繁與史實散列，勢必更加重紀傳體作品在閱讀上的不便。甚且若出於「總會」能力不夠高明之史筆，帝紀

〔註48〕《史通通釋》卷1〈六家〉，頁11。
〔註49〕《漢紀》卷4，頁50～51。
〔註50〕分見《漢書》〈高帝紀〉卷1，頁25。〈韓信傳〉卷34，頁477。〈周傳〉，頁530。〈蒯通傳〉，頁549。
〔註51〕同註42，頁27。
〔註52〕同註46，頁286。

與傳、表、志之間的聯繫曖昧不清，則可能發生看完帝紀卻不知向何傳〔表、志〕尋詳情的窘境。

由此，我們明白編年體的「約辭」，在閱讀效率的角度上，是可以「詳事」的。它省卻翻查的不便，也滿足一氣呵成的閱讀樂趣，又能在簡要的文字中，瞭然大勢並其細情。

二、就《漢紀》與《漢書》的比較，論「辭約事詳」

《漢紀》是編年體著作，而且是刪省《漢書》而成。由此在「辭約事詳」的討論上，形成更複雜的意義，茲分項說明之：

（一）、《漢紀》是否辭約於《漢書》全書，也事詳於《漢書》全書

就前者而言，《漢紀》文約於《漢書》全書，是絕對的。《漢紀》的成書本即是因為漢獻帝嫌《漢書》文煩難省，才命荀悅依左氏體刪省《漢書》，而成《漢紀》三十卷。

就後者而言，《漢紀》是否能也事詳於《漢書》全書？這在常識裡似無可能，要以三十卷約十八萬字，寫出比百篇共計八十萬字篇幅〔註53〕還要多的史事，這其中文筆的省約，亟需要有極高明的史才技巧方能克之。而且依獻帝及荀悅的意思，是專就《漢書》來去取史實：

> 其祖宗功勳、先帝事業、國家綱紀、天地災異、功臣名賢、奇榮善言、
> 殊德異行、法式之典，凡在《漢書》者，本末體殊，大略粗舉，其經、傳
> 所遺闕者差少，而求志勢有所不能盡繁重之語。〔註54〕

是知《漢紀》之史事是專就《漢書》所錄為取捨〔註55〕，取捨標準即如祖宗功勳、先帝事業云云，而在標準以外的，並不及之。故《漢紀》的敘述，不能詳於《漢書》全書。

（二）、《漢紀》是否事詳於《漢書》本紀

前文提到，《漢紀》並非是編年體原創性的著作，乃是援《漢書》傳、表、志

〔註53〕據鄔賢俊之語。參見鄔賢俊：〈漢紀〉，收入《中國史學名著評介》第一卷，臺北：里仁書局，民國83年4月臺一版，頁214。

〔註54〕同註32。

〔註55〕《漢紀》實也偶有出於《漢書》之史料者，如諫大夫王仁及侍中王閎兩通諫疏，是《漢書》沒有的。又《資治通鑑》寫高祖父親太上皇之事，以及宣帝五鳳中郊祀泰時的月份，皆舍班而從荀，此由於《漢書》屢經傳鈔，已不如荀悅所見者，尚近於班書原本故。此出於《文獻通考》李燾之跋語，參見《漢紀》前附〈四庫提要〉，頁1。

之文入本紀，而成爲《漢書》帝紀的擴大。《漢紀》序言中記述了荀悅改寫《漢書》的模式爲「約集舊書，撮序表志，總爲帝紀，通比其事，例繫年月」〔註56〕。「例繫年月」是傳統編年體的敘史體例，「通比其事」、「撮序表志」、「總爲帝紀」則是荀悅改良編年體的創意，即追述筆法的使用。每當帝紀之文有待說明、補充或追記因果背景、相互關係者，《漢紀》往往徵引或潤改傳、表、志之文以入帝紀，此一追記筆法，具有四點意義：第一、它讓帝紀擴充，兼納了傳、表、志之文，於是使「《漢紀》事詳於《漢書》本紀」的命題得到印證。第二、它突破了編年史體依年月繫事的單調結構，使原本拘限於年月、在閱讀視覺及閱讀心理上無法通貫聯繫、而各自錯落的史事與人物獲得溝通的可能（實際例證參見第三章第二節）。第三、它解決了《漢書》在閱讀上的不便，如前文所說明的，紀傳體紀、傳、表、志分裂割據的閱讀障礙，因《漢紀》援傳入紀、通比其事的靈活筆法而獲得了解決。就此而言，《漢紀》事詳之意義，不只表現於史事脈絡的聯繫，且表現於閱讀效率的完整上。第四、由於編年體在閱讀上的便利，加上《漢紀》以《漢書》史實爲取捨的特殊性質，乃使《漢紀》宜於作爲《漢書》全書尋繁領雜的導讀角色。《漢書》本紀時有敘述過簡，致不易查詢詳情之弊，而《漢紀》援傳、表、志之文補實帝紀，使分裂於紀、傳間的史實關係趨於明朗，讀者讀《漢紀》已略得相關列傳之脈絡與因果，乃易於進一步向《漢書》之列傳求詳。而且《漢紀》行文簡約，敘史進程穩定，也便於閱讀，無文煩難省之累〔註57〕（實際例證參見第三章第二節）。

　　又，《漢紀》事詳於本紀，其「事詳」又包含了兩個層次。第一指的是史實多，《漢紀》既是援傳、表、志之文補實帝紀，使帝紀擴大，自然史實要較本紀爲多。第二指的是描寫詳細，即是針對一事之相關背景、因果關係，甚至人物之意態情感，作充分的鋪陳。《漢紀》所引入帝紀之文，絕非任意剪排的，而是依其相關性做合宜的說明與補充，如敘高祖崩，乃先設災厄之兆，始引出矢傷之緣由，進而追記期間君臣往來及廢立太子之險急，最後鋪陳一詔：恰如遺命。〔註58〕如此使首尾互應，紀、傳之文相通，《漢紀》敘事詳密於本紀，其意義即在於此。

（三）、《漢紀》是否辭約於本紀？

　　此也可就兩方面說明。就字數篇幅言，《漢紀》是多於本紀的，此緣於《漢紀》

〔註56〕同註32。
〔註57〕此處只是就相對性而言，《漢紀》的脈絡較本紀清楚明朗，故更易於替《漢書》全書
　　　　尋繁領雜。然而《漢紀》終究不是爲導讀《漢書》而成書的，此當辨明。
〔註58〕《漢紀》卷4，頁56～57。

多取傳、表、志之文以補實帝紀故。再就用字筆法言，《漢紀》則確是辭約於本紀。如前述，這原是編年體先天體裁的特點。

　　復舉一例說明之。高祖八年冬，高祖過趙，欲宿柏人亭一事，《漢紀》與《漢書》之筆法比較如下：

《漢紀》高祖皇帝紀：

　　　　上還過趙，趙相貫高伏兵柏人亭，欲為逆，上宿心動曰：柏人者，迫於人也，乃去之。

　　　　初上過趙，王甚卑恭，上箕踞罵詈，甚辱之，貫高謂王曰：皇帝遇王無禮，請殺之。王齧其指出血曰：先人亡國賴皇帝得復，德流乎子孫，君無出口。高等私相謂曰：吾王長者，終不背德，何為汙王，事成歸之于王，不成獨身坐之，乃陰獨為謀，而王不知。〔註59〕

《漢書》高帝紀：

　　　　還過趙，趙相貫高等恥上不禮其王，陰謀欲弒上，上欲宿，心動，問曰：縣名何？曰：柏人。上曰：柏人者，迫於人也。去弗宿。〔註60〕

就此例觀察：

　　1. 乍看之下，《漢紀》字數明顯多於本紀，此因《漢紀》引了張敖之傳文，〔註61〕為貫高的陰謀做背景說明。《漢書・高帝紀》只云：「趙相貫高等恥上不禮其王，陰謀欲弒上。」而不能明白高祖所不禮於趙王者，究竟為何？《漢紀》故有此補記。因此就字數篇幅言，《漢紀》乃多於本紀。

　　2. 而另就前面「《漢紀》事詳於本紀」的命題言，此例也可資輔證：高帝紀只述高祖欲宿柏人亭，有疑而去一事。而《漢紀》則兼及上過趙王，箕踞罵詈，引來貫高的不滿和殺機之前事。這是史實的增加。又此前事實為後事的背景說明，彼此關聯，即同記高祖欲宿柏人亭一事，《漢紀》補充了傳文說明，而較本紀敘述詳細。

　　3. 又就用字筆法言，《漢紀》則是簡約於本紀。如下：

《漢紀》

（1）、趙相貫高欲為逆

（2）、上宿心動曰：柏人者，迫於人也，乃去之。

《漢書》

（1）、趙相貫高陰謀欲弒上

〔註59〕《漢紀》卷4，頁48。

〔註60〕《漢書》卷1，頁24。

〔註61〕《漢書》卷32，頁467～468。

（2）、上欲宿，心動，問曰：縣名何？曰：柏人。上曰：柏人者，迫於人也。
去弗宿。

　　綜合以上的說明，是知《漢紀》援傳入紀，乃使事多且事詳於本紀，而文字反
而簡約而不煩累〔註62〕。

　　評價《漢紀》的「辭約事詳」，除了可以由二體在體裁上的差異及《漢紀》刪
省《漢書》的筆法做判斷外，又可以從《漢紀》的著作目的與性質做分析。正如
前文所說明的，《漢紀》的成書動機是爲了便利獻帝閱讀，因此就「備便御覽」這
個角度進一步追究，則《漢紀》的性質必須包含三個特點：第一、自然是好讀，
獻帝好典籍，但卻苦於《漢書》的「文煩難省」，才令荀悅依照簡便的左氏體，重
新刪省《漢書》，使「省約易習」，這是《漢紀》最早的成書動機，也是《漢紀》
文約的特色所在。

　　第二、是皇帝讀的書。要備御覽的書，當然得提供必要的治國知識和修養之術，
這不僅是漢獻帝的願望（其讀《漢書》，自有對前漢故事取資鑒戒的希望），也是荀
悅個人著作《漢紀》的期望，因此，他去取《漢書》的原則，有所謂「立典五志」：
達道義、章法式、通古今、著功勳、表賢能〔註63〕；而具體的內容更細分爲祖宗功
勳、先帝事業、國家綱紀、天地災異、功臣名賢、奇榮善言、殊德異行、法式之典，
這些全是配合帝王治國知識的教材設計。

　　第三、具有鑒戒功能。皇帝的教材又必須具有警惕鑒戒的作用。荀悅對古代「朝
有二史，左史紀言，右史記事……君舉必記，臧否成敗，無不存焉〔註64〕」的史官
職守向來敬重，因此他極力主張恢復史職精神，「使掌典其事……爲善惡則書，言行
足以爲法式則書。」〔註65〕而直接反映於《漢紀》者，即是「凡漢紀有法式焉、有
鑒戒焉……斯皆明主賢臣命世立業、群后之盛勳、髦俊之遺事，是故質之事實而不
誣，通之萬方而不泥，可以興、可以治、可以動、可以靜、可以言、可以行，懲惡

〔註62〕《漢紀》相對於《漢書》本紀，呈現「辭約事詳」的優勢，又可由《漢紀》與本紀
　　　　字數的比較，得一印證。據統計《漢紀》不含史論及附記，既純敘史的部分，約得
　　　　167360 字，而本紀則得 88466 字，只及《漢紀》的一半強。經正文論證得知，《漢紀》
　　　　筆法實簡約於本紀，而其字數卻反多於本紀，則知其多出來的部分，自是補實本紀
　　　　的傳表志之文。此由字數的比較，也可說明《漢紀》於敘史上是事詳於本紀的。關
　　　　於《漢紀》與本紀字數的統計，參見 Chen Chi-Yun, "Husn Yueh's works:the Han-chi",
　　　　Hsun Yueh (A.D. 148～209):The Life and Reflections of an Early Medieval Confucian,
　　　　Cambridge University Press, 1975, pp114～116.
〔註63〕同註32。
〔註64〕《申鑒》卷 2〈時事〉，頁 74。
〔註65〕同前註。

而勸善，獎成而懼敗。」〔註66〕這種鑒戒意識既是荀悅欲警礪於獻帝、也同時寄託於《漢紀》者。

故《漢紀》之「事詳」也宜由此特點尋：詳於帝王之治術，也詳於史實之鑒戒。因此《漢紀》「辭約事詳」的另一意義，在能以便備御覽簡約之筆，而詳記君王之術，並及鑒戒之事。

要之，《漢紀》的追記筆法，突破了編年體單調、分割的結構，使史實由點線的獨立，進展成面的聯繫。且《漢紀》援引傳表志之文入帝紀，使編年體容納史文的能力大增，這是《漢紀》辭約事詳的第二個意義。

《漢紀》依穩定循序的編年結構而融匯表、傳、志之文，使讀帝紀而能兼識傳志，加以行文簡約，無文煩難省之累，也無翻覆查詢之不便，由此乃能在閱讀效率上，貫徹一氣呵成的樂趣。這是《漢紀》辭約事詳的第三個意義。

《漢紀》文筆簡要，備便於御覽，其所徵引者，又皆足堪帝王鑒戒效習之事。這是《漢紀》辭約事詳第四個意義。

〔註66〕《漢記・序》，頁6。

第三章 《漢紀》之筆法與意義

第一節 《漢紀》擇取《漢書》之意義——東漢時事之鑒戒

《漢紀》乃改寫《漢書》而成，其所取材於《漢書》之史實者，有本於後漢當世時局之紛亂，而欲寄鑒戒於前漢故事之用心。試說明之：

一、外 戚

東漢外戚擅政的氣焰，可以由《後漢書·皇后紀》的一段序言，得到說明：

> 自古雖主幼時艱，王家多釁，必委成塚宰，簡求忠賢，未有專任婦人，斷割重器，……東京皇統屢絕，權歸女主，外立者四帝（原注：安、質、桓、靈），臨朝者六后（原注：章帝竇太后、和熹鄧太后、安思閻太后、順烈梁太后、桓思竇太后、靈思何太后），莫不定策帷帟，委事父兄，貪孩童以久其政，抑明賢以專其威。[註1]

東漢諸帝多童年即位，夭折絕嗣則又外立以幼主，如殤帝崩，鄧太后與其兄鄧騭迎立安帝，年十三；沖帝崩，梁太后與兄梁冀迎立質帝，年八；質帝崩，太后又迎朝立桓帝，年十五；桓帝崩，竇太后與父竇武迎立靈帝，年十二。[註2] 這種幼主的朝政，在母后勢力的干涉下，自然容易培育出外戚干政的氣氛而「抑賢專威」。

而荀悅身處於如此的東漢經驗，反映在《漢紀》的取材，乃是對《漢書》〈外戚傳〉故事的率多潤取，並且徵引時人之諫疏奏議，藉以批判外戚干政之非。

[註1]《後漢書·皇后紀》卷10，頁121。
[註2] 同前註。

西漢孝惠時，呂太后鴆殺趙王如意、斷殘戚夫人為人彘的殘忍故事，〔註3〕《漢紀》照錄了下來，且在惠帝讚中，以此為惠帝惋惜，謂其：「遭呂后虧損至德，枉流濫哉。」〔註4〕

孝元初元二年秋七月地震，詔舉直言極諫之士，《漢紀》於此事，徵引翼奉之對策，來批判外戚干政之非：

> 臣聞人氣內逆，則感動天地，天變見於星氣日蝕，地變見於奇物震動，……地震者，陰氣盛也。古者朝廷，必有同姓，以明親親，必有異姓，以明賢賢，今左右無同姓，獨以舅后之家為親，異姓之臣又疏。二后之黨滿朝，陰氣之盛不亦宜乎。〔註5〕

藉災異之變而非議外家擅權者，在《漢紀》中屢被徵引，又如成帝時，劉向、谷永之奏議，要之，皆在指稱「同姓疏遠，母黨專政，祿去公室，權在外家。」〔註6〕之不宜，而當使「後宮親屬，勿預政事，以遠皇甫之類，捐女黨之權」〔註7〕。

相對於引錄災異之文，以非詆外戚之過，〔註8〕對於遭外戚妒害的忠臣、直節之士，《漢紀》往往為其發抒痛惜之辭。

孝成建始三年，關中大雨四十餘日，京師謠傳洪災將至，大將軍王鳳建議成帝與太后、後宮等先備舟船，而令吏民百姓上長安城躲水，唯丞相王商曰：「今政治和平，何為當有大水一旦暴至，此必訛言，不宜令民上城，重驚百姓耳。」後果無洪水，成帝乃歎美王商，而王鳳反自慚，自此妒恨王商，後來更誣迫王商去職，王商免官三日即歐血而死。〔註9〕

對於這段外戚加害忠臣的故事，荀悅即為王商發惜憐之辭：

> 王商言水不至，非以見智也，非以傷鳳也。欲將忠主安民，事不得已。而鳳以為慨恨，……真可痛乎。夫獨智不容於世，獨行不畜於時。

〔註3〕《漢紀》卷5，頁60～61。

〔註4〕《漢紀》卷5，孝惠皇帝之讚詞，頁73。

〔註5〕《漢紀》卷21，頁296～297。

〔註6〕《漢紀》卷27，劉向諫成帝之語，頁372。

〔註7〕《漢紀》卷24，谷永諫成帝之語，頁334。

〔註8〕勞榦分析女性預政有害於朝廷社稷的觀念，早於上古、先秦時代，即已萌芽，而在文化、政治相對穩定的漢代，更進一步獲得發展。（參見勞榦：〈秦漢時期的中國文化〉《大陸雜誌》4卷3期，1952年2月，頁27～35。）而在兩漢災異說盛行之下，以災異影射后妃弄權，太后攝政，引用后黨、寵妾惑君的諫諍之文，乃多有所見。劉詠聰曾據此列表說明《漢書・五行志》與《後漢書・五行志》中，因女性所引起的災異現象。（參見劉詠聰：〈漢代之婦人災異論〉《漢學研究》9卷2期，民國80年12月，頁79～101。）

〔註9〕《漢紀》卷24、25，頁333、349。

王商以「獨智」、「獨行」而不見容於王鳳，最後「歐血而死」正見忠臣之怨情，也反映外戚迫害之深重，實荀悅所欲鑒戒者。

鑒於女后勢力之干政，荀悅乃有「崇內教」之議，以解決后妃儀德之問題。他建議恢復古代之婦學制度，專門訓練後宮嬪妃的禮儀與操德：

> 古有掌陰陽之禮之官，以教後宮，掌婦學之法：婦德、婦言、婦容、婦功，各率其屬，而以時御序於王。〔註11〕

並且督勵以考課，以考賞罰升降：

> 覽列圖、誦列傳、遵典行，內史執其彤管，記善書過，考行黜陟，以章好惡。〔註12〕

由此使男女之位序得順正不違、內外和諧：

> 男女正位乎內外，正家而天下定，故二儀立而大業成。君子之道，匪關終日，造次必於是。〔註13〕

這套後宮教養且被荀悅據爲評鑑前漢后德與福禍的依據：

> 寵妻愛妾幸矣，其爲災也深矣。災與幸同乎？曰：得則慶，否則災。戚氏不幸不人豕，趙昭儀不幸不失命，栗姬不幸不廢，鉤弋不幸不憂殤，非災而何？若慎夫人之知，班倢伃之賢……邵矣哉！〔註14〕

即荀悅認爲後宮原皆寵愛，然有人得幸，有人致災，其關鍵即儀德教養的不同。

〔註10〕《漢紀》卷25，「荀悅曰」，頁349。

〔註11〕《申鑒・時事》卷2，頁66。

〔註12〕同前註。劉向曾採取詩書所載賢妃、貞德，興國、顯家可法則，及孽嬖亂亡者，序次爲《列女傳》凡八篇，並配以畫像，以戒天子。此處之列圖、列傳當指此。（參見《漢書・楚元王傳》卷36，頁497；以及《漢書・藝文志》卷10「儒家」類，頁439。）此外據《周禮・天官》，有「內宰」以陰禮教之後宮；有「九嬪」掌婦學以教九御：婦德、婦言、婦容、婦功，各帥其屬，而以時御敘于王所。鄭注謂：後宮有后一人，夫人三人，嬪九人，世婦二十七人，女御八十一人。自嬪以下以九成數，故稱九嬪。婦德謂貞順、婦言謂辭令、婦容謂婉娩、婦功謂絲枲之類。又有「女史」掌逆內宮。鄭注稱爲：鉤考六宮之計。（參見《周禮鄭注》卷8〈天官家宰治官之職〉「內宰」、「九嬪」、「女史」，台北：新興書局校永懷堂本，民國82年6月，頁44、46、48。）又「九嬪」與「女史」皆屬於周官裡正式的職官，領有實際的職掌；「九嬪」且爲高官，秩品可達於卿位，高於大夫（大卜、大祝、大師、大史皆爲下大夫，則知九嬪秩位之高），由此可見周禮中，婦女也可任職高官，至於女史雖爲下級屬官，固也居宮中實職。參見王爾敏：〈周禮所見婦女之地位及職司〉《漢學研究》12卷2期，民國83年12月，頁1～10。

〔註13〕同前註。

〔註14〕《申鑒・雜言上》卷4，頁119。

　　戚夫人是高祖的寵姬，生子如意，甚得高祖歡心，數度想扶立爲太子。而戚夫人卻過度操急，「常從上之關東，日夜啼泣，欲立其子」〔註15〕，因此引起呂后的忌恨，惠帝即位後乃施報復，「斷戚夫人手足、去眼熏耳、飲瘖藥，使居鞠域中，名曰『人彘』」〔註16〕。

　　趙昭儀是孝成皇后趙飛燕的妹妹，趙氏姊妹初爲倢伃時，「譖告許皇后，班倢伃挾媚道、祝詛後宮，詈及主上」，於是許皇后坐廢，改立飛燕爲后，其妹爲昭儀，姊妹此後專寵十餘年。後來成帝以素彊而崩，天下歸罪昭儀，乃自殺而死。〔註17〕

　　栗姬是漢景帝的妃子，景帝原立其子爲太子，後長公主有女，欲配太子爲妃，栗姬因妒恨景帝諸美人皆因與長公主交好而得幸，乃不許配。又景帝欲以諸姬之子託付栗姬看顧，栗姬卻「怒不肯應，言不遜」。後來王夫人設計大臣催促景帝立栗姬爲后，引得景帝大怒，乃廢太子，栗姬也以憂死。〔註18〕

　　鉤弋夫人爲武帝巡狩河間時所得，原來「兩手皆拳，上自披之，手即時伸」，從此得幸，號曰「拳夫人」。後進爲倢伃，居鉤弋宮，大受寵愛。太始三年生子，即爲後來之昭帝。其時衛太子因巫蠱之禍敗死，武帝常思立鉤弋子爲太子，又怕母后干政而猶豫難決，後鉤弋夫人也以「有過見譴，以憂死」。〔註19〕

　　上述四位妃妾，最後所以或爲人彘，或自殺失命，或見譴憂死，或見廢不后，即在於「得則慶、否則災」的婦德修養有別。戚夫人操急引忌，趙昭儀專寵惹議，栗姬驕縱招譖，鉤弋見譴憂死，或失婦德，或失婦言，以婦學修養言皆有失過。

　　反觀愼夫人與班倢伃，則爲荀悅所稱許。

　　愼夫人曾與文帝同坐，引來袁盎的規諫：「尊卑有序則上下和，今陛下既已立后，愼夫人乃妾，妾主豈可以同坐哉？且陛下幸之則厚賜之，陛下所以爲愼夫人，適所以禍之也，獨不見『人彘』乎？」愼夫人識得大體，納諫且賜盎金五十斤。〔註20〕袁盎以主妾之節、人彘之鑑規諫於愼夫人，而愼夫人也雅量受納，故荀悅稱其「知」。

　　班倢伃曾與成帝遊於後庭，成帝欲同輦，倢伃乃辭曰：「觀古圖畫，賢聖之君皆有名臣在側，三代末主乃有嬖女，今欲同輦，得無近似之乎？」〔註21〕後來趙飛燕譖讒許后與倢伃，許后坐廢，倢伃則對曰：「修正尙未蒙福，爲邪欲以何望，使鬼神

〔註15〕《漢書・外戚傳上》卷67，頁992。
〔註16〕同前註。
〔註17〕《漢書・外戚傳下》卷67，頁1005。
〔註18〕《漢書・外戚傳上》卷67，頁994。
〔註19〕同前註。
〔註20〕《漢書・袁盎傳》卷49，頁575。
〔註21〕《漢書・外戚傳下》卷67，頁1004。

有知，不受不臣之愬，如其無知，愬之何益，故不爲也。」〔註22〕成帝善其對乃赦。倢伃又恐怕趙氏姊妹加害，自求供養太后於長信宮。成帝崩逝後，則充奉園陵，後同葬園中。班倢伃既有辭同輦的節度和見識，又有善對自清的勇氣和智慧，且能求退以自保，最後充奉陵園還報帝恩。是婦德、婦言兼備，荀悅故稱其「賢」。

　　綜合上述，東漢女后臨朝，外戚擅政的經驗背景，使荀悅於西漢故事也重視於后家之禍，故《漢紀》於史實則徵引〈外戚傳〉、於史論則藉時人之災異諫奏，來批判外戚之專威。又荀悅建議以崇內教來解決后家亂政的問題，並據婦學之修養以評鑑前漢后妾之災福。

二、外　患

　　東漢西羌之邊患，猶如匈奴之於西漢的困擾，甚至最後導致東漢步入衰亡之途，因此范曄稱羌禍爲西戎犯逆以來之首見：

> 永初之間，群種蜂起，遂解仇嫌，結盟詛，招引山豪，轉相嘯聚，揭木爲兵，負柴爲械，……東犯趙魏之交，南入漢蜀之鄙，塞湟中，斷隴道，燒陵園，剽城市，傷敗踵係，羽書日聞。并、涼之士，特衝殘斃，壯悍則委身於兵場，女婦則徽纆而爲虜，發塚露胔，死生塗炭。自西戎作逆，未有陵斥上國，若斯其熾也。〔註23〕

然而東漢的御戎政策卻失敗，徙之內地欲爲綏撫，則「或倥傯於豪右之手，或屈折於奴僕之勤」〔註24〕反而積生羌人的愁怨。且又戰和不定，段熲：「資山西之猛性，練戎俗之態情，窮武思盡飆銳以事之……始殄西種，卒定東寇。」〔註25〕但另一方面，張奐則稱：「戎狄一氣所生，不宜誅盡，流血污野，傷和致妖。」〔註26〕在戰和不定間坐大了西陲的邊將，而致虧損國力，「於是諸將……爭設雄規，更奉征討之命，徵兵會眾，以圖其隙……假人增賦，借奉侯王，引金錢縑綵之珍，徵糧粟鹽鐵之積，所以賂遺購賞，轉輸勞來之費，前後數十巨萬。」〔註27〕由羌患養大的西方勢力，乃轉而傷害於東方的朝廷，最後董卓領涼州兵入洛陽，漢室就此衰亡。

　　荀悅的時代背景如此，故對西漢的匈奴故事，也多徵引於《漢紀》之中。

　　《漢紀》敘述了前漢之漢匈大勢：如高祖受困白登山、單于爲書戲嫚高后、文

〔註22〕同前註。
〔註23〕《後漢書·西羌傳》卷87，「論曰」，頁745。
〔註24〕同前註。
〔註25〕同前註。
〔註26〕同前註。
〔註27〕同前註。

景和親、〔註28〕武帝征伐、〔註29〕宣帝推亡固存，〔註30〕以至於王莽御匈之自大與失調〔註31〕，等史實多爲《漢紀》所著錄。

此外，也徵引時人對御匈之術的討論，如賈誼稱：

> 今天下之勢方倒懸，天子者，天下之首，蠻夷者，天下之足，夷狄徵令，主上之操也。天下供貢，臣下之禮也，足反居上，首顧足下，倒懸如此，莫之能解……何不試以臣爲屬國之官，必繫單于頸而制之死命。〔註32〕

晁錯云：

> 匈奴之長技三，中國之長技五，陛下興數十萬之眾，以誅數十萬之匈奴，眾寡之計，以一擊一之術也……兩軍相當，表裏各用其技，橫加之以眾，此萬全之術。〔註33〕

王恢言：

> 言擊之者，固非發兵而深入也，將順單于之欲，誘而致之於邊，選驍騎羽林壯士，陰爲之備，吾勢已定，或營其左，或營其右，或當其前，或當其後，單于必可擒也。〔註34〕

主父偃曰：

> 臣聞怒者逆德，兵者兇器，爭者末節，數戰窮武，未有不悔者也。始皇務勝不休，……出兵攻胡，卻地千里，皆澤鹵不生五穀，然後發天下丁男，以戍河北，飛芻輓粟，以遠轉輸，率三十鐘而致一石，天下所以叛也。〔註35〕

揚雄稱：

> 單于款心歸義，此乃上世之遺策也，神靈之所想望，奈何距以來厭之辭，疏以無日之期，消往日之恩，開將來之隙，使自絕於漢，終無北面之心，威之不可、喻之不能，焉得不憂乎？夫百年勤之，一朝失之，費十而愛一，臣竊爲國不安也。〔註36〕

如此反覆辯論、和戰相激，《漢紀》費筆徵引於此，知荀悅對御匈之術的關心。

〔註28〕《漢紀》卷11，頁154。
〔註29〕《漢紀》卷13，頁185。
〔註30〕《漢紀》卷20，頁280～281。
〔註31〕《漢紀》卷30，頁419。
〔註32〕《漢紀》卷7，頁97～98。
〔註33〕《漢紀》卷8，頁110。
〔註34〕《漢紀》卷11，頁155。
〔註35〕《漢紀》卷11，頁155～156。
〔註36〕《漢紀》卷29，頁407。

又由漢匈關係所激生出來的士節事蹟與國力影響，也為《漢紀》所引錄。如張騫：「初為郎，應募使月氏，時匈奴殺月氏王，遂西徙，故漢欲與月氏擊匈奴。騫行為匈奴所得，留騫十餘歲，與妻有子，然騫常持漢節不失。」〔註37〕

李陵：「將步卒五千出居延，與鞮汗單于戰，……軍無後援，射矢且盡，單于大喜進兵，使騎並擊漢軍……陵曰：『兵敗……無面目以報陛下。』遂降……後捕得匈奴生口，言陵教單于為兵法，上怒，乃族陵家……陵聞之曰：『教單于為兵者，乃緒也，非陵也。』李緒者，故塞外都尉，先是降匈奴。」〔註38〕

司馬遷：「上言陵功，以陵之不死，宜欲得當以報漢也，……上以遷欲沮貳師，為陵遊說……而下遷腐刑……既遭李陵之禍，喟然而歎，幽而發憤，遂著史記。」〔註39〕

蘇武：「（衛）律知武終不可脅，單于欲必降之，乃置武大窖中，絕不與飲食，七日天雨雪，武齧雪，與旃毛並咽之，數日不死，單于徙武北海上無人處，使牧羝羊，曰：『羊生乳乃得歸漢。』武掘野鼠草實而食之，杖漢節牧羊，臥起操持，節毛盡落，……後武聞武帝崩，南向號哭數日，嘔血。」〔註40〕

此皆是武帝征匈事業所激生出來的士節事蹟，有幸，有不幸，有直節，有屈降，有盛怒之威，也有幽歎之情，《漢紀》詳細徵引，雖在表揚士節，實也為征匈事業之反思：

> 孝武之世，圖利制匈奴……萬里相奉，師旅之費，不可勝計，至於用度不足，以榷酒酤，管鹽鐵，白金造皮幣，算至船車，租及六畜，民力屈，財貨竭，因之以凶年，群盜並起，道路不通，直指之使出，衣繡衣，持斧鉞，斬斷於郡國，然後勝之，是以末年遂棄輪台之地，而下哀痛之詔，豈非聖人之所悔哉！〔註41〕

由士節之激生，轉向全面民生之戕害，由備禦外敵，變展為不可自拔的黷武利慾。正是荀悅對武帝黷武事業的反省。

三、宦官、佞幸

東漢自光武以後，內宮悉用奄人，不再參引士流，於是在王宮內部形成一個正式的宦官集團。這個集團於和帝時參與誅除外戚（竇憲）的密謀，從此得到皇室的信任。

〔註37〕《漢紀》卷12，頁172。
〔註38〕《漢紀》卷14，頁207～208。
〔註39〕《漢紀》卷14，頁208。
〔註40〕《漢紀》卷16，頁228。
〔註41〕《漢紀》卷15，「本志曰」，頁219。

後來又於鄧后女主臨朝之際，藉傳輸政令之便，取得了權力的基礎。此後權勢坐大，既能擁立皇帝（如順帝），又敢誅除國戚（梁冀），驕恣枉法，胡作非爲。最後雖在外戚（何進）與名士（袁紹）的聯手下誅除一盡，然而漢室也就此敗亡。〔註42〕

趙翼對東漢的宦官之禍，有這樣的描述：

> 國家不能不用奄寺，而一用之，則其害如此。蓋地居禁密，日在人主耳目之前，本易窺嚬笑而售讒諛，人主不覺，意爲之移……迨勢焰既盛，宮府內外，悉受指揮，即親臣重臣，竭智力以謀去之，而反爲所噬。當其始，人主視之，不過供使令效趨走而已。而豈知其禍乃至此極哉！〔註43〕

「日在人主耳目之前」、「窺嚬笑而售讒諛」正是荀悅徵引《漢書・佞幸傳》所欲厚加譏刺者。鄧通〔註44〕、李延年〔註45〕、石顯〔註46〕、淳于長〔註47〕、董賢〔註48〕等佞臣的取容媚態、讒姦邪淫之事蹟，多已引錄於《漢紀》，荀悅且徵引時人之諫疏，進一步批判這些佞幸之徒。

如劉向謂：「姦邪與賢臣並進，在交戰之內，數設危險之言，欲以傾移主上，此天地所以見誡，災異所以重至也……宜放遠佞人之黨，廣開眾正之路，決斷狐疑，分明去就，則百異消滅，眾祥並至，太平之基，萬世之利。」〔註49〕此佞臣往往設言傾上。

毌丘隆稱：「春秋之義：家不藏甲。所以抑臣威，損私力也。不以本藏給無用，不以民力供浮費，所以別公私、示正路也。（董）賢等便僻弄臣，恩私微妾，陛下以天下公用，給其私門，舉國威器，供其家備，民力分於弄臣，武兵護其微妾，非所以正四方也。」〔註50〕此言弄臣以私劫公。

王閎稱：「今大司馬衛將軍、高安侯董賢，累世無功，於漢朝又無肺腑之連，復無名跡高行以矯世，升擢數年，列備鼎足，典衛禁兵，主麻天文，無功封爵，父子兄弟橫蒙拔擢賞賜，空竭帑藏。」〔註51〕此言佞臣之寵又連及家黨。

而荀悅個人對於前漢佞幸之事，同感痛絕，甚且以爲佞徒一人作姦，可以傾亂

〔註42〕《後漢書・宦者列傳》卷78，頁648。
〔註43〕趙翼：《二十二史箚記》卷5，頁110。
〔註44〕《漢紀》卷7，頁94。
〔註45〕《漢紀》卷14，頁204。
〔註46〕《漢紀》卷23，頁317。
〔註47〕《漢紀》卷27，頁380。
〔註48〕《漢紀》卷29，頁397。
〔註49〕《漢紀》卷22，頁307～308。
〔註50〕《漢紀》卷29，頁398。
〔註51〕《漢紀》卷29，頁405。

天下，足隳賢主之業：

> 孝宣皇帝……其仁心文德足以爲賢主矣。而佞臣石顯用事，隳其大業，明不照姦，決不斷惡，豈不惜哉！昔齊桓公任管仲以霸、任豎貂以亂，一人之身，唯所措之……夫石顯可以痛心泣血矣。〔註52〕

荀悅對佞臣之意態與人主之失察，也有一番觀察。他分析佞臣侍上，乃唯利慾是圖，全無公事之操慮，以至於影響其事君之道，專取聲色、狎諛之方：

> 其所以事上也，惟欲是從、惟利是務，飾便假之容，供耳目之好，以姑息爲忠，以苟容爲智，以技巧爲材，以佞諛爲美。……先意承旨，因間隨隙，以惑人主之心，求贍其私慾，慮不遠圖，不恤大事。〔註53〕

而人主之受惑失察，多起於一時的姑息，或因於人情的懈怠，終至於不可收拾：

> 或忽然不察其非而從之，或知其非而不忍割之，或以爲小事而聽之，或心迷而篤信之，或眩曜而不疑之。其事皆起於纖微、終於顯著，反亂弘大，其爲害深矣。〔註54〕

進而提出杜絕佞幸之道，當由君主自身做起。君主首當隔塞佞臣之源，使「遠佞人，非但不用而已，乃遠而絕之，隔塞其源，戒之極也。」〔註55〕

而隔絕小人之道，必由正身。君主若能儉樸、節慾，則佞幸自無可進之途：

> 僞生於多巧，邪生於多慾，是以君子不尚也。禮與其奢也，寧儉。事與其煩也，寧略。言與其華也，寧質。行與其綵也，寧樸。孔子曰：「政者，正也。」夫要道之本，正己而已矣。〔註56〕

進而察實任人，使榮辱賞罰得其眞，則佞臣自無僥倖之機：

> 故德必核其眞，然後授其位；能必核其眞，然後授其事；功必核其眞，然後授其賞；罪必核其眞，然後授其刑；行必核其眞，然後貴之；言必核其眞，然後信之；物必核其眞，然後用之；事必核其眞，然後修之，一物不稱，則榮辱賞罰，從而繩之。〔註57〕

這是荀悅以「核眞」原則，絕棄佞臣的方法。

四、災　異

〔註52〕《漢紀》卷23，頁326。
〔註53〕《漢紀》卷28，頁389。
〔註54〕《漢紀》卷28，頁389。
〔註55〕《漢紀》卷22，頁309～310。
〔註56〕《漢紀》卷22，頁309～310。
〔註57〕《漢紀》卷22，頁309～310。

　　以天人相應之說，警省時君，使其知主運可以移而威勢難恃者，發於戰國之鄒衍。其後兩漢儒生襲取之，也以災異天變來限制君權、防其專制。〔註58〕，即以災異來警礪人君，原是兩漢的時代風氣，故《漢書》及《後漢書》同錄天文、五行志，欲使「明君覩之而寤，飭身正事，思其咎謝，則禍除而福至。」〔註59〕

　　反映於《漢紀》者，則是對《漢書》中之災祥紀錄率多取錄，〔註60〕甚且徵引「本志曰」來解釋天人感應的象徵意涵。如：

> 凡雨血必有大誅。〔註61〕
>
> 地震天開則人主微。〔註62〕
>
> 冰室、織室災，爲皇后無宗廟之德。〔註63〕
>
> 孝文十二年，有馬生角於耳前，乃吳王舉兵爲逆之象。〔註64〕
>
> 孝景三年，邯鄲狗與豕交，爲趙王勃亂外交匈奴之應。〔註65〕
>
> 孝武建元六年，有星出於東方，長終天，爲天子征伐四夷之應。〔註66〕
>
> 孝昭鳳元年，烏、鵲鬥於燕王宮中，烏死。爲俱誅反亂之祥。〔註67〕
>
> 孝昭元平元年，流星大如月，西行。爲大臣行權以安社稷之徵。〔註68〕
>
> 慧勃加太白爲埽滅之象。〔註69〕
>
> 孝元初元三年，茂陵白鶴館。天戒若曰：去貴幸遊逸、不正之臣。〔註70〕
>
> 孝元永光二年，有獻雄雞生角者，乃王氏僭位之萌。〔註71〕
>
> 隕星而雨，爲王者失勢，諸侯起伯之異。〔註72〕

〔註58〕蕭公權：《中國政治思想史（上）》，台北：聯經出版公司，民國81年10月，頁314～331。

〔註59〕《漢書‧天文志‧序》卷26，頁326。

〔註60〕《漢紀》遍載前漢二百三十二年的災祥，幾達四百處，《漢紀》乃刪省《漢書》之作，獨對於災祥之事，原本照錄，可知荀悅對此之看重。參見尹達主編：《中國史學發展史》，河南：中州古籍出版社，1985年，頁110。

〔註61〕《漢紀》卷5，頁63。

〔註62〕《漢紀》卷5，頁61。

〔註63〕《漢紀》卷5，頁63。

〔註64〕《漢紀》卷8，頁102。

〔註65〕《漢紀》卷9，頁122。

〔註66〕《漢紀》卷10，頁144。

〔註67〕《漢紀》卷16，頁231。

〔註68〕《漢紀》卷16，頁233。

〔註69〕《漢紀》卷17，頁246。

〔註70〕《漢紀》卷21，頁302。

〔註71〕《漢紀》卷22，頁312。

〔註72〕《漢紀》卷27，頁370。

　　　　孝哀建平元年有牡馬生駒三足，隨群馬飲食，爲其後大司馬董賢幼少
　　見用之象。〔註73〕

　　　　孝平元始元年長安女子生兒，兩頭異頸、四臂共胸、尻上有目，長二
　　寸。凡妖之作以譴失正，各象其類。二首，上不一也；手多，下僭濫也；
　　足少，不勝任也；下體生於上，不敬也；上體生於下，媟瀆也；人生而大，
　　速成也；生而能言，好虛也。群妖推此類，或人不改，乃成凶。〔註74〕

諸如此類，皆爲天人相應之意涵。

　　此外，《漢紀》又廣取災異之文以警君。孝武時，董仲舒〈賢良對策〉乃申災
異之理：

　　　　案春秋以觀天人之際，甚可畏也。國家將有失道之敗，而天乃先出災
　　害以譴告之。不知自省，又降怪異以驚恐之。尚不知變，而後傷敗乃至。
　　自非大無道之世，天欲盡扶持而全安之，事在勉彊而已。〔註75〕

孝昭元鳳三年春正月，泰山有大石自立；昌邑社中有枯木復生；上林苑中枯柳斷而
自起，蟲食其葉成文曰：「公孫病已當立。」眭弘乃勸帝禪位：

　　　　大石自立、僵柳復起，當有匹庶爲天子者。枯樹復生，故廢之家，公
　　孫氏當復興乎？漢家承堯之後，有傳國之運，當求賢人，禪帝位以退，自
　　封百里，以順天命。〔註76〕

孝元初元二年秋七月己酉地震。翼奉諫曰：

　　　　地震者，陰氣盛也。……今左右無同姓，獨以舅后之家爲親，異姓之
　　臣又疏，二后之黨滿朝，陰氣之盛不亦宜乎？〔註77〕

孝成元延元年秋七月有星孛于東井，谷永諫成帝當：

　　　　正君臣之義，黜群小媟瀆之臣，脩後宮之政，抑遠嬌妒之寵……防大
　　姦之隙。至誠應天則異禍消伏，何憂患之有？〔註78〕

孝哀建平時，李尋以治尙書而好災異，待詔對曰：

　　　　惟陛下……進用忠良，無聽讒佞，竭邪臣之態，諸阿保、乳母，甘言
　　悲辭之訴，斷而勿聽。〔註79〕

〔註73〕《漢紀》卷28，頁386。
〔註74〕《漢紀》卷30，頁410～411。
〔註75〕《漢紀》卷11，頁149。
〔註76〕《漢紀》卷16，頁232。
〔註77〕《漢紀》卷21，頁296。
〔註78〕《漢紀》卷27，頁371。
〔註79〕《漢紀》卷28，頁389。

凡此皆《漢紀》徵引時人言災異以警君之文，或遠佞幸、或絕母黨、或勸禪退、或礪自省，都出於一片忠心，而欲以天人之理來督君善政。

荀悅個人對於災異之說也持之不疑。高后七年己晦有日食，高后以爲是象己之惡兆。荀悅乃就此發論：

> 三光精氣變異，此皆陰陽之精也，其本在地，而上發於天也，政失於此，則變見於彼。由影之象形，響之應聲。〔註80〕

此是將人主施政之得失與天地陰陽之精氣相感應。然災異之生，乃出於譴告，並不斷然即促其敗亡，所以人君當藉此省悟謝過：

> 是以明王見之而悟，敕身正己，省其咎、謝其過，則禍除而福生。〔註81〕

所以對於武帝之世，因賦役煩重所招致的妖怪之象，荀悅也譏刺之：

> 逆天之理則神失其節，而妖神妄興。逆地之理則形失其節，而妖形妄生。逆中和之理則含血失其節，而妖物妄生。……此蓋怨讟所生，時妖之類也。〔註82〕

而武帝不思「通於道，正身以應萬物」〔註83〕，使「精神形氣各返其本」〔註84〕。反而強求於神仙之術，欲以祈福禳災，是不知本末之體與災異之原由。災異本由政失而生，只當正身修政，妖物自然消伏。若不此之務，反向神怪祈福、求長生，是捨本而逐末，所謂：「神君之類，精神之異，非求請所能致也，又非可以求福而禳災矣。」〔註85〕當是「各以類感，因應自然，善則爲瑞，惡則爲異，瑞則生吉，惡則生禍」〔註86〕之自然相應。

此是荀悅以天人學說對人主施政的警礪，也藉以打破君主只求在私慾領域貪長生，而不圖修政善民，於公利領域顧全百姓的迷思。

由於對災異的看重，使荀悅也重視紀錄天象以備告人君的職官制度：

> 先王之禮，保章視祲，安宅敘降，必書雲物，爲備故也。太史上事無隱焉，勿寢可也。〔註87〕

保章和太史皆出於周官。保章：「掌天星以志星辰日月之變動，以觀天下之遷，辨其

〔註80〕《漢紀》卷6，頁78。
〔註81〕《漢紀》卷6，頁78。
〔註82〕《漢紀》卷13，頁193。
〔註83〕同前註。
〔註84〕同前註。
〔註85〕同前註。
〔註86〕同前註。
〔註87〕《申鑒·時事》卷2，頁64。

吉凶……以五雲之物辨吉凶，水旱降，豐荒之祲象。」〔註88〕鄭玄注五雲之色謂：「以二至二分觀雲色，青爲蟲、白爲喪、赤爲兵荒、黑爲水、黃爲豐，故春秋傳曰：凡分至啓閉，必書雲物，爲備故也。故曰：凡此五物以詔救政。」〔註89〕由此知保章之職務在於觀察、紀錄天象，以作爲人君救政之應變。

太史：「掌建邦之六典，以逆邦國之治，掌灋以逆官府之治，掌則以逆都鄙之治。」〔註90〕鄭玄注云：「六典、八灋、八則，塚宰所建，以治百官。大史又建焉，以爲王迎受其治也。」〔註91〕是知太史之職爲記藏典冊，以告君王，備其治。

「保章」必書、「太史」無隱，既是要使君王能掌握天變異象，以便及時補弊救政。這是古代先王之制，而荀悅希望「勿寢可也」〔註92〕，足見其備職官，時時警礪君王的用心。

五、州　牧

漢武帝元封五年初置部刺史，部十三州，掌奉詔六條察州，秩六百石，員十三人。〔註93〕其職權不過以六條察糾非法，傳車周流，匪有定鎮，故不生陵之釁。且秩僅六百而臨二千石長官，職卑而命尊，官小而權重，足以勸功樂進，得有察舉之勤。〔註94〕

至成帝綏和元年，乃罷刺史而置州牧。〔註95〕其時大司空何武與丞相翟方進奏言春秋之義：用貴治賤，不以卑臨尊。今刺史位下大夫而臨二千石，輕重不相準，故改置州牧，秩二千石。〔註96〕

哀帝建平二年又復爲刺史。大司空朱博以漢家故事，置部刺史，秩卑而賞厚，咸勸功樂進。而州牧改秩二千石，位次九卿，故使中材者，自守而不進取，則察實不勤。於是又罷州牧，復刺史。〔註97〕哀帝元壽二年，又復爲州牧。〔註98〕

這是西漢史、牧相代的故事。大抵置刺史之利在於秩卑而權重，使人得激昂舉

〔註88〕《周禮・鄭注》，校永懷堂本，卷26，台北：新興書局，民國82年6月，頁141。

〔註89〕同前註。

〔註90〕同前引書，頁139。

〔註91〕同前註。

〔註92〕同註90。《後漢書・百官志二》（司馬彪補，頁914。）載「設太史令一人，六百石，掌天時星曆……凡國有瑞應、災異掌記之。」是知漢之太史令也掌天象，故荀悅於此處謂：「勿寢可也。」

〔註93〕《漢書・百官公卿表上》卷19，頁193。

〔註94〕《後漢書・百官志五》，劉昭注，頁926。

〔註95〕同註93。

〔註96〕《漢書・朱博傳上》卷83，頁859。

〔註97〕同前註。

〔註98〕同註95。

察。且只以六條察事，不親民政，無慮其陵僭坐大。而州牧之弊在於位秩二千石，權位尊重，中材任之，只求自守，不思進取，致察舉不勤。

到東漢光武帝時又恢復刺史之制，但以道歸煩擾，而使刺史不再詣京奏事，於是刺史漸得自重之路。

至孝靈帝時，四方兵寇。劉焉以刺史威輕，建議改爲牧伯，選重臣以居其任。〔註 99〕於是州牧之重，由此而始，自此以下：「劉焉牧益土，造帝服於岷峨；袁紹取冀州，下制書於燕朔；劉表據荊南，郊祀天地；曹操因袞州，終建皇業，漢之亡即禍源於此。」〔註 100〕

此爲東漢的時事，也是獻帝所以寄附曹氏的因果。故荀悅對前漢牧、史相代的故事，即申警重。孝哀建平二年，罷州牧復刺史一事後，荀悅發表了他的看法，他以爲古代的牧伯制度和當世之州牧，在時代背景和權力性質上是有別的。

古代分封建國，國僅百里，便於治民，且古代諸侯又多親愛子民，所以王者把治民之責分擔給諸侯。不過諸侯世襲相代，多久其位，乃由諸侯中選一位賢者爲牧伯，負責考課諸侯的治績，以防止他們懈怠。而牧伯不統政治民，只負監察之責，如此，既使百姓得在小國中得到照顧，而牧伯也無陵亂坐大的威脅。

到漢世後，廢封建行郡縣，治民之責，乃當一統於中央，權力也應強幹弱枝，不分于地方。然而州牧之設，總攬郡國，號稱萬里，在幅員上，比古代國僅百里的諸侯更要膨脹，並且統政御民，上無監督，在權力上，也遠非古代牧伯考績監察、不統其政所可比擬。

故就統治原理言，既廢封建，行郡縣，治民之責自當由中央統籌，不再由地方分理。即在權力上當強幹弱枝而非坐大地方。

就監察制度言，牧伯原只負責監察考課，不任統御之權，因此仿秦以御史監諸郡之制，〔註 101〕而設刺史，只負監察，不統治民，則可。至於州牧親政御民，已逾監察之分，又無上監督，則宜廢。〔註 102〕

〔註 99〕《後漢書・劉焉傳》卷 75，頁 628。

〔註 100〕同註 94。

〔註 101〕同註 98。

〔註 102〕荀悅關於牧伯、刺史、州牧的意見，參見《漢紀》卷 28，「荀悅曰」，頁 388；以及《申鑒・時事》卷 2，頁 51。荀悅於政治原理，重視權力的制衡，如論封建的好處即在於天子與諸侯之間有相互制衡、補救的效果。使社稷不至於因一方之獨大專制而瓦解。同樣的論州牧之弊時，也強調其陵威坐大的危險。這種權力制衡的觀念，當可由荀悅身處的漢末情勢作理解。其時中央威權墮壞，地方勢力轉趨壯盛，漢帝國即在這種分離主義的侵蝕下，幾近於分崩瓦解。荀悅對此應有痛切的體悟。因此李書蘭認爲：荀悅對於封建分權與中央集權實同爲既反對，又擁護，似近矛盾，實

六、厚 葬

兩漢皇家之葬禮向來奢侈，據《皇覽》所記：

> 漢家之葬，方中百步，已穿築爲方城，其中開四門四通，足放六馬，
> 然後錯渾雜物、扞漆繒綺金寶米穀，及埋車馬虎豹禽獸，發近郡卒徒，
> 置將軍尉侯，以後宮貴幸者，皆守園陵。元帝葬，乃不用禽獸車馬等物。

〔註103〕

其盛大之狀可見。

《漢紀》記孝成皇帝築昌陵一事時，也附錄了劉向的一篇諫疏，來澄清厚葬之不宜。劉文大抵以爲厚葬終不免於發掘暴骸，於死者反爲悲憐，〔註104〕而昌陵增卑爲高，發民墳墓，更屬不祥。〔註105〕

而荀悅對昌陵增卑爲高一事，也藉楊王孫「裸葬」之故事，再次申明厚葬之無益。楊王孫學黃老之術，家業千金，臨終前囑咐其子將裸葬還眞以矯世。他的理由有兩點：第一、古人因情而制禮，逾禮則反不能明其情：

> 蓋聞聖人因人之情，不忍其親，故爲制禮，今則越之，是以裸葬將以
> 矯世也。〔註106〕

葬禮之制原爲發明人不忍親之情，若以奢靡相競，反不能明其制禮之情。

第二、厚葬反不禮於死者，一則發掘暴骸，情何以堪：

> 今日入土而明日見發，此眞與暴骸中野何異。〔註107〕

二則有礙死者歸土反眞：

> 夫死者，眾生之化而物之歸也。歸者得至，化者得變，是各反其眞……
> 裹以幣帛，隔以棺槨，支體束絡，口含金玉，欲化不得，鬱爲枯臘，千載
> 之後，棺槨朽腐，乃得歸土，就其眞宅……今費財厚葬，皆爲「歸隔」，

則全可由此權力制衡的原理來理解。中央專制，無有權力的制衡，則將助長王室的腐敗與帝國的衰亡。而封建坐大陵逼中央的威權，則更直接侵蝕帝國的生命。漢末的州牧即如過度膨脹的封建諸侯，周室因此而亡，漢也衰亂於此，由是使荀悅警覺於權力平衡的重要。關於漢末地方離心勢力的發展，參見 Chen Chi-Yun, "Hsun Yueh's works:the Han-chi" Hsun Yueh (A.D.148～209):The Life and Reflections of an Early Medieval Confucian, Cambridge University Press, 1975, pp1～9。關於李書蘭論荀悅對封建與集權的意見，參見李書蘭：〈漢紀史論的政治觀點〉《史學史研究》，1985年3月，頁35。

〔註103〕《後漢書·禮儀志下·大喪》注語，頁827。
〔註104〕《漢紀》卷26，頁361。
〔註105〕同前註。
〔註106〕《漢紀》卷26，「荀悅曰」，頁363。
〔註107〕同前註。

> 至生者不知，死者不得，是爲大惑。〔註108〕

這代表了荀悅對矯治厚葬之風的意見。

七、舉才封賞

東漢的選才制度循西漢的鄉舉里選而來，但發展到後來流弊日深。首先是察舉孝廉之職責操於地方州郡長官之手，漸有權門請託的情事發生。《後漢書·左雄傳》有以下的描述：

> 漢初詔舉賢良方正，州郡察孝廉秀才，斯亦貢士之方也。中興以後復增敦樸、有道、賢能、直言、獨行、高節、質直、敦厚之屬，榮路既廣，觖望難裁，自是竊名僞服，浸以流競，權門貴仕，請謁繁興。〔註109〕

由於舉才的科別增加「榮路既廣，觖望難裁」，於是權門請託之事乃乘間，影響了察舉的公平性。〔註110〕

伴隨權門請託惡性循環而壟斷選舉者，乃有故舊報恩的發生。因此舉才多選年少能報恩者：

> 郡國舉孝廉，率取年少能報恩者，耆舊大賢，多見廢棄。〔註111〕

漸漸地，人才乃壟斷於少數的士族閥閱之中，失去了舉才的意義。〔註112〕而選舉不實的風氣終於激得上位者提出矯枉的辦法，開始對辟召與察舉設立種種限制。

章帝建初八年，設「辟士四科」，爲辟召約束了實才的範圍。又規定察舉茂才、優異、孝廉，皆須「務實校試以職」，使人才得先經過舉職業務的試練，才能充選。〔註113〕

和帝時又定口率之制，規定郡國二十萬口，歲舉孝廉一人，四十萬二人、六十萬三人……依此類推，不滿二十萬者，兩歲舉一人，不滿十萬者，三歲舉一人。〔註114〕

順帝時又再限制舉生的年紀，並且課以考試：

〔註108〕同前註。
〔註109〕《後漢書·左雄傳》卷61「論曰」，頁531。
〔註110〕明帝時即曾下詔糾辦權門請託等選舉不實事：「中元二年……詔曰……今選舉不實，邪佞未去，權門請託，殘吏放手，百姓愁怨，情無告訴，有司明奏罪名，並正舉者。」見《後漢書·明帝紀》卷2，頁45。
〔註111〕《後漢書·樊儵傳》卷2，頁301。
〔註112〕其時陳諫時事者，多已對此有所批評，如韋彪謂：「士宜以才能爲先，不可純以閥閱然。」見《後漢書·韋彪傳》卷26，頁50。然而世俗之風已成，終難改弊。
〔註113〕此處爲官儀所記，引自《後漢書·和帝紀》卷4，頁65。和帝試才以職詔之注語。
〔註114〕《後漢書·丁鴻傳》卷37，頁338。

　　　　孝廉年不滿四十不得察舉，皆先詣公府，諸生試家法，文吏課箋奏，

　　副之端門，練其虛實，以觀異能，以美風俗。〔註115〕

這套試職舉才的辦法，雖然「變薦舉爲課試，與舉孝廉原意全違矣。」但畢竟使「朝廷用人漸漸走上一個客觀的標準。」「使布衣下吏皆有政治上的出路，可以獎拔人才、鼓勵風氣。」〔註116〕

　　可惜到了桓靈以後，閹官用事，這套辦法轉趨敗壞。

　　　　臺閣失選用於上，州郡輕貢舉於下……時人語曰：舉秀才不知書，察

　　孝廉父別居。〔註117〕

東漢末年選才既荒敗如此，故荀悅對前漢故事關於人才拔舉與進黜的問題即相當看重。

　　所以對於石顯設巧變詐、專權害忠的姦佞行徑，荀悅乃痛心的要求君主用人當以「眞實」爲愼，並且具體指出用人、賞罰的準則，所謂：

　　　　德必核其眞，然後授其位；能必核其眞，然後授其事；功必核其眞，

　　然後授其賞；罪必核其眞，然後授其刑……一物不稱則榮辱賞罰從而繩

　　之。〔註118〕

這種對人才「核眞」的要求，也引申於名位之封賞，因此景帝時，江都王以討七國之亂有功一事，荀悅即藉孔子之「正名」理論加以澄清：

　　　　江都王賜天子旌旗過矣，唯盛德元功，有天子之勳，乃受異物，則周

　　公其人也。凡功者有賞而已，孔子曰：「必也正名乎！唯器與名不可以假

　　人。」人君之所司也，夫名設於外，實應於內，事制於始，志成於終，故

　　王者愼之。〔註119〕

江都王賜天子旌旗不合於「正名」原則，是功賞失眞，同樣的武帝時，公孫弘始拜相即封侯，也失於眞實：

　　　　丞相始拜而封，非典也。夫封必以功，不聞以位。孔子曰：「如有所

　　譽，必有所試矣。」譽必待試，況於賞乎？〔註120〕

「封必以功，不聞以位」是使封賞與實才功績，而不與職位相連繫，而「封」取資

〔註115〕《後漢書・左雄傳》卷61，頁526。

〔註116〕錢穆：《國史大綱》上冊，台北：商務印書館，民國77年12月修訂十六版，頁130。

〔註117〕葛洪：《抱朴子》外篇卷15〈審舉〉，台北：商務印書館，民國54年11月台一版，頁508～509。

〔註118〕《漢紀》卷22，頁310。

〔註119〕《漢紀》卷9，頁125。

〔註120〕《漢紀》卷12，頁170。

於「位」者，正與前述東漢以閥閱定人才，出於同樣的心態，皆不合於「譽其有試」的原則。

荀悅鑒於東漢舉才的經驗，反映於《漢紀》者，即爲對前漢舉才、封賞意義的澄清，其舉「核眞」、「譽其有試」爲原則，既規範了用人的標準，也使「功」、「位」之於「封賞」的關係，獲得釐清。

八、錢　貨

漢武帝鑄五銖錢後，除其間王莽之淆亂改造外，大抵爲兩漢之通貨。光武初時，承王莽亂後，貨幣雜用布帛金粟，到建武十六年，馬援上書請復五銖錢，貨幣始又行於正軌。〔註121〕

章帝時穀價騰貴，縣官經用不足，尚書張林乃上書請罷用錢貨，悉以布帛爲代，但旋即又止。〔註122〕

桓帝時有人上書謂貨輕錢薄，致人貧困，宜改鑄大錢。而孝廉劉陶反駁道：「當今之憂不在於錢貨，乃在於民饑，新造錢幣徒生行詐賈利之端而已。」於是大錢之議始罷。〔註123〕

到靈、獻以後，錢法乃至壞亂。靈帝時作五銖錢，而有四出道連於邊緣，謂「四出文錢」，其時有識者乃譏之爲京師將破散之兆。〔註124〕獻帝時，董卓終壞五銖錢，改鑄小錢，悉取兩京銅人、飛簾之屬充鑄錢幣，而錢無輪廓、文章，不便於用，造成貨輕而物貴，穀一斛至錢數百萬。〔註125〕

到曹操爲相時乃罷小錢還用五銖錢。然其時不鑄錢既久，錢貨稀少，反而造成穀賤。〔註126〕

東漢貨幣發展的大勢如此，而《漢紀》對前漢貨幣問題也多有著錄：孝文五年，自高祖以來流行的莢錢，已出現貨多錢薄的現象，故下令更鑄四銖錢，又除去盜鑄令，開放民間自由鑄錢。這項漢初的幣制政策爲《漢紀》所記錄，且徵引了賈誼與賈山的意見，來評論民間私鑄缺失。二賈的意見大抵認爲私鑄將招誘摻巧取利之事，使錢幣不純，而且由於有厚利可圖，徒令百姓廢棄農事而不顧。此外，鑄錢乃「人

〔註121〕《後漢書・馬援傳》卷24，頁230。
〔註122〕杜佑：《通典》殿本卷8〈食貨八〉錢幣上，台北：新興書局，民國58年10月新一版，頁47。
〔註123〕《後漢書・劉陶傳》卷57，頁482。
〔註124〕《後漢書・宦者列傳》卷78，頁655。
〔註125〕《後漢書・董卓傳》卷72，頁602。
〔註126〕同註122。

主之操柄」，開放私鑄將導致主威不振。〔註127〕但漢文帝並沒有採納二賈的意見。

　　到孝武之世，征外事業積極，致使國用漸感不足，乃廢半兩、改鑄新幣。《漢紀》也記錄了這項重要政策及其影響：其首先敘述因國用不足，新造白金、皮幣，進而廢半兩、鑄五銖錢的前因。次則鋪陳新幣政策所帶來的影響，如錢幣新變，商賈多積貨逐利，造成民生之不便，於是有桑弘羊創均輸、平準法，以及卜式的工商算緡錢的設計，期望能解決奸商屯貨的問題，令「富商大賈，無所侔其利，物皆反其本，而物不得踊貴」。〔註128〕

　　又如禁私鑄所引起的郡國查私行動，《漢紀》也徵引了張湯查辦徐偃矯制私鑄一案，並由此安插一段春秋之義的論辯。

　　武帝元鼎中，博士徐偃下郡國導化風俗，卻矯制令膠東及魯國鼓鑄鹽鐵，御史大夫張湯乃奏劾矯制者當死。而徐偃則引春秋之義：「大夫出疆，有可以為社稷、利國家、存萬民者，專之可也。」張湯一時辭窮，改由中謁者終軍問狀，終軍則首先駁辯「出疆」、「專己」之義謂：

　　　　古者諸侯，國異政、家殊俗，安危之勢，呼吸成變，故有專己之義。

　　　今天下為一，春秋之義，王者無外，偃修封域之中，而辭以出境，何也？

即終軍以天下一統，王者無外的春秋之義，來駁斥封建舊制「出疆」、「專己」的特權。

　　其次，終軍又澄清「安存社稷」之義：

　　鹽鐵郡國有餘藏，且二國廢，不足為害，而以安社稷為辭也？

此則在影射郡國之利害不足以傾動中央，且進一步宣示社稷乃在統一之中央，而不在地方郡國。

　　最後，終軍則厚責徐偃故意矯制之過：

　　偃以前三奏不許，而直矯制作威幅，此明王之所必加誅也。〔註129〕

　　這段論辯雖由郡國私鑄的經濟事件而發，實關係於漢室中央與地方郡國份際的問題，即在強調統一政權，集權中央的權威性。這與荀悅論州牧不宜設置的理由，所謂：「今漢廢諸侯之制，以為縣，治民者本以強幹弱枝，一統於上，使權柄不分於下。」〔註130〕正出於一貫的立場。而荀悅能由貨幣政策之記實，兼及於政治影響之徵引，適顯出荀悅剖析史實的眼光。〔註131〕

〔註127〕　《漢紀》卷7，頁92。
〔註128〕　《漢紀》卷13，頁184～185。
〔註129〕　《漢紀》卷13，頁188～189。
〔註130〕　《漢紀》卷28，頁388。
〔註131〕　荀悅對於漢末的錢幣問題，提出「通市」的原則。他認為五銖錢既已復行，就讓它通用於天下，不必再改鑄四銖。而百姓以錢貨為便，也當順便民意，不可率爾廢錢

九、肉　刑

　　周制刑法原有肉刑，如墨、劓、宮、刖、髕刑之類。〔註 132〕漢文帝體恤百姓受過肉刑者「終身不息，及罪人欲改行爲善，而道亡繇至。」〔註 133〕於是廢除肉刑，當黥者髡鉗、當劓及斬左趾者笞、當斬右趾者棄市。〔註 134〕

　　漢文帝的這項美政影響了兩漢的刑罰觀念，使肉刑不再成爲殘刑罪人的手段，因此，既使當漢獻帝時天下大亂、刑罰不足以懲罪之際，雖有名儒大才如崔寔、鄭元、陳紀之徒主張復肉刑，以申法紀，仍不足以撼動這道守則。〔註 135〕

　　然而孝文帝這項原先立意良好的改革，卻有實務上的盲點，雖除肉刑，但「斬右止者又當死，斬左止者笞五百，當劓者笞三百，率多死。」〔註 136〕是原先當施肉刑斬右趾者，變成了死罪，而斬左趾笞五百，當劓者笞三百，罪徒又多禁受不住也率多而死，於是一項美政變質爲「外有輕刑之名，內實殺人。」〔註 137〕因此荀悅於孝成河平元年，議減刑一事，乃徵引《漢書·刑法志》歷述周、秦以來至漢的刑法制度，並藉班固的意見來評論其利弊。

　　至於荀悅對於肉刑，原則上是反對的。他的理由是古代百姓多、姦邪相對也多，故「整眾以威」〔註 138〕。相對的今世大亂之際，人戶損耗至極〔註 139〕，則當「撫寡以寬」，所以「復刑非必要也」〔註 140〕。

　　不過他也有但書：「生刑而極死者，復之可也。」〔註 141〕此一但書即是由文帝除肉刑致「外有輕刑之名，內實殺人」的變質而發的：

　　　　幣以布帛取代。又對於漢末錢貨散逸四方，京畿虛寡的問題，他以爲流通便無妨，「彼以其錢，取之於左、用之於右，貿遷有無，周而通之，海內一家，何患焉？」而且錢幣少，百姓使用反而方便，如果「錢既通，而不周於用，然後官鑄而補之」即可。所以不用強徵民間錢幣輸聚於京師，反而擾民：「收民之藏錢者輸之官牧，遠輸之京師……事枉而難實者，欺慢必眾，奸僞必作，爭訟必繁，刑殺必深。吁嗟！紛擾之聲，章乎天下矣，非所以撫遺民、成緝熙也。」即荀悅對於貨幣的意見，大體在以「通市」「便民」爲原則。引自《申鑒·時事》卷 2，頁 60。

〔註 132〕《漢書·刑法志》卷 23，頁 280～281。
〔註 133〕同前註。
〔註 134〕同前註。
〔註 135〕見杜佑：《通典》卷 168〈刑六〉肉刑議，頁 887。
〔註 136〕同註 145。
〔註 137〕同前註。
〔註 138〕《申鑒·時事》卷 2，頁 53。
〔註 139〕自靈獻以來，海內荒殘，人戶所存，十無一二。見錢穆：《國史大綱》上冊，台北：商務印書館，民國 77 年 12 月修訂十六版，頁 232。
〔註 140〕同註 151。
〔註 141〕同前註。

自古肉刑之除也，斬右趾者死也，惟復肉刑，是謂生死而息民。〔註142〕

即荀悅雖以「撫寡以寬」不主張肉刑，但在「生死而息民」的前提下，可以考慮恢復肉刑。這表現於兩點意義上，第一就刑罰時機言，天下喪亂，人戶耗損之際，當以生養百姓為先，不當以肉刑為手段而恫嚇於百姓。第二由刑罰的後果言，死罪則無復生的可能，肉刑以代則猶有生息的機會。由此兩點觀察，荀悅對於刑罰的意見，乃站在人道的立場而發言。他反對或同意肉刑的理由皆在於憐恤百姓之軀體與生命，所謂「死者不可以生，刑者不可以復。」〔註143〕「刑者不可以復」原是軀體上的遺憾，但若以死生相計，恢復肉刑尚可以「生死而息民」，兩害相權取其輕的考慮下，荀悅乃以人道的立場，不得已而主張肉刑。即荀悅的肉刑主張是出於「生死而息民」的人道意義，而不在於懲治罪惡的刑罰意義，是源於愛顧百姓的權通之計，而非常態的刑典設計。

第二節 《漢紀》筆法之特色與得失

如第二章所述，《漢紀》是以省約之筆，將《漢書》全書融縮入帝紀內，以方便閱覽。其筆法乃援傳（表、志）入紀：以帝紀為基礎，以傳、表、志為充實。這種省約的筆法除了方便閱讀外，在行文間也呈現其特點及得失，試說明之。

一、援傳（表、志）入紀的筆法

《漢紀》刪省《漢書》改依帝紀繫事，為求流暢，一般而言，其行文多不稱引本文，而直接加以改寫。不過也有特別徵引本文，而以「本傳曰」、「本志曰」的形式出現者。這種情形多表現於兩種情況：一者是為徵引天人感應之徵象，二者是依史事而發「議論」。茲略舉數端以說明《漢紀》直接稱引「本傳曰」、「本志曰」的時機。

（一），人死而為其論定

如項羽於烏江自刎後，楚漢相爭的勝負底定，荀悅即取《漢書》項籍本傳「贊曰」之文，〔註144〕以「本傳曰」的形式為項羽論定：

（項籍）背關懷楚，放逐義帝，自矜功伐而不師古，霸王之業，始欲
以力征經營天下，五年卒亡，身死東城，尚不覺悟，以為非己之罪，豈不

〔註142〕同前註。
〔註143〕《申鑒・政體》卷1，頁21。
〔註144〕《漢書》卷31〈項籍傳〉，頁464。

過哉。〔註 145〕

又如王莽死，《漢紀》也取〈王莽傳〉之贊辭，〔註 146〕稱引「本傳曰」爲其論定：

> ……莽既不仁，而有邪佞之才，又乘四父歷世之權，遭漢中微，國統
> 三絕，而太后壽考爲之宗主，故得肆其姦慝，而成篡奪之禍……此皆亢龍
> 之絕氣，非命之運會，紫色蠅聲，餘分閏位，爲聖王之驅逐。〔註 147〕

（二）申論制度之始末及本意

成帝河平元年，下詔減刑罰，《漢紀》乃引「本志曰」，〔註 148〕歷述周、秦至漢
室之刑罰本意與用刑輕重，並下議論：

> 宜原其本，刪定律令，正其大辟，其餘罪次，於古當生觸死者，皆可
> 募行肉刑。及傷人、盜吏、受財枉法者，皆從古刑。詆欺文致細微之法，
> 悉蠲除之。〔註 149〕

又如孝成時，依匡衡之議，作長安南北郊，《漢紀》也引「本志曰」〔註 150〕而
申論郊祀之禮：

> 洪範八政三曰祀，祀者所以昭孝事祖宗，通神明也……民神異業，敬
> 而不黷，故神降之嘉歲，災禍不至，及乎末世，饗祀無度，昏黷齊明，而
> 神不蠲，嘉瑞不降，而災禍至矣。〔註 151〕

（三）為一代興亡，勾陳成敗之因

如秦亡，乃取〈陳勝、項籍傳〉所引賈誼〈過秦論〉之文，〔註 152〕爲稽成敗之
因果：

> 本傳曰：賈生之過秦曰……夫秦以區區之地，致萬乘之權，然後以六
> 合爲家，崤函爲宮，一夫作難而六廟墮，身死人手爲天下笑者何也？仁義
> 不施而攻守之勢異也。〔註 153〕

（四）帝崩，而記述其功過

〔註 145〕《漢紀》卷 3，頁 39。
〔註 146〕《漢書》卷 69，頁 1056。
〔註 147〕《漢紀》卷 30，頁 429。
〔註 148〕《漢書‧刑法志》卷 23，頁 280。
〔註 149〕《漢紀》卷 24，頁 341。
〔註 150〕《漢書‧郊祀志上》卷 25，頁 305。
〔註 151〕《漢紀》卷 24，頁 331。
〔註 152〕《漢書》卷 31，頁 463。
〔註 153〕《漢紀》卷 2，頁 18～19。

如高祖崩，乃引本紀，〔註154〕記述其立業規模：

> 本志曰：高祖入秦，初順人心，作三章之約，天下既定，命蕭何定律
> 令，韓信申軍法，張蒼定章程，叔孫通制禮儀，陸賈進新語，又與功臣剖
> 符作誓，丹書鐵券藏之宗廟，雖日不暇給，規模弘遠矣。〔註155〕

（五）徵引天人感應之徵象

漢七年，高祖平城脫困，乃引〈天文志〉，〔註156〕敘天人感應之象：

> 先是有月暈圍于昂、參、畢七重，本志以爲：昂、畢之間爲天街，北
> 羌胡也，街南中國也，昂爲匈奴，畢爲邊兵，平城之應云。〔註157〕

（六）為文章事業定評價

孝武時，司馬遷辯李陵降匈奴事，而遭腐刑，幽而發憤，遂著《史記》。《漢紀》乃引《漢書・司馬遷傳》之「贊」辭，〔註158〕評價其著作事業：

> 是非頗謬於聖人，論大道則先黃老而後六經；序遊俠則退處士而進姦
> 雄；述貨殖則崇姦利而羞貧賤，此其所蔽也。然則劉向、揚雄，博極群書，
> 皆稱遷有良史之才，服其善序事理，辯而不華，質而不野，其文直，其事
> 核，不虛美，不隱惡，故謂之實錄。〔註159〕

以上大體是《漢紀》徵引「本傳曰」、「本志曰」的時機，且多表現爲議論的形式。至於未徵引本文的部份，則以追述的筆法，援傳（表、志）入紀直接改寫史實，大致也有幾種遣辭方式：

（一）追述某人之背景、故事者，通常以「初……」、「始……」或「某人之名謂……」，作爲追述的起頭用辭。舉例如下：

1. 〈高祖紀〉卷三，漢五年討滅臧荼，改立盧綰爲燕王一事，載：

> 九月虜臧荼，立太尉盧綰爲燕王。綰與上同里同日生，少相愛，後以
> 將軍從擊項羽有功，故立爲燕王。〔註160〕

「九月虜臧荼……燕王」乃出於本紀之事，〔註161〕「綰與上同里同日生，……故立爲燕王」則是追記盧綰之背景，以「綰」之名，作爲首詞，引《漢書・本傳》以爲

〔註154〕《漢書・高帝紀》卷1，頁28。
〔註155〕《漢紀》卷4，頁58。
〔註156〕《漢書・天文志》卷26，頁33。
〔註157〕《漢紀》卷3，頁47。
〔註158〕《漢書・司馬遷傳》卷62，頁692。
〔註159〕《漢紀》卷14，頁210。
〔註160〕《漢紀》卷3，頁42。
〔註161〕《漢書・高帝紀》卷1，頁58。

追記。〔註162〕

　　2.〈高祖紀〉卷一，記張耳、陳餘之分裂事：

　　　　……餘怒曰：不意君之望臣深也，乃解印綬去，耳取之，遂收其軍。

　　餘與數百人之河上漁獵。初耳、餘爲刎頸交，俱隱身爲里監門，餘常父事

　　耳，由是有隙。〔註163〕

「初……」以下之文，引自〈張耳、陳餘列傳〉，〔註164〕追述耳、餘之故事。

　　3. 漢六年，封功臣之事，載：

　　　　行封王陵爲定國侯。陵始爲縣豪，上兄事之，以其從上晚，故後行封。

　　〔註165〕

是以「某人＋始……」作因果之追述。引自〈王陵傳〉。〔註166〕

　　（二）追記或旁述一事之牽連關係者，也如其法：以「初……」、「先是……」、

「是時……」、「當其時……」或「某事件……」，作爲起首詞。如：

　　1.〈高祖紀〉卷二，載韓信伐趙事：

　　　　韓信……進伐趙，獲趙王歇，斬成安君陳餘。韓信之伐趙也，廣武君

　　李左車説成安君陳餘曰……。〔註167〕

以「韓信之伐趙也」一事作起首，追記伐趙故事。引自〈韓信本傳〉。〔註168〕

　　2. 漢八年，高祖過趙，欲夜宿柏人亭一事：

　　　　上還過趙，趙相貫高伏兵柏人亭，欲爲逆。上宿心動曰：柏人者，迫

　　於人也，乃去之。初上過趙，王甚卑恭，上箕踞罵詈，甚辱之，貫高謂王

　　曰：皇帝遇王無禮，請殺之。……〔註169〕

以「初……」爲起首辭，追記貫高謀逆之背景。引自〈張耳附子張敖傳〉。〔註170〕

　　3.〈高祖紀〉卷三，高祖脫困平城一事：

　　　　上至平城，匈奴果圍上於白登，七日，用陳平謀……上乃遁出……。

　　先是有月暈圍于昴、參、畢七重，本志以爲：昴、畢之間爲天街，北羌胡

〔註162〕《漢書·盧綰傳》卷34，頁480。

〔註163〕《漢紀》卷1，頁16。

〔註164〕《漢書·張耳陳餘列傳》卷32，頁467。

〔註165〕《漢紀》卷3，頁44。

〔註166〕《漢書·王陵傳》卷40，頁519。

〔註167〕《漢紀》卷2，頁27。

〔註168〕《漢書·韓信傳》卷34，頁474。

〔註169〕《漢紀》卷4，頁48。

〔註170〕《漢書·張耳附張敖傳》卷32，頁467～468。

也，街南中國也，昴爲匈奴，畢爲邊兵，平城之應云。〔註171〕

以「先是……」引〈天文志〉，〔註172〕追記平城困圍之凶兆。

4.〈高祖紀〉卷一，項羽戰王離鉅鹿之役：

> 項羽濟河……與秦軍九戰九勝，絕甬道，大破秦軍，擄王離。當其時，諸侯救鉅鹿者十餘，壁，莫敢進。及楚擊秦，諸侯皆從壁上望……。〔註173〕

以「當其時……」旁述鉅鹿戰之際，諸侯觀望不進的態度。引自〈項籍傳〉。〔註174〕

5. 漢五年，楚亡，高祖置酒南宮：

> 上問韓信曰：公相我能將幾何？信曰：……陛下雖不能將兵，而善將將，此所謂天授，非人力也。是時，田橫與賓客五百人亡在海上，上遣使赦橫罪。〔註175〕

是以「是時……」旁述楚敗後，上置酒南宮大宴群臣之際，田橫亡逃於海上事。引自〈田儋傳〉。〔註176〕

以上是《漢紀》追記人事之一般遣辭筆法，率皆取傳文以補充帝紀之事。

二、刪省《漢書》之得失

《漢紀》整合紀、傳、表、志之文以簡化《漢書》，其間有因約整之功而使史實更加分明、文脈更加清晰者；然而也有因過度省削，導致史實不明、敘次模糊處。茲以〈高祖紀〉爲例，分別說明之。

（一）約整本文，而使史實分明、脈絡清楚、文意有味者

1. 漢十年，陳豨與韓信互通叛反一事。〈本紀〉只單調分月臚列事實，文意平鋪，也未揭明陳豨與韓信互通之關聯，如例：

> （十年）九月，代相國陳豨反。
>
> （十一年）春正月，淮陰侯韓信謀反長安，夷三族。〔註177〕

《漢書》帝紀之體例，雖在臚序大事，不詳細情。但於此處之記述顯然過於簡略，尤其未能揭明陳、韓互通之機緣，使讀者只知陳、韓各反之事，而不能明其「共反」之情。

〔註171〕《漢紀》卷3，頁46～470。
〔註172〕《漢書·天文志》卷26，頁333。
〔註173〕《漢紀》卷1，頁15。
〔註174〕《漢書·項籍傳》卷31，頁459。
〔註175〕《漢紀》卷3，頁40。
〔註176〕《漢書·田儋傳》卷33，頁470。
〔註177〕《漢書·高帝紀下》卷1，頁25。

反觀《漢紀》所記，則全面鋪排陳、韓之通謀，間又穿插周緤護愛高祖之忠誠、高祖選邯鄲壯士之激昂、購叛猲將之智謀，融匯紀、傳於一處，既得其文意之味，也周全史實之脈絡。如例：

（1）九月，陳猲接下賓客，從車千餘乘。

（2）初，猲適代時，辭淮陰侯韓信，韓信既廢，恐懼怨望，乃與猲謀曰：趙、代精兵處也，公反于外，上必自出，吾從中起，天下可圖也。

（3）猲反，上欲自擊之，建成侯周緤泣曰：陛下常自行，是無人可使。初，緤從上，每有不利，終無離上之心，上以爲愛我，賜上殿不趨。

（4）上遂東至邯鄲，選壯士可令將者四人，各封千戶侯……上曰……吾以羽檄徵天下兵，未有至者，今獨邯鄲中兵至，吾何愛四千戶，不以慰趙子弟心乎？……。

（5）問猲將皆故賈人，曰：吾知易與之矣。乃多與金購猲將，將多降。〔註178〕

此處荀悅編排韓信〔註179〕、周緤〔註180〕、趙堯〔註181〕本傳入帝紀，脈絡明朗、因果相繫，於戰果中兼涉人情，是使史實得眞而文意得情。回觀《漢書》，〈本紀〉過簡，〈列傳〉雖有詳情，然各自進展，終不及《漢紀》編排之功。

2. 漢十一秋七月，淮南王反事，原與三月彭越誅三族一事相關。而〈本紀〉仍是分別臚記：

三月，梁王彭越謀反，夷三族。

秋七月，淮南王布反。〔註182〕

兩事分月獨立，彷彿各不相干。

反觀《漢紀》，雖也是分月記述二事，然卻能先鋪陳淮南王聞彭越死時驚恐之狀，預下伏筆。後乃述淮南王之反。如下：

淮南王英布聞越死，見醢乃驚恐，陰有疑謀。〔註183〕

秋，淮南王黥布謀反。〔註184〕

兩段史文同是分月記述，然〈本紀〉讀來如同二事，《漢紀》則已先明前因，兩事乃得到連繫。且用伏筆，使史文萌生玄疑生動。《漢紀》原較《漢書》省筆，但於史實

〔註178〕《漢紀》卷4，頁50～51。
〔註179〕《漢書・韓信傳》卷34，頁477。
〔註180〕《漢書・周緤傳》卷41，頁530。
〔註181〕《漢書・趙堯傳》卷42，頁532。
〔註182〕《漢書・高帝紀下》卷1，頁26。
〔註183〕《漢紀》卷4，頁52。
〔註184〕同前註，頁54。

之關係處，反而費筆勾陳，足見其用心。

3. 漢六年，大封功臣一事。《漢紀》更是參酌紀、傳、表而整約成達意之史文，不僅使〈本紀〉簡略之語：「甲申，始剖符封功臣曹參等爲通侯。」〔註185〕失色，也使原先分列於各〈列傳〉之封侯故事，得投射一處，乃轉成一篇精采完整的敘述。如下：

先敘第一次行封之情形，次則描寫未得封者相互間之聚語恐懼。接著引出張良「封雍齒以釋臣疑」的計謀，於是又再記第二次之行封。

此下，則徵引各傳、表，追述或旁記種種封侯之故事：其時民散亡居，大侯不過萬戶，小者不過五六百之貧困實情；封爵之日，申以丹書之信，重以白馬之盟的豪誠；陳平辭封不背本的情意；張良學道不仕的達智；以及群臣間紛爭執功第一的僵局……〔註186〕如此文脈相承，既得行封當時之實情，也見封侯背後之故事，兼具文、情、味。較之〈本紀〉及各〈傳〉〈表〉分別紀錄而未加縮合者，更顯生動分明。

此處荀悅計約整高帝紀，蕭何、曹參、張良、陳平、周勃、樊噲、酈商、酈疥、夏侯嬰、灌嬰、周昌、王陵各列傳，以及高惠高后文功臣表〔註187〕等文而成。知其整合之力。

4. 漢三年，韓信伐趙，斬陳餘之事。〈本紀〉只錄：

　　韓信、張耳東下井陘擊趙，斬陳餘，獲趙王歇。置常山、代郡。〔註188〕

平鋪直敘。反觀《漢紀》，先敘韓信「進伐趙，獲趙王歇，斬成安君陳餘」之事實；復引〈韓信本傳〉〔註189〕追述韓信進擊前夕，陳餘與李左車對戰爭之爭論（陳、李之爭，各有所據，不相上下，益加吸引讀者續讀下文之發展），以及韓信「置之死地而後生」神乎其技的操兵之法，最後以韓信下問李左車，彼此相惜之誼作收尾。〔註190〕行文間既記緊湊之戰事，兼論戰略之分析，復敘英雄之知交；既不妨害編年體之簡約，又並存列傳之故事，且一氣呵成，無礙閱讀。《漢紀》辭約事詳之特點即表現於此。

5. 漢十二年，《漢紀》整編了高祖崩逝前之諸事：

（1）螢惑守心星

〔註185〕《漢書·高帝紀下》卷1，頁23。
〔註186〕《漢紀》卷3，頁43～45。
〔註187〕《漢書·高惠高后文功臣表》卷16，頁139。及卷39～43，各人物列傳，頁510，512，515，519，521，526，527，528，531，535。
〔註188〕《漢書·高帝紀上》卷1，頁17。
〔註189〕《漢書·韓信傳》卷34，頁478。
〔註190〕《漢紀》卷2，頁27～29。

（2）高祖擊英布時中矢傷

（3）呂后探問蕭何之後誰可代

（4）樊噲排闥探上

（5）張良、叔孫通力爭易太子事

（6）商山四皓現身，打消高祖易太子之念

（7）春三月下詔天下，共誅不義。〔註191〕

此連串史實相次編排，先設天人相感之兆，始引出中矢傷之前情，次追述帝病期間君臣往來之情義，及爭易太子之險急，最後鋪陳一詔，恰如遺命。是荀悅以整合之筆備述了高祖事業最後階段之波折與迫急。此處徵引〈天文志〉，〔註192〕樊噲〔註193〕、張良〔註194〕兩傳入帝紀，較之〈本紀〉之簡略與〈列傳〉之隔裂，猶勝一籌。

由上述數例知：

1. 《漢紀》援傳入紀之追記筆法，突破了編年體割裂的敘史結構及簡略的行文模式，既促進了文意的活潑，也強化了編年體容納史文的能力。〔註195〕

2. 《漢紀》援《漢書》傳、表、志之文，實充〈本紀〉，使史實更加清楚，文脈更加明朗。

3. 《漢紀》整編紀、傳之文，較〈本紀〉充實明白，較《漢書》簡約易讀，宜作為《漢書》全書之導讀。

（二）過度刪削而致史實失真、敘次不明、文意失味者

1. 漢五年，高祖置酒雒陽南宮，問群臣：「其能得天下，而項羽失天下的原因何在？」〈本紀〉描述了這段對答：

> 高起、王陵對曰：「陛下嫚而侮人，項羽仁而敬人，然陛下使人攻城略地，所降下者，因以與之，與天下同利也。項羽妒賢嫉能，有功者害之，賢者疑之，戰勝而不與人功，得地而不與人利，此其所以失天下也。」

〔註191〕 《漢紀》卷4，頁56～57。

〔註192〕 《漢書・天文志》卷26，頁333。

〔註193〕 《漢書・樊噲傳》卷41，頁526。

〔註194〕 《漢書・張良傳》卷40，頁516。

〔註195〕 《漢紀》這種綱目式的類敘法，因記一事而兼記有關之事，因記一人而兼記相關之人，不僅擴大了編年體的記敘範圍，也加強了脈絡的條理，由此一舉突破了編年體原本流水帳簿式的生硬感覺。參見高國抗：《中國史學史概要》（廣東，1985年），頁45。劉隆有：〈荀悅〉，收於《中國史學家評傳》上，河南：中州古籍出版社，1985年4月，頁110。

〔註196〕

《漢紀》對於王陵的回答盡削去：「陛下嫚而侮人，項羽仁而敬人」之語，而逕言：「陛下……與天下同利也。項羽妒賢嫉能，……所以失天下也。」〔註197〕此一刪削，把漢初未制朝儀前，君臣並起草莽的純樸味給省略掉了。而且使史文由原先「嫚而侮人」但「與天下同利」的對比趣味，降成平直的語調，乃大失意味。

又，《漢紀》因省筆，常於一事而涉二人者，往往削去一人。如此處對答者有高起、王陵，《漢紀》只存王而去高。又如沛公三年，秦子嬰殺趙高、距嶢關，《漢紀》稱其時張良建議沛公，令「酈食其」持重寶以啗秦將。〔註198〕而據〈本紀〉，除酈食其外，尚有「陸賈」〔註199〕；漢元年，沛公入咸陽宮欲留之，《漢紀》作「張良」諫沛公「始至秦即安其樂，是助紂為虐」〔註200〕。又據〈本紀〉，除張良外，言諫者尚有「樊噲」。〔註201〕諸如此類，或出於省削之便，但於史傳人物究竟不公，而且也容易引起史文的誤解。如下例。

2. 漢九年，諸侯來朝。〈本紀〉記：

> 淮南王梁王趙王楚王，朝未央宮，置酒前殿。〔註202〕

〈彭越本傳〉也云：

> 九年、十年皆來朝長安。〔註203〕

而《漢紀》則獨缺「梁王」〔註204〕。不明《漢紀》省約習慣者，或以為漢九年梁王的「缺席」，與漢十一年梁王之反，或有玄機。此即荀悅因省約習慣或刪筆的疏忽，可能導致史實之誤解處。

3. 漢五年九月，虜臧荼，立太尉盧綰為燕王一事。《漢紀》雖知引本傳，追記盧綰之背景：

> 綰與上同里同日生，少相愛，後以將軍從擊項羽有功，故立為燕王。

〔註205〕

為〈本紀〉添實因果。然卻未能將盧綰受封之前，君臣間的心理曲折揭出。據〈盧

〔註196〕《漢書‧高帝紀下》卷1，頁22。
〔註197〕《漢紀》卷3，頁40。
〔註198〕《漢紀》卷1，頁17。
〔註199〕《漢書‧高帝紀上》卷1，頁13。
〔註200〕《漢紀》卷2，頁19。
〔註201〕《漢書‧高帝紀》（上）卷1，頁13。
〔註202〕《漢書‧高帝紀》（下）卷1，頁24。
〔註203〕《漢書‧彭越傳》卷34，頁478。
〔註204〕《漢紀》卷4，頁49。
〔註205〕《漢紀》卷3，頁42。

縮本傳〉：

> 時諸侯非劉氏而王者七人，上欲王綰，爲群臣觖望，及虜臧荼，乃下
> 詔，詔諸將相列侯，擇群臣有功者以爲燕王，群臣知上欲王綰，皆曰：「太
> 尉長安侯盧綰常從平定天下，功最多，可王。」上乃立綰爲燕王。〔註206〕

這段曲折始令人明白高祖王盧綰的眞正用心，在「少相愛」而不在「盧臧荼」。而且
也揭出群臣由觖望至順服的心理周折。而《漢紀》雖知引本傳追記盧綰與高祖「少
相親愛」的背景，卻不能據此背景直接挑明高祖王綰的實在用心。是省約之筆及於
此而不達於彼的遺憾。

　　4. 漢二年春正月，項羽伐齊殺田榮一事。〈本紀〉及〈項羽傳〉皆云：

> 羽擊田榮城陽，榮敗走平原，「平原民殺之」〔註207〕。

而《漢紀》只記：

> 項羽伐齊殺田榮。〔註208〕

此在荀悅言，似又爲省筆，以田榮死於「項羽伐齊一役」，而不贅述田榮走平原，爲
平原民所殺之詳情。此一省筆雖非大謬，然閱讀史文，畢竟易生誤解：以爲田榮乃
死於項羽之手。

　　5. 秦二世胡亥元年，張耳、陳餘勸說武臣自立爲趙王一事。《漢紀》載：

> 耳、餘聞諸將徇地者，多畏以讒得罪，又怨陳王不以己爲將軍……。

然後文意急轉直下：

> 陳王欲誅其家，柱國房君賜諫王曰：「秦王未亡而誅趙王家，是復生
> 一秦也。不如因賀之，令進兵擊秦，勝從之。」〔註209〕

此段上下文意模糊：何以陳王欲誅其家？「趙王」者又爲誰？中間似脫落連繫。查
〈張耳、陳餘列傳〉才明其始末，原來耳、餘因怨陳王，乃勸立武臣自爲趙王，武
臣從其議，所以才有後來「陳王欲誅趙王家」的發展。〔註210〕這是荀悅省筆所致的
史文脫落而造成敍次不明的缺失。

　　6. 漢十年，高祖欲廢太子，改立如意，而周昌力爭一事。《漢紀》記周昌之辭：

> 臣雖口不能言，然心知其不可，陛下必欲廢太子，立戚夫人子如意，
> 臣期不奉詔。〔註211〕

〔註206〕《漢書·盧綰傳》卷34，頁480。
〔註207〕《漢書·高帝紀上》卷1，頁16。《漢書·項籍傳》卷31，頁460。
〔註208〕《漢紀》卷2，頁24。
〔註209〕《漢紀》卷1，頁10。
〔註210〕《漢書·張耳陳餘列傳》卷32，頁466。
〔註211〕《漢紀》卷4，頁50。

反觀〈周昌本傳〉則云：

> 昌爲人吃，又盛怒，曰：「臣口不能言，然臣期……期知其不可，陛
> 下必欲廢太子，臣期……期不奉詔。」〔註212〕

是本傳將周昌口吃之實情寫出，於是有「期……期不奉詔」之窘急狀。《漢紀》不言
周昌之口吃，而去一「期」字，文辭雖然不妨，但於文意及情狀則大失。類似於此
者，又如下例。

7. 武帝時，郭舍人與東方朔射覆一事。〈東方朔傳〉載郭舍人之語云：

> 朔中之，臣榜百；不能中，臣賜帛。〔註213〕

全以三字見趣，且又叶韻。而《漢紀》改寫爲：

> 朔知之，榜臣百；不中，賜臣帛。〔註214〕

改「中」爲「知」，刪「不能中」爲「不中」，是三字連辭之趣頓失。

8. 漢八年春三月，高祖至洛陽。《漢紀》記其詔令謂：

> 令人無得衣錦繡綺縠絺紵。〔註215〕

然據〈本紀〉，春三月，高祖實頒布了多項措施：

　　（1）令吏卒從軍至平城及守城邑者，皆復終身勿事。

　　（2）爵非公乘以上，不得戴劉氏冠。

　　（3）「賈人」不得衣錦繡綺縠絺紵罽、操兵、乘騎馬。〔註216〕

《漢紀》於此處，只挑出賈人部分的限制措施，而且只曰「人」，是不能盡狀高祖抑
商的用意，又易生疑惑：春三月有何大事，至於令人不得「衣錦繡綺縠絺紵」？此
是因省筆而致史文玄疑不明者。

9. 漢十二年，《漢紀》載：

> 詔爲秦始皇帝，置守塚三十家，楚隱王十家，復無所與。〔註217〕

據〈本紀〉，爲置守塚者，尚有魏釐王、齊愍王、趙悼襄王、魏公子忌。〔註218〕，
是又爲《漢紀》之省削。如前例所言，於史傳人物不公，而且又據《史記・本紀》
爲始皇守塚者，當爲二十而非三十家。〔註219〕

〔註212〕《漢書・周昌傳》卷42，頁531。

〔註213〕《漢書・東方朔傳》卷65，頁719。

〔註214〕《漢紀》卷10，頁140。

〔註215〕《漢紀》卷4，頁48。

〔註216〕《漢書・高帝紀下》卷1，頁24。

〔註217〕《漢紀》卷4，頁56。

〔註218〕《漢書・高帝紀下》卷1，頁27。

〔註219〕瀧川龜太郎：《史記會注考證》〈秦始皇本紀〉第六，學人版，台北：洪氏出版社，
　　　　民國71年10月再版，頁180。

10. 漢二年，高祖求說客，以勸九江王叛楚一事。《漢紀》載：

> 王謂群臣曰：誰能爲我說九江王，令背楚，項羽必留，必留三月，我
> 之取天下可以萬全。〔註220〕

「項羽必留」，留於何處？查〈英布傳〉始知爲：

> 留項王於齊數月，我之取天下可以萬全。〔註221〕

是荀悅省筆致文意不明之處。

11. 漢二年，《漢紀》載勸降魏王豹一事：

> 秋八月，（高祖）如榮陽，使酈食其說魏王豹。〔註222〕

然而《漢紀》在之前已言：「三月魏王豹降」〔註223〕，此處又何來一勸降？是中間
有省筆而脫落史文。據〈本紀〉乃脫落一事：

> 五月，……魏王豹謁歸視親疾，至則絕河津，反爲楚。〔註224〕

由以上之例證知：《漢紀》刪削《漢書》，固有編整之功，然而也常因刪削過度，
導致史事失實、文意失味、編排不公、文脈脫序、敘次不明或語焉不詳者，此多出
於荀悅省筆之疏忽。〔註225〕

（三）剪排史文而蘊深意者

《漢紀》除以追記筆法整編紀、傳外，也常見刻意編排史文，使史事互成對照
或彼此相關的深意

1. 漢六年，《漢紀》先總敘大封功臣之事，其次乃追記張良「稱疾……願棄人
間事……遂不仕」。而後文則突然插入：丁公昔爲楚將，曾追擊高祖，「上迫急，顧
謂丁公曰：『兩賢豈相戹哉？』丁公引兵而還。天下既定，斬丁公以狥軍。」之文。
〔註226〕這段插文安排於大封功臣事之間，乍看似有唐突，實乃荀悅有意編排丁公與
張良做對照，顯出張良及時引退之睿達，也隱露高祖機深殘變之個性。

〔註220〕《漢紀》卷2，頁26。
〔註221〕《漢書·英布傳》卷34，頁478。
〔註222〕《漢紀》卷2，頁27。
〔註223〕同前註，頁24。
〔註224〕《漢書·高帝紀上》卷1，頁17。
〔註225〕《漢紀》因省筆而致敘次不明或文意失味之病，前人已有提及，如顧炎武謂：「荀
　　　　悅《漢紀》改紀表志傳爲編年，其敘事處，索然無復意味，間或首尾不備。」（參
　　　　見《日知錄》卷27〈荀悅漢紀〉，何義門批校精抄本，台北：明倫出版社，民國59
　　　　年10月三版，頁743。）而張宗泰《所學集》也謂《漢紀》：「辭約事豐，論辨多
　　　　美，是則然矣，然也有敘次不明之失。」（參見楊家駱主編：《漢紀西漢年紀合刊》
　　　　前識語附〈四庫提要補正〉，台北：鼎文書局，民國66年9月，頁3。）
〔註226〕《漢紀》卷3，頁44。

2. 漢七年，《漢紀》記蕭何厚治長安宮室之事：

> 蕭何治宮室於長安甚盛，上怒曰：「何治之過度？」對曰：「天子以四
> 海爲家，非壯麗無以重皇威。」〔註227〕

下文則引〈叔孫通傳〉〔註228〕緊接於後：

> 是時威儀未設，群臣爭功醉呼，或拔劍擊柱，上患之。博士叔孫通請
> 制朝儀……於是上歡曰：吾乃今日知爲皇帝之貴。〔註229〕

兩事鋪陳相接，一由厚治宮室入手，一由制定朝儀著眼，前後呼應，怕在申重皇威
一意。

3. 漢元年，沛公入關，《漢紀》記錄了高祖受秦民愛戴的情形：

> 沛公與秦人約，法三章：殺人者死；傷人者刑；及盜抵罪。吏人皆安
> 堵如故，民爭獻牛酒，又讓不受，於是民知德義矣。

緊接下文則旁記：

> 是時，項羽率諸侯兵四十萬眾，號百萬眾，西至新安，卒心不服，出
> 怨言，羽乃夜擊之。坑秦降將二十餘萬人。〔註230〕

前後文對比，沛公使「吏人皆安堵如故」，項羽則「坑秦降將二十餘萬」，秦民知沛
公之「德義」，秦降卒屈項羽則「不服」，如此一來一往，似已先暗示日後楚漢相爭
的勝負。

同樣對比高祖與項羽作風差異者，又如下例：

4. 漢二年，《漢紀》先記：

> 河南王、韓王來降……立舊韓王孫信爲韓王。使諸將略地，若一郡降
> 者，封萬戶侯。王使人招陳餘，陳餘曰：「漢殺張耳乃從。」漢乃求人類
> 耳者送其首。

後記：

> 項羽伐齊，殺田榮，齊降於楚。羽焚其城郭，殺降卒，繫虜老弱。〔註231〕

由此上下文，互成對照：一方爲千方百計的招降納叛，一方則爲一意孤行的焚殺降
卒。於是仁義、智愚乃截然分曉。

5. 沛公二年，《漢紀》載：張良以太公兵法說沛公，並推許「沛公殆天所授，

〔註227〕《漢紀》卷3，頁47。

〔註228〕《漢書・叔孫通傳》卷43，頁539。

〔註229〕《漢紀》卷3，頁47。

〔註230〕《漢紀》卷2，頁20。

〔註231〕同前註，頁24。

故遂屬焉。」緊接下文則記：項梁率八千人度江，欲連合陳嬰，嬰母勸陳嬰曰：「不如以兵屬人，事成猶得封侯，事不成禍有所歸，而易以亡。」陳嬰乃歸屬項梁。〔註232〕張良、陳嬰各歸屬於沛公與項梁，然而一稱天授，一由避禍，是有意隱喻高祖之天命。

6. 漢五年，項羽亡滅，大局底定，《漢紀》乃架構君臣對答，來描述高祖志得意滿的神氣：

> 上曰……運籌帷幄之中，決勝千里之外，吾不如子房。鎮國家、撫百姓、給餉饋，吾不如蕭何。連百萬之眾、戰必勝、攻必取，吾不如韓信。三者皆人傑也，吾能用之，所以取天下也。……韓信曰：……陛下……善將將，此所謂天授，非人力也。

隨後則又描述高祖志得意滿下，伴隨而來的慈悲性情：

> 是時，田橫與賓客五百人亡在海中，上遣使赦橫罪……（橫）乃沐浴自刎，令客奉其首。上曰：「嗟乎！起自布衣，兄弟三人更立為王，豈不賢哉！」為之流涕而拜……以王禮葬之。〔註233〕

由楚敗漢勝一事，而兼述高祖性情之兩面。則知荀悅編排史文之深意。

7. 同樣藉史文的剪排，以描述高祖之性情者，在漢十二年，高祖擊討英布之際：

> 上擊布也，數使使勞相國。或謂何曰：君居關中，甚得百姓心，上畏君傾動關中，君何不多買人田宅，賤貰貸以自汙，不然，上心不安。

此處描寫高祖之猜忌多疑。下文則緊接：

> 上還，過沛，悉召故人，父老子弟置酒。上自歌曰：「大風起兮雲飛揚，威加海內兮歸故鄉，安得猛士兮守四方。」上乃起舞慷慨傷懷，泣數行下。

此處則見高祖慷慨豪邁之性情。最後：

> 其以沛為朕湯沐邑，復其人，世無所與，又以豐比沛。〔註234〕

此處又見高祖之念舊與仁德。擊英布一事，而兼記高祖之三樣性情，足知荀悅編排史文之功。

凡此皆是荀悅在不造作史實的前提下，編排紀、傳之文，使成就深刻之文意者。要論計《漢紀》改寫《漢書》之價值，除可以由「辭約事詳」的角度觀察外，也可藉此類史筆，探尋《漢紀》之史意。

〔註232〕《漢紀》卷1，頁12。
〔註233〕《漢紀》卷3，頁40～41。
〔註234〕《漢紀》卷4，頁55。

三、「讚曰」與「贊曰」之同異

　　《漢紀》循《漢書》之例，於每篇帝紀之卷末，也撰「讚曰」，然除〈高祖紀〉外，其餘各帝讚，多直引《漢書》「贊曰」之文，略加刪削或增潤。不過其間筆法也稍有異同，茲分述如下：

（一）高祖皇帝

　　《漢書》〈高帝贊〉全篇皆在申明，漢帝本系出於堯後，且漢承堯運，得天統乃自然之應：

> 漢帝系，出於唐帝，降及于周，在秦作劉，涉魏而東，遂爲豐公……
> 及高祖即位，置祠祀官，則有秦、晉、梁、荊之巫。世祀天地，綴之以祀，
> 豈不信哉！由是推之，漢承堯運，德祚已盛，斷蛇著符，旗幟上赤，協于
> 火德，自然之應，得天統矣。〔註235〕

　　高祖崛起於吏末而以布衣取天下，要爲此一布衣政權取得政權基礎，必要在理論上取一權威的憑藉，否則無以勝克於始皇，也不能斷明王莽之「篡盜之罪」〔註236〕。故漢儒乃取五德之術，爲漢統鋪陳「承堯運」、「得天統」的政權依據。〔註237〕班固於漢業開宗之首篇帝贊，所用心者，即在於此。

　　而荀悅身處漢末「政移曹氏」〔註238〕漢祚陵夷的情勢下，自然更有守護漢統的急切，所以在高祖讚中，也同樣流露漢得天統的史觀。不過荀悅是由神人共助、天人交感的角度來建構漢統理論的。

　　高祖讚首先爲此一上古以來未嘗有過的布衣政權釋疑：

> 高祖起於布衣之中，奮劍而取天下，不由唐虞之禪，不階湯武之王……
> 征亂伐暴、廓清帝宇……登建皇極，上古以來書籍所載未嘗有也。非……
> 歷數所授、神祇所相，安能致功如此。

此即歸論高祖之業實爲「歷數所授、神祇所相」，藉此來解疑布衣政權的合理性。此與班固述「漢承堯運」、「得天統矣」出於同樣的心理。

　　其次，進一步提出神人之助、天人共感的理論爲高祖的事業按上順天應人的古典依據：

> 夫帝王之作必有神人之助，非德無以建業，非命無以定眾。或以文昭、
> 或以武興、或以興立、或以人崇。焚魚斬蛇，異功同符，豈非精靈之感哉！

〔註235〕《漢書·高帝紀下》卷1，頁28。
〔註236〕《漢書·王莽傳》之贊辭，卷99，頁1056。
〔註237〕蕭公權：《中國政治思想史》，台北：聯經，民國81年10月第8次印行，頁314。
〔註238〕《後漢書·荀悅傳》卷62，頁535。

書曰：天工人其代之。易曰：湯武革命，順乎天而應乎人，其斯之謂乎。

故觀秦、項之所亡，察大漢之所興，得失之驗，可見於茲矣。〔註239〕

天命所歸者，必得精靈之感，精靈之感必有順天應人之事業以相應。是荀悅對高祖事業的評價，兼重於天命與德業的配合，使漢室除了取得「歷數所授」的神器基礎外，也得以在百姓之間建立仁德的形象。即是將班固原先那套漢得天統、自然之應的說法，進化爲德、命共修的格局。

最後「讚曰」引司馬遷的話，〔註240〕以文化補弊的角度，爲漢政權又取得一個合理的解釋：

太史公曰：夏政忠，政忠之弊野，故殷承之以敬。以敬之弊鬼，故周承之以文。以文之弊薄，救薄莫如忠。三王之道，周而復始。周、秦之間可謂文弊，秦不改文酷刑，漢承秦弊得天下矣。〔註241〕

「讚曰」最後這段引文，不僅藉由秦政的失弊，爲漢室取得了興代的根據；而且也在周轉補弊的文化史觀裡，將漢政權納進了王道的統序。即所謂「漢承秦弊得天下」以及「三王之道，周而復始」的根本意義。

故《漢紀》高祖讚與《漢書》高帝贊，筆法的區別在於：荀悅對高祖事業的評價，由班固稱頌的「自然之應」演進爲「順天應人」、「德命共修」的格局。而且居處於王道之序，具有補弊現實的意義，以及文化傳承的使命。

（二）孝惠皇帝

《漢紀》讚徵引了《漢書》贊的部分看法：

本紀稱孝惠內修親親，外禮傅相，優寵齊悼、趙隱，恩愛篤矣，可謂寬仁之主。遭呂大后虧損至德，枉流濫哉，深可悲夫！〔註242〕

即稱許孝惠能「內修親親」、「外禮傅相」。前者指的是惠帝優寵齊悼與趙隱王，齊王是惠帝的「庶兄」，呂后向所不愛，然而惠帝卻能迎之於上坐，與之燕飲，如家人禮。〔註243〕而趙隱王如意是戚夫人所生，高祖數次欲易太子而代之以如意，故呂后對趙

〔註239〕 荀悅爲高祖所架構的神人共助、天人相感理論，與班彪扶持漢統之〈王命論〉相近。班彪云：「帝王之作，必有明聖顯懿之德，豐功厚利、積累之業，然後精誠通於神明，流澤加於生民，故能爲鬼神所福饗，天下所歸往。」見《漢書·敘傳上》卷100，頁1060。

〔註240〕 瀧川龜太郎：《史記會注考證》卷8〈高祖本紀〉，學人版，台北：洪氏出版社，民國71年10月再版，頁181。

〔註241〕《漢紀·高祖皇帝紀》卷4，頁58～59。

〔註242〕《漢紀》卷5，頁73。

〔註243〕《漢書·高五王傳》卷38，頁504。

王極爲恨惡。高祖崩逝後，呂后欲殺趙王，惠帝乃迎趙王入宮，多方護持。〔註244〕此皆表現出惠帝對兄弟的友愛。

至於「外禮傅相」，班固原是稱惠帝「聞叔孫通之諫則懼然，納曹相國之對而心說。」〔註245〕惠帝曾築復道於高祖陵寢之上，叔孫通諫曰：「陛下何自築復道高帝寢……子孫奈何乘宗廟道行哉？」〔註246〕惠帝乃懼然納諫。而曹參爲相時，惠帝曾怪其不治政事，曹參對曰：「高皇帝與蕭何定天下，法令既明具，陛下垂拱，參等守職，遵而勿失，不亦可乎。」〔註247〕惠帝始悅。

叔孫通、曹參兩事原是《漢書》贊詞用來解釋惠帝之「外禮傅相」的，但是《漢紀》惠帝讚，則刪削此二語。推其意，或爲荀悅對於叔孫通與曹參二人之評價，不如班固所認爲者高。

對於漢初禮儀出於叔孫通之手，荀悅是肯定的，但並不認爲即足以完備周全，如〈惠帝紀〉所載：

漢諸禮儀，皆通所定。然猶草創，未能具備矣。〔註248〕

此外，荀悅也備述了叔孫通由秦入漢，種種「專面諛，不諫，苟免」〔註249〕的德性，隱然不恥其儒跡。

而對曹參「垂拱勿失」的治術，荀悅也同樣不表贊同。他認爲高祖之世「時天下初定，庶事草創，故詔夏之音未有聞焉。」〔註250〕如何能據之以榜樣子孫、遵而勿失呢？且荀悅曾論「垂拱」而治的眞義，當於「四患既蠲，五政以立，行之以誠，守之以固，簡而不怠，疏而不失」的情形下，才可以「無爲爲之，使自施之，無事事之，使自交之。不肅而治，垂拱揖遜。」〔註251〕觀高祖事業庶事草創，何能致此？

因此荀悅在惠帝讚中，保留了「內修親親，外禮傅相，優寵齊悼、趙隱，恩愛篤矣，可謂寬仁之主」而削去叔孫通與曹參二事，是對二人評價之質疑。

又惠帝讚也置惋惜之詞於孝惠：「遭呂后虧損至德，枉流濫哉。」是隱指呂后殺趙王、戮戚夫人之事。其時惠帝驚見戚夫人被刑如「人彘」，乃大哭，因病不起，使人請呂太后曰：「此非人所爲，臣爲太后子，終不能復治天下。」從此遂日飲淫樂，

〔註244〕《漢書‧外戚傳上》卷97，頁992。
〔註245〕《漢書‧惠帝紀》卷2，頁31。
〔註246〕《漢書‧英布傳》卷43，頁540。
〔註247〕《漢書‧曹參傳》卷39，頁513。
〔註248〕《漢紀‧惠帝紀》卷5，頁65。
〔註249〕同前註。
〔註250〕《漢紀‧孝元皇帝紀》卷23，頁325。
〔註251〕《申鑒‧政體》卷1，頁15。

不聽政事，七年而崩。〔註252〕

　　此處，荀悅依《漢書》之文，同表恨慨。諸帝讚中，惠帝最屬悲憐，雖能內修親親而為寬仁之主，可惜遭呂后虧損而至於荒政懈怠。所以荀、班均為其惋惜：「深可悲夫！」

（三）高　后

　　《漢紀》依《漢書》贊而稱美：

> 孝惠高后之時，海內得離戰爭之苦，君臣俱無為，故孝惠拱己，高后女主，制政不出房闥，而天下宴然，刑罰罕用，民務稼穡，衣食滋殖矣。

此外，則添補《漢書》所無，敘諸呂之過：

> 及福祚諸呂大過，漸至縱橫，殺戮鴆毒，生於豪疆。賴朱虛、周、陳，惟社稷之重，顧山河之誓，殱討篡逆，匡救漢祚，豈非忠哉。王陵之徒，精潔，心過於丹青矣。〔註253〕

是荀悅之高后贊，多加了諸呂之過與朱虛侯、周勃、陳平、王陵等匡救漢祚之忠誠與精潔之跡。〔註254〕

　　傅玄曾謂：

> 吾觀班固《漢書》，論國體則飾主闕而抑忠臣；敘世教則貴取容而賤直節。〔註255〕

雖然《漢書》未必如此，〔註256〕然於《漢紀》相對而言，似更重於褒揚忠臣直節之士，故朱虛侯、周勃、陳平、王陵等人，得以忠誠與精潔而入列「帝讚」，此與《漢書》贊辭之下筆，又見異同。

〔註252〕同註257。

〔註253〕《漢紀》卷6，頁83。

〔註254〕高后將王諸呂時，王陵力持高帝白馬之盟而反對，因此高后乃左遷王陵為惠帝太傅，奪其相權，而陵謝病免，從此杜門不出。參見《漢書·王陵傳》卷40，頁519。

〔註255〕引自《史通通釋》卷8〈書事〉，頁230。

〔註256〕《漢書·禹貢傳》卷72，頁775。引錄貢禹之疏，直接質疑於君王：「今民大飢而死，死又不葬，為犬豬所食，人至相食，而廄馬食粟，苦其肥大，氣盛怒至，乃日步作之，王者受命於天，為民父母，固當若此乎？」又引鮑宣之疏（《漢書·鮑宣傳》卷72，頁780。）痛批董賢之取容專權：「竊見孝成皇帝時，外親持權，人人牽引所私，以充塞朝廷，妨賢人路，濁亂天下，奢泰亡度，窮困百姓……危亡之徵，陛下所親見也，今奈何反覆劇於前乎……敦外親、小童及幸臣董賢等在公門省戶下，陛下欲與此共承天地、安海內，甚難。」而對蘇武之直節更是揮灑表揚：「孔子稱：志士仁人有殺身以成仁，無求生以害人。使於四方不辱君命。蘇武有之矣。」（參見《漢書·蘇建附子蘇武傳》卷54，頁625。）凡此皆足證《漢書》之史筆，未必即如傅玄所論。

又，「讚曰」多傾向於正面事業的表揚，既使稍設微辭，也多婉約成語，如此處，諸呂之過原爲高后所縱容，然於「高后」讚辭卻未揭明。又如呂后殺趙王、戮戚夫人之殘忍，「高后讚」也未錄記，只託附於「孝惠讚」，以「遭呂太后虧損至德」微婉帶過。

（四）孝文皇帝

《漢紀》讚循《漢書》稱美孝文皇帝：

1. 儉約利民

宮室苑囿，車服御服，無所增益，有不便輒弛以利民。身衣弋綈，慎夫人雖幸，衣不曳地，幃帳無文繡，以示敦樸。愛費百金，不爲霧臺，及治霸陵，皆瓦器，不得以金銀銅錫爲飾，因其山不起墳。

2. 懷德外夷

南越王尉佗自立爲帝，以德懷之。匈奴背約，令守邊備，不發兵深入。

3. 忍愛諸侯

吳王詐病不朝，賜以几杖。

4. 容納臣諫、智巧御下

群臣袁盎等，諫說雖切，嘗假借之。張武等受賂金錢，重加賞賜，以媿其心。

5. 以德化民

專務以德化民，是以海內殷富，興於禮義，斷獄數百，幾致刑措，登顯洪業，爲漢太宗，甚盛矣哉！

篇末則引揚雄之言，補《漢書》所無：

揚雄有言，文帝親屈帝尊，以申亞夫之軍令，豈爲不能用頗、牧，彼將有所感激云爾。〔註257〕

文帝曾勞軍亞夫，至軍門，都尉云：「軍中聞將軍之令，不聞天子詔。」待開壁門，壁門士又謂：「將軍約，軍中不得驅馳。」至中營，亞夫揖手謂：「介冑之士不拜，請以軍禮見。」文帝乃動容，嘆亞夫爲眞將軍，臨崩之時戒告太子「既有緩急，周亞夫眞可任將兵」。〔註258〕

是文帝能以帝尊而申軍令。又揚雄此語乃針對馮唐而發。馮唐年七十餘猶守郎署，曾當面指稱文帝雖能得廉頗、李牧之良將，卻終究不能用。〔註259〕故揚雄以文

〔註257〕《漢紀》卷8，頁116。
〔註258〕《漢書・周勃附子亞夫傳》卷40，頁522。
〔註259〕《漢書・馮唐傳》卷50，頁589。

帝能申軍令之雅量，引申馮唐之言，實意在感激文帝。

　　而荀悅引揚雄之語，是褒美文帝於德治之外，也能用將。

（五）孝景皇帝

　　《漢紀》讚詞與《漢書》略同。謂：

> 周秦之弊，密文峻法而姦不勝。漢興，掃除苛政，與民休息。至於孝
> 文，加之恭儉。

繼而稱美：

> 孝景遵業，五六十載之間，至於移風易俗，黎民醇厚，周云成康，漢
> 稱文景，美矣！〔註260〕

是班、荀皆褒獎孝景遵業而共成文景之美俗。

（六）孝武皇帝

　　《漢紀》讚詞與《漢書》略同。稱美孝武文章粲然可述：

> 卓然罷黜百家，表章六藝，遂疇咨海內，舉其俊義與立功。興太學，
> 修郊祀，改正朔，訂曆數，協音律，作禮樂，建封禪，禮百神，紹國典，
> 發號令，文章粲然可述，後嗣得遵洪業，而有三代之風。

隨後又隱發微辭：

> 如武帝之雄才大略，不改文帝之恭儉，以濟斯民，雖詩書所稱，何以
> 加焉。〔註261〕

是批評武帝未能奉守恭儉。

　　如前文所敘，「讚曰」之筆法多為正面事業之評價，既有微辭，率多婉曲。於武帝讚中也可見一斑。讚辭中對孝武的批評，只隱約以「若能不改文帝之恭儉，詩書所稱何以加焉」帶過，幾近期勉，實不似厚責。

　　反觀《漢紀》內文之「荀悅曰」，對武帝之行事則直言批判：

> 猶好其文，不盡其實，發其始，不要其終。奢侈無限，窮兵極武，百
> 姓空竭，萬民疲弊。〔註262〕

> 賦役煩眾，民力彫弊，加以好神仙之術，迂誕妖怪之人四方竝集⋯⋯
> 此蓋怨讟所生，時妖之類也。〔註263〕

是荀悅對武帝之窮奢黷武、好方術的嚴厲指責。同樣的《漢書》「武帝贊」也未對武

〔註260〕《漢紀》卷9，頁134。
〔註261〕《漢紀》卷15，頁223。
〔註262〕《漢紀・孝元皇帝紀》卷23，頁325。
〔註263〕《漢紀・孝武皇帝紀》卷13，頁193。

帝苛責，然卻於〈武帝五子傳〉的贊詞中發放峻辭：

> 巫蠱之禍，豈不哀哉……戾太子生，自是以後，師行三十年，兵所誅
> 屠夷滅死者不可勝數。及巫蠱事起，京師流血，僵尸數萬，太子子父皆敗。

〔註264〕

此又足以證明帝紀本讚，多以正面之筆鋪陳功業，而不直言批判其過失。此外，趙翼《二十二史箚記》在「漢書武帝紀贊不言武功」條云：

> 《漢書》武帝紀贊……是專贊武帝之文事，而武功則不置一詞……以
> 武帝豐功偉業，奉為世宗，永為不毀之廟，乃班固一概抹煞，並謂其不能
> 法文景之恭儉……蓋其窮兵黷武，敝中國以事四夷，當時實為天下大
> 害……故班固之贊如此。〔註265〕是又知帝贊雖以稱頌正面帝業為主，然
> 「贊曰」所不錄者，實即已隱指其非，武帝之武功不入帝贊，即在宣明其
> 不為光明之帝業。此乃帝贊在筆法上之一深意。

（七）孝昭皇帝

《漢紀》讚詞與《漢書》略同。其褒美昭帝：「卒任霍光，各因其時以成，大矣哉！」又褒揚霍光：「承孝武奢侈餘弊，師旅之後，海內虛耗，戶口減半，霍光知時務之要，輕徭、薄賦，與民休息。」於是君臣協和「至始元、天鳳之間，匈奴和親、百姓充實，舉賢良文學，問民所疾苦，議鹽鐵、罷榷酤，尊號為昭，不亦宜乎。」

〔註266〕

是班、荀對孝昭與霍光之君臣事業評價頗高。

（八）孝宣皇帝

《漢紀》讚循《漢書》而推崇孝宣之治，吏稱其職、民安其業：

> 信賞必罰，綜核名實，政事文學法治之士，咸精其能，技巧器械之資，
> 後世鮮能及之。亦足以知吏稱其職、民安其業。

且申威於匈奴，可謂中興之主：

> 遭值匈奴乖亂，推亡固存，申威北敵，單于慕義，稽首稱藩，功光祖
> 宗，業垂後嗣，可謂中興，德侔殷高、周宣矣。

隨後，「讚曰」又補《漢書》所無，更加稱美孝宣能承繼漢武求賢之業：

> 孝武踐祚，方用文武，求賢如不及……漢之得人，於斯為盛……是以

〔註264〕《漢書》卷63，頁700。
〔註265〕趙翼：《二十二史箚記》卷2（台北：仁愛書局，79年9月），頁34～35。
〔註266〕《漢紀》卷16，頁238。

興造功業，制度遺文，後世莫及。至孝宣承統，繼修鴻業，亦講論六藝，
招選茂異。而蕭望之、梁丘賀、夏侯勝、韋玄成、嚴彭祖、尹更始以儒術
進。劉向、王褒以文章顯。將相則張安世、趙充國、魏相、邴吉、于定國、
杜延年。治民則黃霸、王成、龔遂、邵信臣、韓延壽、尹翁歸、趙廣漢、
張敞之屬。皆有功迹，見於後世，參之名臣，亦其次也。〔註267〕

是《漢紀》補讚孝宣用賢之盛，而《漢書》不及此。

　　荀悅帝讚，架構帝王事業，往往君臣並敘，如〈高后紀〉謂：諸呂縱橫殺戮，
而賴朱虛、周、陳匡救漢祚。〈孝昭紀〉云：卒任霍光，各因其時以成。〈孝宣紀〉
更追記武帝得賢之盛，是以興造功業，後世莫及，而孝宣招選茂異，也皆有功。

　　凡此，是荀悅欲申明帝業之成敗，端在於君臣共治的品質，荀悅曾述「六主」、
「六臣」之典型，而申論其理：

　　　　或有君而無臣，或有臣而無君，同善則治，同惡則亂，雜則交爭，故
　　名主慎所用也。六主之有輕重，六臣之有簡易，其存亡、成敗之機，在於
　　是矣！〔註268〕

故賢臣、姦邪共入帝讚，以明成敗之鑒，此又為荀讚之特色。

（九）孝元皇帝

　　《漢紀》讚與《漢書》略同。稱美孝元：

1. 多才多藝

善史書、鼓琴、吹洞簫，自度聲曲，分別節度，窮極要妙。

2. 能徵用儒生

　　少好儒術，及即位，徵用儒生，委之以政，貢（禹）、薛（廣德）、韋
　（賢）、匡（衡），迭為宰相。

3. 寬弘恭儉

寬弘盡下，出於恭儉，號令溫雅，有古人之風烈。

是班、荀同稱美孝元性情之儒雅。不過也同惋惜孝元過度崇溺儒術，以至於：「牽制
文義，優遊不斷。」〔註269〕

　　《漢紀》、《漢書》於孝宣以前之帝贊，多備述帝業、功勳之盛。孝元以後則多
描寫帝王之情性與才藝。蓋因漸趨衰世，無功業可記，乃聊備個人品性以為帝贊。

〔註267〕《漢紀》卷20，頁291。
〔註268〕《漢紀·孝昭皇帝紀》卷16，「荀悅曰」之論六主、六臣，頁236。
〔註269〕《漢紀》卷23，頁327。

（十）孝成皇帝

《漢紀》讚循《漢書》贊文，稱美孝成：

1. 有穆穆天子之容

善修容儀，升車正立，不內顧、不疾言、不親指，臨朝淵默，尊嚴若神，可謂穆穆天子之容貌也。

2. 威儀可述：

博覽古今，容受直言，公卿稱職，威儀可述。

而責於孝成：

沉於酒色，趙氏內亂，外家擅權，言之可爲於邑！建始以後，王氏始執國命，迄於哀平、莽遂篡位。蓋其威福所由來漸矣。

是班、荀同時將王莽篡竊之原，推向於孝成外家擅權之時。

而《漢紀》讚末則取劉向、朱雲之忠信，對比張禹之佞邪，補《漢書》所無：

劉向、朱雲之忠信明矣。若得而用之，福祚未已。張禹不吐直言，佞於垂死，亦可痛哉。〔註270〕

劉向曾上奏言災異，諫外戚擅政之非，成帝雖納其言而終不能用。〔註271〕朱雲爲故魯國博士，曾在公卿朝臣之前，請賜尚方斬馬劍，欲斬佞臣張禹頭顱。成帝大怒，以廷辱師傅之罪，下獄。〔註272〕張禹爲天子師傅，甚得親任。其時吏民上書言災異刺王鳳，成帝以此事問張禹。張禹自忖年老、子孫幼弱，不敢得罪，即謂成帝：災異之事，深遠難見，鄙儒淺見，不宜信用。從此王鳳乃親敬張禹。〔註273〕

如前文所敘，《漢紀》筆調傾重於貴直節而賤取容，此處特意編排劉向、朱雲與張禹對比，入於帝讚，是又一證明。此外，忠臣、佞幸，共入帝紀，以鑒成敗之機，又爲荀筆之特色。

（十一）孝哀皇帝

《漢紀》讚循《漢書》，稱孝哀：

1. 文辭博敏

自爲藩王及太子，文辭博敏，幼有令聞。

2. 性好武戲

雅性不好聲色，時覽卞射武戲。

〔註270〕《漢紀》卷27，頁382。
〔註271〕劉向之諫疏，參見《漢紀·孝成皇帝紀》卷27，頁372。
〔註272〕同前註，頁375。
〔註273〕同前註。

3. 務攬主威

孝成之世，祿去公室，權柄外移，是故臨朝務攬主威，以則孝宣。

是班、荀對孝哀力圖振作，重攬主威的企圖予以褒獎。然而讚文後半段，則爲《漢書》所無：

> 然董賢用事，大臣誅傷，有覆餗棟橈之凶。自初即位，有痿痺之疾，
> 末年寢劇，享國不永，亂臣乘間，豈不哀哉？世主覽此，足以見成敗之基，
> 收后族之權，清儉愛民，可垂統也。〔註274〕

董賢以媚貌受寵用事，〔註275〕成爲孝哀欲圖振作的絆腳石，加上痿痺之疾，乃至享國不永，爲亂臣所乘。此讚是繼孝惠「遭呂太后虧損至德」之後，荀悅帝讚又一次悲憐之筆。而這一次傷損帝業的仍是后族。

（十二）孝平皇帝

《漢紀》讚與《漢書》同。此讚實爲王莽，而不爲平帝而發，全篇皆在譏嘲王莽之作假與文飾：

> 孝平之世，政自莽出，褒善顯功，以自尊盛。觀其文辭，方外百蠻，
> 無思不服，休徵嘉應，頌聲並作。至於異見於上，民怨於下，莽亦不能文
> 也。〔註276〕

以帝讚之文體而譏諷人臣如此，知班、荀對漢祚之陵夷，同表憤慨。

成、哀、平三帝讚都涉及王莽篡竊之事，且對於皇帝的批評也漸趨於直接而強烈，是帝讚筆法在末三帝時發生轉變，由原先對漢室帝業的正面評價，轉爲對漢帝的警惕及對王氏篡竊的慨恨與譏嘲。因此下筆沈重，已不如前帝諸讚之微婉。

綜合以上所論：

1. 帝讚之筆法，基本上以表述正面帝業爲主，設有批評，也多微婉其辭。但於後三帝，則由於王氏篡竊之禍肇始於此，故下筆乃漸趨沈痛，而批評也轉較直接，已不如前帝時之微婉。

2. 宣帝以前之帝讚多盛述皇帝功業；元帝以後則著重於帝王性情、才藝之稱美，以無功業可述故。

3. 帝讚多在稱述光明之帝業，故其闕漏不錄者，即在暗示其非。

4. 荀讚多並敘君臣事蹟，以申明帝業之成敗，繫於君臣共治之品質。

5. 荀讚相對而言，更重於表揚忠臣直節，而深抑佞幸取容之徒。

〔註274〕《漢紀》卷29，頁408。
〔註275〕《漢書·佞幸傳》卷93，頁942。
〔註276〕《漢紀》卷30，頁415。

6. 荀讚於高祖事業之評價，兼重於天命、德業與王道之合成。班讚則獨言漢得天統乃自然之應。

7. 班、荀之平帝讚，雖名爲讚平帝，實爲譏嘲王莽之作。

第三節　《漢紀》史論之分析

一、「荀悅曰」與「讚曰」、「本傳曰」的關係

《漢紀》敘述的筆法即如第一節所說明的，是以追記的筆法援傳入紀，形成以紀爲「綱」，以傳爲「目」的行文方式。至於《漢紀》中「議論」的部分，則有三種形式：一是帝紀卷末的「讚曰」；二是穿插於史事中，引《漢書》紀、傳、志之文，以爲議論的「本傳曰」（「本志曰」）；三是出於荀悅個人意見的「荀悅曰」。雖然同爲論議的文體，但三者在表達問題及性質上還是有些許的差異，試說明如下：

（一）「荀悅曰」與「讚曰」的關係

「讚曰」係荀悅模仿《漢書》「贊曰」的體例而成，而且除了高祖讚外，其他各帝讚皆是依本《漢書》原贊，略加潤飾而搬移入《漢紀》中，雖然其中在筆法上也有略不同於《漢書》贊的地方。然而大體而言，其原創性不大。相對的，「荀悅曰」則多出於荀悅個人所發，屬於原創性的見解。〔註277〕《漢紀》基本上是刪省《漢書》而成，雖有援傳入紀的追述筆法構成史筆的特色，然而眞正流露荀悅原則思想的部分，則表現在「荀悅曰」的議論上。所以在「讚曰」與「荀悅曰」之間一個性質的差異，在於前者多是抄襲或潤飾《漢書》而成，後者則屬於荀悅個人的見解。

《漢紀》之「讚曰」既然是模仿之作，故其讚詞也如《漢書》贊一般，多傾向於對帝王事業的正面評價。（參考第二節「《漢紀》讚曰與《漢書》贊曰之同異」）既使有所貶抑也多微婉其筆。此大抵是帝讚的基本形式，著意於紀錄先帝之功勳，以

〔註277〕 「荀悅曰」也偶有潤飾《漢書》之文而成議論者，如：因遊俠原涉所發的「荀悅曰」（《漢紀》卷28，頁392。）即爲潤飾《漢書‧遊俠列傳》之序文（《漢書》卷92，頁932。）而成。另如：高后七年，日食，高后惡之，「荀悅曰」因之而發的「三光精氣變異，此皆陰陽之精也，其本在地，而上發於天也。政失於此，則變見於彼，由影之象形、響之應聲」云云，也是採自《漢書‧天文志》之序文（《漢書》卷26，頁326。）。又成帝時，劉向上書言薄葬事，「荀悅曰」所引的楊王孫裸葬矯世之文，取自《漢書‧楊王孫傳》之傳文（《漢紀》卷26，頁363；《漢書》卷67，頁734）。雖然如此，但無礙於「荀悅曰」其大體之原創性質。

鼓勵後世帝王效法。

　　相對的「荀悅曰」則多出於諫諍批評，而爲一種有警礪意味的議論，遇有過失則直言褒貶，不論其身分尊貴與否。因此相對來說，「讚曰」之於「荀悅曰」比較傾向爲頌讚之文，而「荀悅曰」之於「讚曰」則明顯爲褒貶之筆。這是兩者在性質上的另一個差異。試舉例說明之：

　　1. 如高祖讚盛頌高祖「起於布衣之中，奮劍而取天下」、「上古已來書籍所載，未嘗有也」，又謂其「非雄俊之才、寬明之略、厤數所授、神祇所相，安能致功如此。」〔註278〕

　　這是標準的帝讚格調，大力傾重於帝王事業光明面的描述。反觀「荀悅曰」對高祖則多取期待與警礪：

　　　　時天下初定，庶事草創，故詔夏之音未有聞焉。〔註279〕

這是對高祖盛德大業背後，尚屬疏略草創的實情，直言紀錄。

　　　　高皇帝刑白馬而盟曰，非劉氏不王，非有功不得侯，不如約者，當天下共擊之。是教下犯上而興兵亂之階也。若後人不修，是盟約不行也。〔註280〕

白馬誓盟是漢室集團鞏固家業的一項血誓，也是漢初功臣極力維護的鐵則，〔註281〕而在「荀悅曰」則毫不客氣譏之爲「教下犯上而興兵亂之階」，則「讚曰」與「荀悅曰」筆法之異可見。

　　2. 孝文皇帝讚也盛稱孝文能儉約利民，懷柔外夷，忍愛諸侯，以德化民，甚至於補《漢書》贊所無，稱孝文尙能「親屈帝尊以申亞夫之軍令」，故尊之爲漢太宗。〔註282〕

　　但「讚曰」中仁德愛民的孝文帝，在「荀悅曰」裡仍然受到警省與批評：

　　　　未能備悉制度，玄雅禮樂之風闕焉，故太平之功不興。〔註283〕

這是對漢太宗德化事業之外，另一份眞切的期許。

　　　　官收百一之稅，民收泰半之賦，官家之惠優於三代，豪疆之暴酷於亡秦，是上惠不通，威福分於豪疆也。今不正其本而務除租稅，適足以資富

　　〔註278〕《漢紀》卷4，頁58。
　　〔註279〕《漢紀》卷23，頁325。
　　〔註280〕《漢紀》卷9，頁133。
　　〔註281〕如上節所言，如王陵之徒即是以白馬誓盟阻抗呂后之王諸呂，後來甚至因此而左遷、杜門不出，而荀悅即依此褒譽王陵爲「精潔、心過丹青」。
　　〔註282〕《漢紀》卷8，頁116。
　　〔註283〕《漢紀》卷23，頁325。

疆。〔註 284〕

此則更在除民田租的美政表象之外，揭發其背後的殘酷眞相。由除民田租而能發「不正本務」的諍言，也正見「荀悅曰」良心之筆。

> 以孝文之明也，本朝之治，百寮之賢，而賈誼見逐，張釋之十年不見
> 省用，馮唐白首屈於郎署，豈不惜哉，夫以絳侯之忠，功存社稷而猶見疑，
> 不亦痛乎！〔註 285〕

讚中稱文帝能屈帝尊而申周亞夫之軍令，但在「荀悅曰」反以不能用賢而質疑於文帝，由此益能分辨「讚曰」與「荀悅曰」筆法之差異。

3. 孝武皇帝讚稱頌武帝「文章粲然可述，後世得遵洪業而有三代之風」〔註286〕，且又於孝宣皇帝讚詞中補美武帝：「漢之得人於斯爲盛。」〔註 287〕，而只微婉期許：

> 如武帝之雄才大略，不改文帝之恭儉以濟斯民，雖詩書所稱何以加
> 焉。〔註 288〕

然而「文章粲然可述」在「荀悅曰」變成了窮兵黷武：

> 好其文不盡其實，發其始不要其終，奢侈無限，窮兵極武，百姓空竭，
> 萬民疲弊。〔註 289〕

而「得人斯盛」的稱美，也轉成了賦役繁重，迷信神仙的批評：

> 當武帝之世，賦役繁重，民力彫弊，加以好神仙之術，迂誕妖怪之人
> 四方竝集……此蓋怨讟所生，時妖之類也。〔註 290〕

甚且公孫弘丞相封侯的美事，也以「封必以功，不聞以位」，被斥之爲「丞相始拜而封，非典也」〔註 291〕。而枉斬任安，更被批評爲「是開後人遂惡無變計」〔註 292〕之惡例。

由此可見，武帝讚中對其盛業的褒美，在「荀悅曰」裡轉成爲過失的警礪。而帝讚中微婉的期許，在「荀悅曰」中也激盪成嚴肅的批判。

以上略舉數例說明帝讚與「荀悅曰」在筆法上的差異。

〔註 284〕《漢紀》卷 8，頁 102～103。
〔註 285〕《漢紀》卷 8，頁 108。
〔註 286〕《漢紀》卷 15，頁 223。
〔註 287〕《漢紀》卷 20，頁 291。
〔註 288〕同註 299。
〔註 289〕同註 296。
〔註 290〕《漢紀》卷 13，頁 193。
〔註 291〕《漢紀》卷 12，頁 170。
〔註 292〕《漢紀》卷 15，頁 215。

綜合以上所述，《漢紀》讚多潤取自《漢書》贊，故為抄襲之作，而「荀悅曰」基本上屬於荀悅個人的意見，是《漢紀》中表達原創思想的主要部分。又帝讚多傾向於帝業的正面評價，設有批評，也多微婉其辭，而「荀悅曰」則多為諫諍與批評，故相對而言，帝讚多頌美之辭，「荀悅曰」則多褒貶之筆。

（二）「荀悅曰」與「本傳曰」的關係

「荀悅曰」與「本傳曰」（「本志曰」）同屬於議論之體，彼此穿插於史實之間，構成夾議夾敘的筆調。然而「本傳曰」乃徵引於《漢書》之文，基本上是荀悅取班固之意見以論議史事。而「荀悅曰」，如前所述，大體出於荀悅個人。

不過兩者的性質，雖然一者出於徵引，一者出於原創，但荀悅既然採取班固之文論議史事，則「本傳曰」的意見必符同於荀悅個人的意見，換言之，《漢紀》除了援傳入紀的筆法外，實也援班固之意見入於《漢紀》之議論。前者表現出荀悅在編年史體上的改革創意，後者則顯示出「荀悅曰」與「本傳曰」意見的一致性。試舉例說明之：

1. 如論性情之導正。《漢紀》徵引「本志曰」〔註293〕謂：

> 人含天地陰陽之氣，有善惡喜怒哀樂之情，人稟異性而不能節也，唯
> 聖人能為之節，而不能絕也。〔註294〕

這與荀悅的意見，正出於相同的看法。

> 縱民之情謂之亂，絕民之情謂之荒……為之限，使勿越也，為之地，
> 亦勿越，故水可使不濫，不可使無流。〔註295〕

即皆謂人之性情須有聖人為之節制，才不至於縱亂。又，班固節制性情的方法在禮樂，所謂：「象天地而制禮樂，所以通神明、立人倫、正性情、節萬事者也。」由此使「正人足以副其情，邪人足以防其失。」〔註296〕

而荀悅節制性情的方法在法教：

> 善惡皆性也……於是教扶其善，法抑其惡……法教之於化民也，幾盡
> 之矣。〔註297〕

班固「正人足以副其情，邪人足以防其失」的禮樂效果，即是荀悅「教扶其善，法抑其惡」的法教效果。只不過班固是以禮樂為啟發，而荀悅則以法教作扶抑。

〔註293〕《漢書·禮樂志》卷22，頁264。
〔註294〕《漢紀》卷5，頁65。
〔註295〕《申鑒·政體》卷1，頁31。
〔註296〕同註307。
〔註297〕《申鑒·雜言下》卷5，頁144。

且班固對於人性的節制，雖以禮樂爲方法，但仍須待「政以行之，刑以防之」，然後才使「禮樂刑政四達而不悖，則王道備矣。」〔註298〕其中本兼含了法教的意義，此與荀悅立法教大經，使「好惡以章之，喜怒以涖之，哀樂以恤之」〔註299〕的意義，實無差別。由此知班固制禮樂以正性情之理，實即同於荀悅立法教化以民性之理。故《漢紀》直接徵引本志以爲申論。

2. 如論立制度。對漢初國家簡易、制度未備，衣食貨糧無限，所造成的富者衍溢、貧者不足的情況，荀悅曾申論「先王立政，以制爲本」的道理，他認爲：

> 上有常制則政不頗，下有常制則民不二，無淫度則事不悖，民無淫制
>
> 則事不廢……故世俗易足而情不濫，姦宄不興、禍亂不作。〔註300〕

即是希望由「立制」來規定上下用度、禮儀的品差，如此既可使上下有序，形成穩定的運作，也能安定民志，不隨貪濫之情而墮落。

隨後荀悅又引「本傳曰」〔註301〕來補充制度衰壞、用度不節的慌亂情形：

> 桓文之後禮義大壞，上下相冒，國異政，家殊俗，奢靡不制、僭差
>
> 無極，於是商通難得之貨，工作無用之器，士設反道之行……僞民倍實
>
> 而要名，姦吏犯難而求利，篡殺取國者爲王公，劫奪成家者爲侯伯……
>
> 禮義不足以制君子，刑戮不足以威小人……其化自上興，由法度之無限
>
> 也。〔註302〕

是「荀悅曰」發之於前，以明立制之重要，而「本傳曰」呼應於後，痛陳法度無限之害，使先王立政以制爲本的思考，得到充分的說明。此即「本傳曰」與「荀悅曰」相互溝通的證明。

3. 如論賦稅。孝文十三年詔除民田租，「荀悅曰」因此事而痛批文帝「不正其本，務除租稅，適足以資富疆」，且引春秋之義：「諸侯不得專封，大夫不得專地」斥責漢世豪民占田逾侈的現象，而稱美「古者什一而稅」的制度。〔註303〕其後乃進一步徵引本志，〔註304〕介紹古代質樸公平的百畝制度：

> 古者建步以立畝，六尺爲步，步百爲畝，畝百爲夫，夫三爲屋，屋三
>
> 爲井，井方一里，是爲九夫，八家共之，一夫一婦受私田百畝，公田十畝……

〔註298〕同註 309。
〔註299〕《申鑒・政體》卷 1，頁 3。
〔註300〕《漢紀》卷 7「荀悅曰」之語，頁 89。
〔註301〕《漢書・貨殖傳》卷 91，頁 927。
〔註302〕《漢紀》卷 7，頁 904。
〔註303〕《漢紀》卷 8，頁 102。
〔註304〕《漢書・食貨志上》卷 24，頁 288。

出入相交，守望相接，疾病相救……有賦有稅，稅謂公田什一……賦謂供

車馬兵士徒之役也。〔註305〕

私田可以足衣食，公田可以供賦稅，這是古代百畝制度公平穩定的優點，相對於漢初豪民占田逾侈的兼併不公，乃更顯出文帝「不正其本，務除租稅」的失政。《漢紀》於此，先以「荀悅曰」論理於前，復以本志之文取鑒於後，一論一證，又知「本志曰」與「荀悅曰」道理實乃相通。

4. 如論祀神。孝成時依匡衡之議，作長安南北郊，罷甘泉汾陰祀。《漢紀》於此事，乃徵引〈郊祀志〉〔註306〕說明祀神當誠而不黷，先人事而後神祀：

祀者所以昭孝事祖宗，通神明也……民神異業，敬而不黷……及乎末

世，饗祀無度，昏黷齊明，而神不蠲、嘉瑞不降而災禍至矣……先王正人

事而已，不苟求福於神祇，不由其道，則神不饗。〔註307〕

這也符同於荀悅的意見：「聖王先成民而後致力於神，民事未定，郊祀有闕，不為尤矣。」〔註308〕聖王立政的輕重次序乃先百姓而次神明，因為「人主承天命以養民者也」〔註309〕，「非天地不生物，非君臣不成治」〔註310〕，天地生萬民而授權予人主加以養護，即天道賦予人主的首要任務在養民而不在祀神，因此如果淫祀過度，一心求福於神祇而不正人事，是本末倒置的做法。而且：

祈請者誠以接神，自然應也。故精以底之，犧牲玉帛以昭祈請……非

其禮則或愆，非其請則不應。〔註311〕

祈神貴誠，儀式不過在昭顯誠意而已，若黷濫無際，精誠不真，則神明不應、或愆。由此知，本志所謂的「敬而不黷」、「正人事而已」正符合於荀悅的祀神態度。

上舉數例，皆在說明「本傳曰」（「本志曰」）雖非出於荀悅之筆，卻都符應了荀悅的思想，是《漢紀》「援傳入議」的一種表現方式，且與「荀悅曰」穿插於史實之間，構成《漢紀》夾議夾敘之文體。

二、「荀悅曰」內容之分析

《漢紀》中之「荀悅曰」共得三十八則，一萬多字，皆因事而發，且多針砭之

〔註305〕同註316。

〔註306〕《漢書·郊祀志上》卷25，頁305。

〔註307〕《漢紀》卷24，頁331。

〔註308〕《申鑒·時事》卷2，頁62。

〔註309〕《申鑒·雜言上》卷4，頁105。

〔註310〕《申鑒·雜言上》卷4，頁101。

〔註311〕《申鑒·俗嫌》卷3，頁82。

言，少有諷頌之辭。今依其性質，略加分類說明之：〔註312〕

（一）法式制度之本原及意義

荀悅極重法式制度，故在《漢紀・序》中即明言：「凡漢紀有法式焉」〔註313〕，且於論政體時，也以「明制惟典」〔註314〕作爲君王守則之一。法式制度的運作，必有背後之立制精神以爲支持與督促，故《漢紀》不僅詳載前漢制度，且常發明制度背後之精神與本意，以澄清得失，試說明如下：

> 先王立政以制爲本……承天之制，經國序民，列官布職，疆理品類，辯方定物，人倫之度，自上已下，降殺有序。〔註315〕

即法式的根本精神，實在建立和諧有序的秩序，以保障典制的運作以及民業的趨向。因此：

> 上有常制則政不頗，下有常制則民不二，官無淫度則事不愼，民無淫制則事不廢。〔註316〕

法式的精神既在於此，則個別制度之利弊得失，乃自有此精神以爲推動及矯正。

1. 以制祿而言，其立制的本意在於「下足以代耕，上足以克祀……食祿之家不與下民爭利……厲其公義，塞其私心」而已，而如果賦祿過薄，致使官吏「殖貨無限，奪民之利，不以爲恥」就完全失去了制祿的本意。〔註317〕

2. 以賞罰言，

> 賞罰者，國家之利器也，所以懲惡勸善。不以善加賞，不以惡增刑。

〔註318〕

賞罰爲國家之公器，也爲道德之督促，其立意精神在懲惡勸善，若任意以喜怒加增，則淆亂勸善懲惡的本意。

〔註312〕 又有學者依荀悅的批評強度與對象，將三十八則「荀悅曰」概分爲四類：一、一般概論性的陳述，無明顯的批評，約得五則；二、依前漢史事，基於歷史鑒戒與大衆利益的立場，而提出和緩善意的忠告或建言，約得 10 則；三、針對於前王政策及施政上的錯失，提出較強烈的批評，約十七則；四、對於前漢帝王，因私德不修致朝綱敗壞，而提出最嚴厲的譴責，此約得六則。參見 Chen, Chi-Yun, "Hsun Yueh's works:the Han-chi" Hsun Yueh (A.D.148～209):The Life and Reflections of an Early Medieval Confucian, Cambridge University Press, 1975, pp94～95.

〔註313〕 《漢紀・序》，頁 5。

〔註314〕 《申鑒・政體》卷 1，頁 3。

〔註315〕 《漢紀》卷 7，頁 89。

〔註316〕 《漢紀》卷 7，頁 89。

〔註317〕 《漢紀》卷 5，頁 72。

〔註318〕 《漢紀》卷 21，頁 296。

3. 以封建諸侯言，封建本為古制，其立制精神原在親便百姓，使諸侯各世其位「親民如子」。又在防止天下崩解，諸侯淫亂，則「民叛於下，王誅加於上」。王道衰微，則有「大國輔之」。若天子失道，有「諸侯正之」。此原是民、主兩便的方法。但後世不明其意，廢絕諸侯改行郡縣，於是「人主失道則天下遍其害，百姓一亂則魚爛土崩。」〔註319〕此即不察封建本意，自招滅亡的典型。

4. 以制葬言，制葬本意原在「因人之情，不忍其親，故為制禮」。然到後世奢侈厚葬，不僅耗費，連原先不忍其親的本意也被扭曲了，因此往往哀傷之情未必得到疏撫，卻已先困擾於「競以相高」的厚葬靡俗。〔註320〕

5. 以丞相、三公言，丞相出於秦制，秦本次國，故只設左、右丞相，而實無三公之官。三公出於古制，古者必參而成位，所以「易曰鼎足，以喻三公，所以參事統職，立官定制，三公蓋其宜也。」〔註321〕即就輔理天子而言，當效古制必參而成位的精神而設三公之官，乃無取次國之制、設丞相之理。〔註322〕

6. 以刺史州牧言，牧伯原為封建古制，天子於諸侯中選賢者，以考課諸侯、監督其治績。然「不統其政，不御其民」無有兼併陵王之虞。然到後世廢封建行郡縣，治民之責便不必再分擔於地方，而州牧之設「號為萬里，總攬郡國，威尊勢重」，既逾治民之權，又無愛民之實，故違背了中央集權、強幹弱枝的精神。

且古代牧伯監察而不牧民，今之州牧則御民統政，已失古制之立意。因此州牧之設，既不合於中央集權之精神，又失於牧伯監察之古意，宜罷廢不置。〔註323〕

（二）行政決策之權通

荀悅論制度重在恆常的運作，至於具體的決策行政則重其權通。所謂：

> 聖人之道必則天地，制之以五行，以通其變，是以博而不泥。〔註324〕

1. 以決勝之戰略言：

> 其要有三，一曰形，二曰勢，三曰情，形者言其大體得失之勢也，勢

〔註319〕《漢紀》卷5，頁72。

〔註320〕《漢紀》卷26，頁363。

〔註321〕《漢紀》卷28，頁388。

〔註322〕關於三公的職掌，《韓詩外傳》曾有解說：「三公之得者何？曰司馬、司空、司徒也。司馬主天，司空主土，司徒主人。故陰陽不和、四時不節、星辰失度、災變非常，則責之司馬；山陵崩阤、川谷不通、五穀不植、草木不茂，則責之司空；君臣不正、人道不和、國多盜賊、民怨其上，則責之司徒。故三公典其職、憂其分、舉其辨、明其得，此之謂三公之事。」參見賴炎元註釋：《韓詩外傳今註今譯》卷8，台北：商務印書館，民國70年11月四版，頁344。

〔註323〕《漢紀》卷28，頁388。

〔註324〕《漢紀》卷23，頁326。

者言其臨時之宜也、進退之機也,情者言其心志可否之意。〔註325〕

「形」指的是客觀環境的考量。陳餘、張耳勸說陳涉復六國之後,所以能成功,即是把握住群雄並起的局勢,因此能「取非其有以與人,行虛惠而獲實福」。相反的,酈食其勸說漢王恢復六國,則是忽略了楚漢相爭的現實,反而「割己之有以資敵,設虛名而受實禍」。兩者雖出於同策,成敗卻不同,關鍵即在於客觀環境的考量,是謂「同事而異形」。〔註326〕

「勢」指的是時機的緩急。卞莊刺虎,行於戰國之世,「無臨時之急」,故可以「累力待時,乘敵之斃」。相反的,宋義欲待秦、趙相鬥取其利,然而「安危之機,呼吸成變,進則成功,退則受禍。」因此兩者雖同為待時乘敵,卻得失不同者,在於時機緩急的考量,是謂「同事而異勢」。〔註327〕

「情」指的是求勝意志的強弱,韓信伐趙,趙軍「懷內顧之心,無必死之計」,反觀韓信之軍孤於水上「士卒必死,無有二心」故能勝趙。相反的,漢王戰項羽於濉水,「士卒逸豫、戰心不固」,而項羽以強大之威卻喪其國都,故「士卒有憤慨之氣,救敗赴亡之急。」所以最後楚勝漢敗。兩者一勝一敗的關鍵在於意志的強弱,是謂「同事而異情」。〔註328〕

所以決勝的要領即在審察「形」、「勢」、「情」三術而權通其變,不可預設執守,是所謂:

權不可預設,變不可先圖,與時遷移,應物變化,設策之機也。〔註329〕

2. 以復井田言,漢末以來土地兼倂,豪富占田逾侈的情勢既已造成,若要強令富人出捐土地,恢復古代「一夫一婦受私田百畝」的制度,勢難成功。因此當權衡現實,損益古制「以口數占田,為立科限,民得耕種,不得買賣。」〔註330〕以「口數」占田,可以稍減豪富大戶的損失。「不得買賣」則解決了兼倂的問題。由此辦法,既能體現均產的精神(有口即授田),也能解決兼倂的問題,正是因時制宜權通之計。〔註331〕

〔註325〕《漢紀》卷2,頁30。
〔註326〕同前註。
〔註327〕同前註。
〔註328〕同前註。
〔註329〕同前註。
〔註330〕《漢紀》卷8,頁103。
〔註331〕其實兩漢的均產運動始終是失敗的,從前漢的董仲舒、師丹,到東漢的荀悅、崔寔,政治改革的努力,永遠敵不過現實的阻力。既使像王莽以帝王的力量推展國有土地政策,也仍不免挫敗於既得利益者的阻撓。而兩漢兼倂問題無法解決的癥結,又在於統治者身上。韓復智曾歸結其因:第一是統治者永遠無法放棄壓榨下民的私慾。第二是統治者的權力基礎依賴於宗親與官僚兩大集團的支持,因此往往犧牲百姓的

3. 以赦法言，赦免本是權宜之法，當因時而制宜。故「漢興承兵革之後……設三章之法」大赦天下，實乃「與民更始」之意。

至於孝景之際，七國作亂，姦邪並出；武帝時賦役繁興，群賊叢聚；以及光武中興，撥亂反正之初，則不宜有赦。此因姦邪紛擾之時，又赦罪犯，是加重擾民。

而若是「君臣失禮、政教陵夷」、「犯法者眾，亡命流竄……勢窮刑蹙」或是「刑政失中……怨枉繁多……群獄姦昏」則宜有赦。此因上位者法教失調致逼民犯罪，乃當行赦，以示更始佈新之意；而勢窮刑蹙之時，不如赦其罪，令其感恩自新；至於獄政昏奸枉民入罪者，則更宜赦之，以還民清白。

所以赦免之法，「期於應變濟時」而已。〔註332〕

4. 以矯制言，矯制專行原是不可取法，但若有應難圖功之急，則仍「不得已而行之」。要追論其賞罰，則「矯大而功小者，罪之可也。矯小而功大者，賞之可也。功過相敵，如斯而已可也。」〔註333〕

5. 以服喪言，三年之喪原是天下之通喪，而孝文帝遺詔：「天下吏民臨三日……服大功十五日、小功十四日、纖七日釋服。」是以帝王而親廢三年喪服，為「虧大化，非禮也」。〔註334〕然而孝文的本意原在體恤百姓，不願其「厚葬以破其業，重服以傷其生」，即以「國家之重，慎其權柄，雖不諒闇，存其大體可也」。〔註335〕

由此可知，權通制宜必有可體諒之情，使不失於人情。也當猶存其大體，使法式本意不致抹滅。

6. 以白馬之盟言，白馬誓盟約定：「非劉氏不王，非有功不侯，不如約者，天下共擊之。」〔註336〕行之於漢業草創初期，確實為鞏固政權的宣示，但若要強約於後世，則嫌於固執：

是教下犯上而興兵亂之階也，若後人不修，是盟約不行也。〔註337〕

即白馬之盟只是一時之權宜，而非常典，約束於後世，即失於權通。

7. 以刑、教言，刑教雖為導訓人性的良法，然也宜慎其時機與節奏。

以時機言：

權益來滿足兩大利益集團的私慾，於是先天畸形的田賦制度，加上利益者無限擴大的私心，使得兼併問題永遠無法獲得解決。參見韓復智：〈兩漢經濟問題的癥結〉《思與言》雙月刊五卷四期，民國56年11月，頁20～26。

〔註332〕關於赦法的意見，參見《漢紀》卷22「荀悅曰」，頁331。
〔註333〕《漢紀》卷23，頁322。
〔註334〕《漢紀》卷8，頁116。
〔註335〕同前註。
〔註336〕《漢紀》卷9，頁133。
〔註337〕同前註。

> 撥亂抑強則先刑法，扶弱綏新則先教化，安平之世則刑教並用。大亂無教，
> 大治無刑，亂之無教，勢不行也，治之無刑，時不用也。〔註338〕

以節奏言：

> 教初必簡，，刑始必略，則其漸也。教化之隆莫不興行，然後求備。
> 刑法之定，莫不避罪，然後求密……莫不興行，則毫毛之善可得而勸也，
> 然後教備。莫不避罪，則纖芥之惡可得而禁也，然後刑密。〔註339〕

若是操急勉強，反而誘陷百姓棄善從惡：

> 未可以備謂之虐教，未可以密謂之峻刑。虐教傷化，峻刑害民……設
> 必違之教，不量民力之未能，是陷民於惡也，故謂之傷化。設必犯之法，
> 不度民情之不堪，是陷民於罪也，故謂之害民。〔註340〕

即以刑教而言，若不能權衡時機、變通節奏，而貿然施行，反而有害於民，由此可知權通之於行政之重要。

（三）公私義利之辨

　　荀悅對公私義利之辨極為嚴謹，自君主至庶民倘有犯違者，皆直言批判，不加隱飾，試說明之：

如對於國家用度，荀悅即主張唯以公義為計：

> 一切用計必推其公義，度其時宜，不得已而用之，非有大故則不由之。
> 〔註341〕

　　漢九年，趙相貫高逆謀犯上被捕，高祖以趙王不知其事而赦趙王，改封為宣平侯。而貫高苟活證明趙王不反，也同赦之。荀悅於此事，即採公私之辨，對高祖之兩赦進行批判。首先引春秋之義，「大居正，罪無赦」，批判貫高為殺主之賊，「雖能證明其王，小亮不塞大逆，私行不贖公罪」〔註342〕，是謂貫高雖能忠於私君，畢竟不贖於弒上的公罪。

　　其次，趙王雖不知其事，卻知貫高曾有弒上之意，而「掩高之逆心，失將而必誅之義，使高得行其謀，無藩國之義，減死可也，侯之過歟」。〔註343〕是荀悅欲藉此事，申明私惠與公罪不能相抵，且藩臣當守忠臣之公義，無有縱下逆上之理。所

〔註338〕《漢紀》卷23，頁326～327。
〔註339〕同前註。
〔註340〕同前註。
〔註341〕《漢紀》卷7，頁89。
〔註342〕《漢紀》卷4，頁49。
〔註343〕同前註。

著眼的即在於公私義利之辨。

宣帝時，京兆尹張敞坐事被彈劾，宣帝愛惜張敞，故意延留奏劾不議。後來張敞殺屬吏，被人上書言告，宣帝又縱容張敞自闕下逃亡。荀悅乃據此而批評：

> 天子無私惠，王法不曲成，若張敞之比，以議能之法宥之可也，使之
> 亡非也。〔註344〕

是宣帝以私惠而犯王法，雖為人君，亦不足取。

成帝綏和三年三月，帝崩，佞臣張放乃思慕哭泣而死。張放素來親幸於成帝，聞帝崩，以「思慕哭泣」而死，足見其對成帝確實存有私愛，然而不奉法度，不盡臣子之職，畢竟有違公忠。所以荀悅批評道：

> 放非不愛上，忠不存焉，故愛而不忠，人之賊也。〔註345〕

「愛而不忠，人之賊也」由此一貶辭，可知荀悅對公私份際的分明。而對於那些只以私慾干求寵幸的佞幸之徒，荀悅更是嚴屬的譴責：

> 其所以事也，惟欲是從，惟利是務……以姑息為忠，以苟容為智，以
> 技巧為材，以佞諛為美……求贍其私慾，慮不遠圖，不恤大事。〔註346〕

由此澄清「姑息」「苟容」「技巧」「佞諛」等私巧的手段，絕非人臣公忠事君的本分。

此外，公私義利之辨也表現在「私義」與「公利」的分別。如以遊俠而論：「趙相虞卿……以周窮交，拔魏齊之厄……信陵無忌……殺將專師，以赴平原之急。」〔註347〕這原是扶助友朋俠義之舉，可是荀悅批評他們：「棄國捐君」「竊符矯命」，〔註348〕即意謂朋友之私義不能相抵於君臣之公利。

而民間遊俠如劇孟、郭解之徒：

> 皆馳騖於閭閻，權行州郡，力折公卿，眾庶覬其名迹，榮而慕之，雖
> 陷刑辟，自為殺身成名，若季路仇牧，死而不悔也。〔註349〕

是以干犯公法來圖求私譽，縱使他們或有「汎愛賙急」〔註350〕的私行，仍為公義所不取。所以荀悅對於遊俠之風的總評價是：「背親死黨之義成，守職奉上之道廢矣。」〔註351〕公利與私義之輕重由此而明。

〔註344〕《漢紀》卷20，頁283。
〔註345〕《漢紀》卷27，頁381。
〔註346〕《漢紀》卷28，頁389。
〔註347〕《漢紀》卷28，頁392～393。
〔註348〕同前註。
〔註349〕同前註。
〔註350〕同前註。
〔註351〕同前註。

（四）禮教倫常之重

　　荀悅也重視禮教倫常，尤其認爲以皇室之尊，如果不能奉守，更無以示範天下。

　　高祖時五日一朝太公，太公家令乃勸說太公謂：「奈何令人主朝人臣，如此威重不得申。」〔註352〕荀悅就此事而分明忠孝之份際：

> 孝經云：故雖天子必有尊也，言有父也……故孝莫大於嚴父……古之道子尊不加於父母。〔註353〕

是謂高祖雖爲人主，然終爲人子，故不可以不盡孝。

> 王者必父事三老，以示天下，所以明有孝也。〔註354〕

是王者設三老之禮，在以身作則示範天下。即荀悅欲藉此事而申明忠、孝各有份際，雖以帝王之尊猶不能失孝道，而且帝王有儀範天下的責任，更不當輕易以君臣關係而淆亂父子之禮。

　　孝惠時立皇后張氏，乃爲帝姊魯元公主之女，高后欲以重親，故配帝爲后一事。〔註355〕荀悅也以人之禮批評此事：

> 夫婦之際，人倫之大道也。詩稱刑於寡妻，至于兄弟，以御家邦。〔註356〕

即夫婦之婚配必合於人倫，而以姊子爲妻，「昏於禮而黷於人情」〔註357〕實有違倫常。又引易稱「正家道，家道正而天下大定矣。」〔註358〕夫婦之際若涉及帝室，則更有榜樣百姓的意義，所以「姊子而爲后……非所以示天下，作民則也。」〔註359〕

　　由此知荀悅持倫常禮教督責於君王，不只著眼於禮法的維護，也是愼重於君王儀範天下的責任。

　　宣帝時諫議大夫王吉上書稱：「漢法，列侯尙公主之制，使男事女、夫屈於婦，逆陰陽之位。」〔註360〕荀悅也同意這樣的看法，而引「堯釐降二女嬪於虞」，「帝乙歸妹以祉元吉」以及「王姬歸齊」〔註361〕的古制，辨明漢室「尙」公主之制，並不合於人倫。古聖王嫁女、妹皆以「歸」、「降」，而漢室獨以「尙」，是「男替

〔註352〕《漢紀》卷3，頁46。
〔註353〕同前註。
〔註354〕同前註。
〔註355〕《漢紀》卷5，頁63。
〔註356〕同前註。
〔註357〕同前註。
〔註358〕同前註。
〔註359〕同前註。
〔註360〕《漢紀》卷17，頁248。
〔註361〕同前註。

女陵，則淫暴之變生矣」。〔註362〕而且由皇室示範，「禮自上降，則昏亂於下者眾矣」。〔註363〕是荀悅欲申明夫婦之際，自有人倫的理性，不得藉皇室的權威而輕加侵犯。

孝成綏和元年立帝弟之子定陶王爲太子一事。〔註364〕荀悅以「貴有常」及「親疏有別」的原則，對立嗣問題做澄清：

> 聖人立制，必有所定，所以防忿爭，一統序也。春秋之義，立嫡以長，立子以貴，是以言嫡無二也，貴有常也。以弟及兄，則貴有常矣。兄弟之子，非一也。不可以爲典。〔註365〕

即立嗣之本意貴在「有常」的運作，以弟及兄合於「有常」，兄弟之子則「非一」，不合於典制。

> 且兄弟近而親，所以繼父也，兄弟子疎而卑，所以承亡也……捨親取疏，廢父立子，非順也，以弟繼父，近于義矣。〔註366〕

是立嗣也當考慮人倫之親疏，兄弟，同父所生，關係親，兄弟之子則嫌疏隔。其時孝成皇帝之親弟中山王仍在，故孝成捨親而取疏，是未通於親疏之理。

即荀悅在立嗣上發明倫常之理：以弟及兄所以貴「有常」，以弟繼父所以別「親疏」。

（五）名實相稱

名實相稱是荀悅政論裡一個重要的堅持，舉凡制度、用人、賞罰或民俗的議題，都可以見到他以此作爲批評的依據。

如對於石顯設巧變詐、專權害忠的行爲，荀悅即曾痛心的要求君王用人當以眞實爲愼，並且具體舉出用人、賞罰的準則：

> 德必核其眞然後授其位，能必核其眞然後授其事，功必核其眞然後授其賞，罪必核其眞然後授其刑……一物不稱則榮辱賞罰從而繩之。〔註367〕

君主用人在取名實相稱，功罪賞罰則授其眞實。以此爲表率，乃能達到「眾正積於上，萬事實於下」〔註368〕的效果。

而論到民俗，荀悅對於「三遊」造成的民俗惑亂，尤其切恨：

〔註362〕同前註。
〔註363〕同前註。
〔註364〕《漢紀》卷27，頁377～378。
〔註365〕同前註。
〔註366〕同前註。
〔註367〕《漢紀》卷22，頁310。
〔註368〕同前註。

君子犯禮，小人犯法，奔走馳騁，越職僭度，飾華廢實，競趨時利，簡父兄之尊，而崇賓客之禮，薄骨肉之恩，而篤朋友之愛，忘修身之道，而求眾人之譽……於是流俗成矣而正道壞矣。〔註369〕

因此為了澄清世俗，荀悅特別舉出了四種名實相違的作假行為，以作警誡：

實不應其聲者謂之虛，情不覆其貌者謂之偽，毀譽失其真者謂之誣。言事失其類者謂之罔。〔註370〕

進而要求君王清滅偽行，以安定民志：

虛偽之行不得設，誣罔之辭不得行，有罪惡者無倖倖，無罪惡者不憂懼，請謁無所行，貨賂無所用，民志定矣。〔註371〕

民俗關係於百姓的價值觀與操守，若不能澄清則難以望治，這是荀悅批評三遊之風的用心所在。

孝景時，淮南王平定七國之亂有功，改封為江都王，且賜天子旌旗一事。〔註372〕荀悅引孔子的正名理論，「必也正名乎，唯器與名不可以假人。」指稱天子旌旗有名器上的意義，「唯盛德元功，有天子之勳，乃受異物」，江都王雖討亂有功，卻非有天子之勳，是賞過其實；故「江都王賜天子旌旗過矣」。荀悅也藉此警礪君王當慎名實，所謂「名設於外，實應於內，事制於始，志成於終，故王者慎之。」〔註373〕

武帝時，公孫弘始拜相即封侯一事。〔註374〕荀悅乃批評：

丞相始拜而封非典也。夫封必以功，不聞以位。孔子曰：如有所譽，必有所試矣。〔註375〕

是又就名實原則檢視封侯的意義。公孫弘以丞相之「位」而封侯，不合於試譽精神。

（六）君臣典型

「非天地不生物，非君臣不成治，首之者天地也，統之者君臣也。」〔註376〕即荀悅在政體要素裡是把君、臣視如「元首與股肱」的關係。〔註377〕兩者「同善則治，同惡則亂，善惡相雜則交爭。」〔註378〕而為了具體描繪君臣善惡交雜的典型，

〔註369〕《漢紀》卷10，頁137～138。
〔註370〕同前註。
〔註371〕同前註。
〔註372〕《漢紀》卷9，頁125。
〔註373〕同前註。
〔註374〕《漢紀》卷12，頁170。
〔註375〕同前註。
〔註376〕《申鑒·雜言上》卷4，頁102。
〔註377〕《申鑒·政體》卷1，頁25。
〔註378〕《漢紀》卷16，頁236～237。

荀悅乃立「六主」、「六臣」以爲鑒戒：

> 體正性仁、心明智固、動以爲人、不以爲己，是謂「王主」。
>
> 剋己怒躬、好問力行、動以從義、不以縱情，是謂「治主」。
>
> 勤事守業、不敢怠荒、動以先公、不以先私，是謂「存主」。
>
> 悖逆交爭、公私並行、一得一失、不純道度，是謂「哀主」。
>
> 情過於義、私多於公、制度殊限、政令失常，是謂「危主」。
>
> 親用讒邪、放逐患賢、縱情遂欲、不顧禮度、出入遊放、不拘儀禁、
> 賞賜行私、以越公用、忿怒施罰、以逾法制、遂非文過、知而不改、忠信
> 壅塞、直諫誅戮，是謂「亡主」。〔註379〕

進而評價「六主」之成敗：

> 「王主」能致興平；「治主」能行其政；「存主」能保其國；「哀主」遭無
> 難則庶幾得全，有難則殆；「危主」遇無難則幸而免，有難則亡；「亡主」
> 必亡而已矣。〔註380〕

人主掌握權柄，原是「爲善之至易」、「至福之所隆」，何以會有「危主」、「亡主」的
出現？荀悅以爲關鍵在於人主的心念是否存乎仁？存仁自然「戰戰兢兢、如履虎尾、
勞謙日昃、夙夜不怠。」不存仁則「沉於宴安，誘於諂導，放於情欲。」〔註381〕
於是才有「王主」與「亡主」之別。

> 「六主」之外，又有「六臣」：
>
> 以道事君、匡躬之故、達節通方、立功興化，是謂「王臣」。
>
> 忠順不失、夙夜匪懈、順理處和、以輔上德，是謂「良臣」。
>
> 犯顏逆意、抵失不撓、直諫過非、不避死罪，是謂「直臣」。
>
> 奉法守職、無能往來，是謂「具臣」。
>
> 便嬖苟容、順意從諛，是謂「嬖臣」。
>
> 傾險讒害、誣下惑上、專權擅寵、唯利是務，是謂「佞臣」。〔註382〕

「六主」、「六臣」各有德性，交雜相配，乃使成敗殊異：

> 或有君而無臣，或有臣而無君，同善則治，同惡則亂，雜則交爭……
> 六主之有輕重，六臣之有簡易，其存亡成敗之機在於是矣。〔註383〕

〔註379〕同前註。
〔註380〕同前註。
〔註381〕同前註。
〔註382〕同前註。
〔註383〕同前註。

荀悅定「六主」、「六臣」之典型，有亡主、佞臣之遺憾，然也寄期許於王主、王臣。雖是出於褒貶之筆，實更有警礪之用心。

（七）忠臣之境況

「荀悅曰」為針砭諫諍的文體，故其論事也多半嚴肅端莊，獨獨對於忠臣境況的描述，往往下筆真切，深情流露。

如述忠臣之難言：

> 舉過揚非則有干忤之禍，勸勵教誨則有刺上之譏……違下從上則以為諂諛，違上從下則以為雷同……言而不效則受其怨責，言而事效則以為固當。或利於上不利於下，或便於左不便於右，或合於前而忤於後……以難言之臣干難聞之主……此下情所以不得上通。〔註384〕

如敘忠臣對人主的慕戀之心：

> 忠臣之於其主猶孝子之於其親，盡心焉、盡力焉，進而喜非貪位，退而憂非懷寵，結志於心、慕戀不已……故仲尼去魯，日遲遲而行，孟軻去齊，三宿而後出境，彼誠仁聖之心。〔註385〕

忠臣雖抱戀慕之心，然而人主卻未必能用，甚且疑忌：

> 以孝文之明也，本朝之治，百寮之賢，而賈誼見逐，張釋之十年不見省用，馮唐白首屈於郎署，豈不惜哉！夫以絳侯之忠，功存社稷而猶見疑，不亦痛乎！〔註386〕

忠臣不見用於人主，還有避身自退之處。至於忠臣不容於權奸，乃無所自存：

> 獨智不容於世，獨行不畜於時，是以昔人所以自退也。雖退猶不得自免，是以離世深藏……雖隱身深藏猶不得免，是以甯武子佯愚，接輿為狂……人無狂愚之慮者，則不得自安於世。是以屈原怨而自沉，鮑焦憤而矯死。雖死猶懼形骸之不深，魂神之不遠，故徐衍負石入海，申屠狄蹈甕之河……悲夫以六合之大、匹夫之微，而一身無所容焉，豈不哀哉！〔註387〕

「荀悅曰」以議論之筆而抒情如此，可見荀悅對忠臣之難為悲嘆至甚。《後漢書》〔註388〕本傳稱美《漢紀》「辭約事詳，論辨多美」，如果由其論議中兼帶抒情的筆法言，「論辨多美」的評價是很合宜的。

〔註384〕《漢紀》卷29，頁396～397。
〔註385〕《漢紀》卷8，頁108。
〔註386〕同前註。
〔註387〕《漢紀》卷25，頁349。
〔註388〕《後漢書·荀悅傳》卷62，頁536。

（八）天人之際

荀悅論天人哲學包含兩個層面，一是以災異說警礪時君，二是以三勢說安置性命。

災異說，主要以天變來警示人主修政謝過，使天人之間形成一種互動的溝通：

> 凡三光精氣變異，此皆陰陽之精也。其本在地，而上發於天也。政失於此則變見於彼，由影之象形、響之應聲。是以明王見之而悟，敕身正己，省其咎，謝其過，則禍除而福生，自然之應也。〔註389〕

「政失於此則變見於彼」這種天變妖象的警告儀式，是荀悅深信不疑的，所以當武帝之世種種怪象發生時，荀悅即毫不客氣的以災異說來譴責武帝的失政：

> 春秋傳曰：作事不時，怨讟起於民，則有非言之物而言者。當武帝之世，賦役煩重、民力彫弊，加以好神仙之術，迂誕妖怪之人四方竝集，皆虛而無實，故無形而言者至矣，於洪範言：僭則生時妖，此蓋怨讟所生，時妖之類也。〔註390〕

而天變妖象只是失政的警告，只要人君能修政謝過，「通於道，正身以應萬物，則精神形氣，各返其本矣。」〔註391〕即天人感應說乃出於萬物通感的原理，爲政持平，則天道、地道、人道「各當其理，而不相亂」。〔註392〕而若是施政清明或施政荒敗，則人事感通於天地，於是「善則爲瑞，惡則爲異，瑞則生吉，惡則生禍」。〔註393〕只不過漢儒多取災異來警礪時君，至於祥瑞符命者，多半淪爲「俗儒逢迎之憑資或是姦雄篡竊之藉口」。〔註394〕

災異說是荀悅用來警礪人君修行善政，而三勢說則是荀悅用來安置性命之理。三勢說的根本精神在區別天人的份際。其將事物的成敗歸整爲三類：

> 夫事物之性，有自然而成者；有待人事而成者，有失人事而不成者；有雖加人事終身不可成者。〔註395〕

「自然而成者」與「雖加人事終身不可成者」屬於天命裡的定數，是人力不可及或不可違抗的部分。至於「有待人事而成者，有失人事而不成者」則屬於天、人合作，即人力可以施爲的部分。

〔註389〕《漢紀》卷6，頁78。
〔註390〕《漢紀》卷13，頁193～194。
〔註391〕同前註。
〔註392〕同前註。
〔註393〕同前註。
〔註394〕蕭公權：《中國政治思想史》，台北：聯經出版社，民國81年10月，頁314。
〔註395〕《漢紀》卷6，頁78。

　　藉此事物之三勢說，荀悅乃分別出天人份際之所在，進而提出對應三勢說的人生態度來：

　　　　天人之道有同有異，據其所以異，而責其所以同，則成矣。守其所以同，而求其所以異，則弊矣。〔註396〕

「據其所以異，而責其所以同」指的是安守天數裡人力不可及的命數，而盡量去發揮人力可以施爲的本分。「守其所以同，而求其所以異」是指保守人力可爲的本分，而去強求人力不可及的部分。故前者成而後者弊矣。

　　由此，安置性命的正確態度當是：

　　　　君子盡心力焉，以任天命，易曰窮理盡性，以至於命，其此之謂乎。〔註397〕

即不強求不可及之天命，而不放棄人力可盡心力的可能，此爲荀悅三勢說的性命之理。

〔註396〕同前註，頁79。
〔註397〕同前註。

第四章 《漢紀》思想之分析

第一節 政治思想

　　《漢紀》所流露之政治思想，乃在申明政體之形貌，以及君臣間之道義關係，並演申君王之相關治術與應有之修養。正如《漢紀・序》所說的：「凡《漢紀》……有政化焉……斯皆明主賢臣命世之業……，可以興、可以治、可以動、可以靜、可以言、可以行……茲亦有國之常訓。」〔註1〕

　　因此《漢紀》成書後，後人也多推美於此：如王銍稱其「於朝廷紀綱、禮樂刑政、治亂成敗、忠邪是非之際，指陳論著，每致意焉，反覆辨達，明白條暢。」〔註2〕張宗泰也稱許《漢紀》：「所附論斷亦洞達政體，昭晰物情，非苟作也。」〔註3〕唐太宗尤其推美：「此書敘致既明，論議深博，極為治之體，盡君臣之義。」〔註4〕

　　故本節特就政體、治術與君臣關係三部分，分析荀悅《漢紀》之政治思想，而其間也兼採《申鑒》資料，以輔助說明。

一、政　體

　　荀悅論政體架構是由天、地、人三方面的層次共同組成的。其推論的方法是由道的本體出發，進而推展出為政的兩項基本原則：法與教。又由法、教的作用，進一步影響人情、價值及德性的導化。待導化成熟，諧和天人關係的政體架構於是產生，而為政者的任務，也由此而明。試說明如下：

─────────────

〔註1〕《漢紀》目錄序，頁5。
〔註2〕《漢紀》，商務人人文庫本，前附〈四庫提要〉，頁1。
〔註3〕《漢紀・西漢年紀合刊》，前附〈四庫提要補正〉，頁4。
〔註4〕《舊唐書》卷62〈李大亮傳〉，鼎文新校本，頁2388。

道的本體乃由天地人共成且互相輔理：

> 立天之道曰陰與陽，立地之道曰柔與剛，立人之道曰仁與義。陰陽以
> 統其精氣，剛柔以品其群形，仁義以經其事業。〔註5〕

而爲政的基本原則，即由此道中演繹而出，是爲法、教：

> 故凡政之大經，法教而已矣。教者，陽之化也，法者，陰之符也。〔註6〕

法、教即是政之大經，其作用乃在導化人情、德性以及價值趨向，使五德得到
正常的涵養，使六節得到合宜的抒發：

> 仁也者，慈此者也。義也者，宜此者也。禮也者，履此者也。信也者，
> 守此者也。智也者，知此者也。〔註7〕

是仁義禮智信五德，在法、教中得到涵育。

> 是故好惡以章之，喜怒以涖之，哀樂以恤之。〔註8〕

是好惡喜怒哀樂六節，在法、教中得到歸趨。

五德與六節經法、教導化成熟後，則道的本體乃得以發明，君主的修養始得以
完備，百官的職分也由此分工，百姓的本份也得以興作：

> 若乃二端不愆、五德不離、六節不悖，則三才允序、五事交備、百工惟釐、
> 庶積咸熙。〔註9〕

於是天人和諧，君、臣、百姓共爲一體的政體架構，乃因此而產生：

> 天作道、皇作極、臣作輔、民作基。〔註10〕

即此一政體是以道體爲本，以法教爲經，以五德、六節的成熟涵育爲基礎，進而以
天地、君、臣、百姓爲元素而共同構成。

而「天作道、皇作極、臣作輔、民作基」這樣的政體觀念即反覆出現於荀悅的
史論當中。如：

（一）論治體之終始，曰：「聖人之道，必則天地，制之以五行，以通其變，
是以博而不泥……故聖人則天，賢者法地，考之天道，參之典經，然後用於正矣。」
〔註11〕

〔註5〕《申鑒·政體》卷1，頁2。
〔註6〕同前註。
〔註7〕同前註，頁3。
〔註8〕同前註。
〔註9〕同前註。其中「五事」指古代爲政者在貌、言、視、聽、思五方面的修養。「貌曰恭、
言曰從、視曰明、聽曰聰、思曰睿。恭作肅、從作乂、明作悊、聰作謀、睿作聖。」
見《尚書·洪範》。而「三才」即指天地人之道體。
〔註10〕同前註。
〔註11〕《漢紀》卷23，頁326。

（二）論立政之本，謂「三正五行，服色厤數，承天之制，經國恤民，列官布職，疆理品類，辯方定物。」〔註12〕

（三）論刑、教之本原，謂：「聖人因天秩而制五禮，因天罰而制五刑。」〔註13〕

（四）論君臣之事業，謂：「昔齊桓公任管仲以霸，任豎刁以亂，一人之身，唯所措之。」〔註14〕

（五）論封建愛民之設計，謂：「昔者聖王之有天下，非所以自爲，所以爲民也，不得專其權利，與天下同之，唯義而已，無所私焉，封建諸侯，各世其位，欲使親民如子。」〔註15〕

……等等諸如此類之史論，皆爲前述政體觀念之發揮。

二、治 術

政體架構完成，則爲政者的職責，即是依此架構，盡其天職而已：

> 惟先哲王之政，一曰承天、二曰正身、三曰任賢、四曰恤民、五曰明制、六曰立業。〔註16〕

即爲政者的職分在承繼道體、砥礪修身、選任賢能、恤養百姓、修明典制，以及建立功業等六方面。

而克盡職分的要領，在能秉持常誠的精神，不疑豫、不懈怠，即所謂：

> 承天惟允、正身惟常、任賢惟固、恤民惟勤、明制惟典、立業惟敦。

〔註17〕

即爲政者的治術乃表現於它的天職上，一曰承天、二曰正身、三曰任賢、四曰恤民、五曰明制、六曰立業。茲分別說明如下：

（一）承 天

承天即是承繼道統，如前文所述，道體的精神發於外者即成法、教。法、教乃由此構成爲政之大經，仁義禮智信五德的修養，需靠法、教涵育。好惡喜怒哀樂六節的抒展，也需要靠法、教協調。待法、教導化成熟後，天地、君臣、百姓共成一體的政體結構，於是完備，而君王的天職乃依此而生。

所以道體實是君王事業的總綱紀。所有致治之術的延伸，全是順依道體的精神

〔註12〕《漢紀》卷7，頁89。

〔註13〕《漢紀》卷8，頁105。微引《漢書》本傳之語。

〔註14〕《漢紀》卷23，頁326。

〔註15〕《漢紀》卷5，頁71。

〔註16〕《申鑒・政體》卷1，頁2。

〔註17〕同前註。

所演繹出來的。故君王所以承天者，即是在具體化道體的原則，開展而爲治術，以實現人主的天職。即所謂：「在上者，則天之經，因地之義，立度宣教，以制其中。」〔註18〕的道理。

（二）正　身

1. 正身以明道體

人主承天以施政，故當先正身以明道體。道體與人身之間的溝通，端在「本神」，

　　故君子本神爲貴，神和德平而道通，是謂保眞。〔註19〕

即保眞的養鍊是明道體的首要工夫。

然而道體廣博、無所不在，故能通達於道者，必先能守其簡約的原則，即所謂「恕」、「正」二字，此稱之爲「道根」。

　　恕者，仁之術也。正者，義之要也……此謂道根。〔註20〕

恕、正所表現者爲仁、義，這是「道根」的原則，也即是通達道體的簡約之理。

由「道根」進一步擴展，乃有「道實」。道實者：

　　一曰中、二曰和、三曰正、四曰公、五曰誠、六曰通。以天道作中，

　　以地道作和，以仁德作正，以事物做公，以身極作誠，以變數作通。〔註21〕

是人主全面通達道體的具體修行。所以人主正身以通達道體，必先要「保眞」，使本神清明，其次要約守「道根」，行恕守正。最後修六則以立「道實」。

2. 正身以自省

人主正身也重視於自我省察。而且自省的欲望，必須出於內心的眞誠，而不是爲了敷衍他人或爲了討好神明。所以：

　　修行者……自恥者，本也。恥諸神明，其次也。恥諸人，外矣。夫惟

　　外，則愿積於內矣。〔註22〕

即自省的工夫，如果不是出於內心眞誠的要求，終究無法完全看清自己的能力與缺陷，也使自省的價值，因懈怠或卸責而扭曲，也就無法達到正身的目的。

而人主檢省自己，可以由四方面作依準：

　　誠其心、正其志、實其事、定其分。〔註23〕

〔註18〕《漢紀》卷25「荀悅曰」，頁347。
〔註19〕《申鑒・雜言下》卷5，頁128。
〔註20〕《申鑒・政體》卷1，頁24。
〔註21〕同前註，頁15。
〔註22〕《申鑒・雜言下》卷5，頁148。
〔註23〕同前註，頁128。

心意要誠，志意要正，理事要實，份際要明。如此自然：

> 心誠則神明應之……志正則天地順之……事實則功立，分定則不淫。

〔註24〕

3. 正身以示範儀

人君正身還有示範百姓的作用。君主以身作則，帶起良好的示範，則治術自然容易通達天下。所以：

> 明於治者，其統近。萬物之本在身。……內正立而四表定矣。〔註25〕

法、教雖然是教化人心、砥礪善行的必要手段。但是如果能有上位者良好的示範，榜樣於前，則法、教的施行更易於奏效。所謂：

> 善禁者，先禁其身而後人，……善禁之，至於不禁。〔註26〕

相反的，君王如果既不能正身以作百姓的示範，卻反而苛求於百姓，則不僅法、教失其意義，甚且還會招致民怨。所謂：

> 肆情於身，而繩欲於眾，行詐於官，而矜實於民，求己之所有餘，奪下之所不足，捨己之所易，責人之所難，怨之本也。〔註27〕

由此，君王施政需謹慎抱定有公無私的原則，克制自己的私慾，以立儀範。故：

> 人主有公賦無私求、有公用無私費、有公役無私使、有公賜無私惠、有公怒無私怨。〔註28〕

如此把私心掩藏，乃能正身以表率天下，而達到「眾正積於上，萬事實於下。」〔註29〕的教化效果。

由以上所論知：荀悅論人主之正身，包含三個層次，一是正身以明道體，使守恕正、行仁義的施政原理獲得體悟與實踐。二是正身重在自省，使發於內心真誠的檢視，能完全清除內在的缺陷，而達到心誠、志正、事實、分定的效果。三是正身有儀範天下的作用，便利於法、教的收效，也藉以杜絕因私慾帶來的民怨。

而以「正身」為治術基礎的觀念，表現於《漢紀》之史論，即為對君主操德的勉勵：

如論治道之本乃謂：「政者，正也，夫要道之本，正己而已矣。平直真實者，正

〔註24〕同前註。

〔註25〕《申鑒·政體》卷1，頁23。

〔註26〕同前註，頁31。

〔註27〕同前註。

〔註28〕同前註，頁27。

〔註29〕《漢紀》卷22，頁310。

之主也。」〔註30〕「君子以道折中，不肆心，則不縱體焉，惟義而後矣。」〔註31〕由此正己從道之理，乃有「王主」、「治主」之典範，所謂：「體正性仁，心明智固，動以爲人，不以爲己，是謂王主。剋己恕躬，好問力行，動以從義，不以縱情，是謂治主。」〔註32〕

論賞罰，爲「國家之利器也，所以懲惡勸善，不以喜加賞，不以怒增刑。」〔註33〕乃警惕人主不當徇私犯公，因此如孝宣因惜愛之私而故意放逃張敞，是失於「天子無私惠，王法不曲成」〔註34〕之公道。

而論孝道，乃謂：「王者必父事三老，以示天下，所以明有孝也。」〔註35〕

而論孝文皇帝之德政，則推美其能「克己復禮，躬行玄默，遂至昇平，刑罰幾措。」〔註36〕此皆爲君王正身以儀範天下的勉勵。

……凡此皆是荀悅欲以「正身」之修行，而勉勵於人君者。

（三）任　賢

荀悅任賢，提出了人君任用賢能時可能產生的十項盲點或錯失，稱之爲「十難」：

> 一曰不知、二曰不進、三曰不任、四曰不終、五曰以小怨棄大德、六曰以小過黜大功、七曰以小失掩大美、八曰以訐奸傷忠正、九曰以邪說亂正度、十曰以讒嫉廢賢能，是謂『十難』，十難不除，則賢臣不用，用臣不賢，則國非其國也。〔註37〕

「不知」是不知賢能；「不進」是雖知其賢能，卻不進用；「不任」是雖能進用，卻不付託予職位；「不終」是雖能任用，卻不能信用以終。

這四項是在鑒戒人君，當有知人之明，且要用人惟固。知人之明表現在人君舉賢的智慧上，用人惟固，則表現於人主用賢的信心。

荀悅對於人君知賢之難、用人不易，有深刻的感慨，他舉了孝文帝的例子，來描述這種境況：

> 以孝文之明也，本朝之治、百寮之賢，而賈誼見逐，張釋之十年不見省用，馮唐白首屈於郎署，豈不惜哉！夫以絳侯以忠，功存社稷，而猶見

〔註30〕《漢紀》卷22，頁310。
〔註31〕《漢紀》卷28，頁390。
〔註32〕《漢紀》卷16，頁236。
〔註33〕《漢紀》卷21，頁296。
〔註34〕《漢紀》卷20，頁283。
〔註35〕《漢紀》卷3，頁46。
〔註36〕《漢紀》卷23，頁325。
〔註37〕《申鑒・政體》卷1，頁16。

疑，不亦痛乎！夫知賢之難、用人不易……雖在明世且猶若茲，而況亂君

闇主者乎？〔註38〕

以明主治世猶有知賢之難、用人不易的遺憾，則知人主之舉賢，確實要具備高度的

智慧和雅量，所以稱之爲「難」。

「以小怨棄大德」、「以小過黜大功」、「以小失掩大美」、是人君對賢能不能給予

名、實相稱的公平審視。名實相稱是君王考察人臣的基本原理，也是賞罰的依據，

更是安定君臣關係的準則。如果率爾「以小怨棄大德……以小過黜大功……以小失

掩大美。」則「黜陟不明則位輕……位輕而政重者，未之有也。」〔註39〕是賞罰不

明、對賢臣不能公平的審視，則人主操持權柄、權威尊重的地位，也將低降而被看

輕。如此一來，賢能不用、賞罰不稱、人主地位轉而輕降，一疏而三失，其任賢之

難，又在於此。

「以訐奸傷忠正」、「以邪說亂正度」、「以讒嫉廢賢能」，是人君以小人而傷賢能。

小人在朝政中的角色，多不在建言獻替，而是以私慾的目的干寵於人君，因此儘是

些「飾便假之容，供耳目之好，以姑息爲忠，以苟容爲智，以技巧爲材，以佞諛爲

美」〔註40〕的伎倆，人主一時不察，他們就因間隨隙、讒害賢能。賢能被害、人主

蒙蔽、小人得意的朝政如何清明，所以荀悅以人君因小人讒嫉而傷廢賢能，謂爲舉

賢之又一難。

即就「任賢」而言，荀悅以爲人主必須克服盲點以任用賢能。要有知人之明、

用人惟固的智慧和度量。又審視人臣必須持名實相稱的公平原則，且當防杜小人，

不因其讒陷而傷廢賢能。

（四）恤 民

君、民同爲政體構成的要素，本當有同憂共樂之情及往復相報之義。所謂：

天下國家一體也，君爲元首、臣爲股肱，民爲手足。下有憂民，則上

不盡樂，下有饑民，則上不備膳，下有寒民，則上不具服。〔註41〕

所以，「與世憂樂者，君子之志也。」〔註42〕

而百姓對於人君同憂共樂之愛顧，自然也有往復相報之義，當君主「屈己以申

〔註38〕《漢紀》卷8「荀悅曰」，頁108。

〔註39〕《申鑒·政體》卷1，頁38。

〔註40〕《漢紀》卷28「荀悅曰」，頁389～390。

〔註41〕《申鑒·政體》卷1，頁25。

〔註42〕《申鑒·雜言上》卷4，頁121。

天下之樂時」，百姓「故樂以報之」。〔註43〕當君主「以至美之道道民」時，百姓也「以至美之物養君」〔註44〕回報之。

君、民之間既有共成政體的關係，又有往復相報的感情和道義，則君主承天命以養民的道理乃明：

> 人主承天命以養民者，民存則社稷存，民亡則社稷亡，故重民者，所以重社稷而承天命也。〔註45〕

而君主養顧百姓必先爲其安置本業、澄清民俗、端正禮法，以便於安定百姓的心志與生計，於是乃有除弊興利的施政開展，是謂之爲：「屏四患而崇五政。」

四患：

> 一曰僞、二曰私、三曰放、四曰奢。僞亂俗、私壞法、放越軌、奢敗制……俗亂則道荒，雖天地不得保其性矣。法壞則世傾，雖人主不得守其度矣。軌越則禮亡，雖聖人不得全其道矣。制敗則欲肆，雖四表不得充其求矣。〔註46〕

僞、私、放、奢等「四患」都是不好惡習，人主爲了生養百姓、定其心志，必須先由民俗的矯治做起，即先屏「四患」。屏「四患」之後，乃有崇「五政」的佈畫：

> 興農桑以養其生，審好惡以正其俗，宣文教以章其化，立武備以秉其威，明賞罰以統其法，是謂『五政』。〔註47〕

「養生」是五政的根本，滿足百姓的生活基本需求，才有進一步導化其尊禮守法的可能，即所謂：

> 民不畏死不可懼以罪，民不樂生不可勸以善……故在上者先豐民財，以定其志……國無遊民、野無荒業，財不虛用、力不妄加，以周民事，是謂「養生」。〔註48〕

而養生的要領，不只在教民種植，也在教育取用有節的觀念：

> 裂土地之宜，教之種植，畜養以時，而用之有節。草木未落，斤斧不入於山林，豺獺未祭，羅網不布於野澤，鷹隼未擊，罻弋不施於蹊隧。既順時而取物，然而山不槎蘖，田不伐夭，豚魚麛卵，咸有常禁，所以順時宣氣，蓄阜庶物，畜足功用，如此之備，然後從四民，因其土宜，任其智

〔註43〕《申鑒·政體》卷1，頁35。
〔註44〕同前註，頁26。
〔註45〕《申鑒·雜言上》卷4，頁105。
〔註46〕《申鑒·政體》卷1，頁7。
〔註47〕同前註，頁8。
〔註48〕同前註。

力，安其居，樂其業，甘其食而美其服，欲寡而事節，財足而不爭。〔註49〕
「正俗」即在端正民俗，使善惡、毀譽、名實有眞實的標準，使百姓從標準中學習
到正確的人情價值。所謂：

> 善惡要於公罪而不淫於毀譽，聽其言而責其事，舉其名而指其實……
> 虛偽之行不得設，誣罔之辭不得行，有罪惡者無僥倖，無罪過者不憂懼，
> 請謁無所行，貨賂無所用，民志定矣。〔註50〕

民志既不再惑亂於虛偽誣罔之風氣，乃進一步爲百姓建立道德、性命的歸屬，以重
新釐正風俗：

> 息華文、去浮辭、禁偽辨、絕淫智，放百家之紛亂，一聖人之至道，
> 則虛誕之術絕，而道德有所定矣。尊天地而不瀆，敬鬼神而遠之，除小忌、
> 去淫祀、絕奇怪、正人事，則妖偽之言塞，而性命之理得矣。然後百姓上
> 下皆反其本，人人親其親、尊其尊、修其身、守其業，於是養之以仁惠，
> 文之以禮樂，則風俗定而大化成矣。〔註51〕

「章化」是要以禮教來宣導百姓建立榮辱的觀念，導正他們走向正途。對於君
子而言，榮辱的獎懼即足以感化其性情，所以禮教施於君子，自然能使他們從善棄
惡。但對於小人，禮教、榮辱則無法感化其情，乃必須訴諸於刑罰，才能禁止他們
爲惡。而對於中人來說，善惡的念頭互相交爭，必須刑、禮兼用來幫助他們行善去
惡。因此禮教的效果乃作用於此，其不僅是君子自守的啓示規範，且有「引中人而
納於君子之途」〔註52〕的積極意義，藉其榮辱觀念的喚醒，中人無須徵用刑罰的警
嚇，即能趨於正途。而若是遽然廢除禮教，是放棄了對其善性的啓發，使他們如小
人一般，只懼刑罰而不畏榮辱，乃「推中人而墜於小人之域」。〔註53〕

禮教的效果雖然可以扶助中人入於君子之途，但其推行必須循序漸進，不能過
度勉強操急。所謂「教初必簡……教化之隆，莫不興行，然後責備」。〔註54〕教化
必由簡易可行的部分做起，使善性有了啓發，善行漸成習慣，然後始求周備，若驟
然把繁複的禮教加於其身，百姓心理尚不習慣，善性猶未及啓悟，已先恐懼於龐雜
的禮儀，而頓挫其信心，遂逼其轉入歧途，因此：

> 未可以備謂之虐教，……虐教傷化……設必違之教，不量民力之未能，是

〔註49〕《漢紀》卷7，頁89。
〔註50〕《漢紀》卷10，頁138。
〔註51〕《漢紀》卷10，頁138。
〔註52〕《申鑒・政體》卷1，頁12。
〔註53〕同前註。
〔註54〕《漢紀》卷23，頁326。

陷民於惡也。〔註55〕

即禮教雖是重建百姓榮辱觀念、啓發善性的方法，但其推行必須有漸進的步驟，先之以簡，然後求備，若操急勉強，反而適得其反，違失了化民的本意。

「秉威」是爲懲治小人的驕畔之心。小人不受榮辱的警戒，其性情往往向惡的方面墮落，由小賊而至於大惡：

> 小人之情，緩則驕，驕則恣，恣則急，急則怨，怨則畔，危則謀亂，安則思欲，非威強無以懲之。〔註56〕

對於此劣根性，人主只有修整武備以應不時之需：

> 故在上者必有武備，以戒不虞，以遏寇虐，安居則寄之內政，有事則用之軍旅，是謂「秉威」。〔註57〕

所以「秉威」的意義是專爲剋制小人、防備逆寇。人君恤民，當爲百姓謀置安全的環境，故修武備懲治不法，也在「五政」之列。

「統法」的本意在明賞罰，以懲惡勸善。這是人君維持尊嚴的權力，也是導化百姓的治方。因此人君對賞罰的行使，自然不能偏頗有私以扭曲善勸惡懲的意義。所謂：

> 人主不妄賞，非徒愛其財也，賞妄行則善不勸矣。不妄罰，非徒慎其刑也，罰妄行則惡不懲矣。賞不勸謂之止善，罰不懲謂之縱惡。〔註58〕

又刑罰的本意雖在懲惡，卻不能故意引人犯法或羅織人入罪。由此刑法的訂定與推行必須有適當的步驟，才能眞正使無罪者受到保障，使犯罪者得到懲治：

> 刑始必略，則其漸也……刑法之定莫不避罪，然後求密。〔註59〕

「刑始必略以漸」是要由簡約可行的刑罰，來啓發百姓守法避罪的觀念。等到守法的習慣養成，刑罰始得以漸求周密，以要求百姓高標的守法態度。即：

> 莫不避罪，則纖芥之惡可得而禁也，然後刑密。〔註60〕

如果刑法過分操急，反而是陷民於罪，則懲惡的目的也扭曲成害民，所謂：

> 未可以密，謂之峻刑……峻刑害民……設必犯之法，不度民情之不堪，是陷民於罪也。故謂之害民。〔註61〕

〔註55〕《漢紀》卷23，頁326。
〔註56〕《申鑒·政體》卷1，頁13。
〔註57〕同前註。
〔註58〕《申鑒·政體》卷1，頁14。
〔註59〕《漢紀》卷23，頁326。
〔註60〕《漢紀》卷23，頁326。
〔註61〕《漢紀》卷23，頁326。

　　所以賞罰的本意在勸善懲惡，爲了達到眞正的效果，人主施賞行罰時，即不能偏私不公。且刑罰的施行也應由簡而密，避免陷民於罪，而扭曲懲惡的本意。

（五）明　制

　　人君建立制度當有常恆運作的遠見，此即「明制惟典」〔註62〕的意義。而要使制度維持運作，在人事上乃必須維護一定的差品與秩序，使人有和諧之心，而無僭越之意，使事有分工之效，而無錯雜之亂。所以：

> 先王立政以制爲本……經國序民，列官布職，疆理品類，辯方定物，
> 人倫之度，自上已下，降殺有序。上有常制則政不頗，下有常制則民不二，
> 官無淫度則事不悖，民無淫制則業不廢。〔註63〕

人事的品序與分工釐定，制度自然能穩健運作，然後令其自爲，不私加以人力的干涉，此即人君治術最成熟的境界，即所謂：

> 行之以誠，守之以固，簡而不怠，疏而不失，無爲爲之，使自施之，
> 無事事之，使自交之。不肅而治，垂拱揖遜，而海內平矣。〔註64〕

即是制度的運作須靠人事品序與分工的釐定。待制度穩健成熟後，人力不再施以干涉，人君垂拱而治，此即「明制惟典」的精神所在。

（六）立　業

　　君主雖操持政柄，權行天下，但要疆理百事、撫定眾生、立定功業，也非一蹴可幾之事，因此君主立業應該保持敦勤有序的節奏，以期日起有功：

> 天子有四時，朝以聽政，晝以訪問，夕以修令，夜以安身。上有師傅，
> 下有讜臣，大則講業，小則咨詢。〔註65〕

又對於國政龐雜的業務，若無堅定的毅力以爲支撐，則很難展布開業，故人君也當「厲志」堅忍困難。

> 若殷高宗能茸其德，藥瞑眩以瘳疾：衛武箴戒於朝：句踐懸膽於坐，
> 厲矣哉。〔註66〕

人君又需有「勤身、苦思、矯情以從道」〔註67〕的體認，明白立業惟以憂恤百姓，實踐道體爲重，須勤於政務且克制情慾，不使私心泛溢而妨害德業的建立。

〔註62〕《申鑒・政體》卷1，頁3。
〔註63〕《漢紀》卷7「荀悅曰」，頁89。
〔註64〕《申鑒・政體》卷1，頁15。
〔註65〕同前註，頁22。
〔註66〕《申鑒・雜言上》卷4，頁118。
〔註67〕同前註，頁110。

君主「立業惟敦」，〔註68〕故建立德業貴重於敦實，而切忌奇巧多變、浮華不實，所以人君立業應以「三好」爲戒：

> 好生事則多端而動眾，好生奇則離道而惑俗，好變常則輕法而亂度。

〔註69〕

總之，人主建功立業，雖爲艱難之責任，但其倚操持權柄之利便，只要能存仁不懈，則功業庶幾可成，所謂：

> 爲善之至易，莫易於人主，立業之至難，莫難於人主……夫行至易以立至難，便計也……其要不遠，在乎所存而已矣。雖在下才，可以庶幾。然迹觀前後，中人左右，多不免亂亡，何則？沉於宴安，誘於諂導，放於情欲，不思之咎也，仁遠乎哉，存之則至，是以昔者明王，戰戰兢兢，如履虎尾，勞謙日昊，夙夜不怠，誠達於此理也。〔註70〕

三、君臣關係

（一）君臣共治的關係

如前面所敘述，政體的構成要素在於「天作道、皇作極、臣作輔、民作基」。其中天道是政體形成的理論來源，民基是政體構成的基礎和目的，至於君臣，則是承繼道體，完成政體目的的執行者，即在致治之術言，君、臣乃爲相互輔理、共同合作的事業夥伴，所以稱：

> 致治之要君乎？……兩立哉，非天地不生物，非君臣不成治，首之者天地也，統之者君臣也哉。〔註71〕

因此如果把國家視爲一有機體，則「君爲元首，臣爲股肱」〔註72〕，兩者互爲不可分離的共治關係。

此一由政體原理延伸而來的君臣共治關係，使君、臣兩者的素質，決定了政體存亡以及朝政的成敗：「或有君而無臣，或有臣而無君，同善則治，同惡則亂，雜則交爭……其存亡成敗之機在於是矣。」〔註73〕

由此君臣彼此之間事待對方的態度，乃關係著治術的品質。

〔註68〕《申鑒・政體》卷1，頁3。
〔註69〕《申鑒・雜言下》卷5，頁132。
〔註70〕《漢紀》卷16，頁237。
〔註71〕《申鑒・雜言上》卷4，頁101。
〔註72〕《申鑒・政體》卷1，頁25。
〔註73〕《漢紀》卷16「荀悅曰」論六主六臣，頁238。

（二）君主選任臣下的原則

君主審視臣下的方法，可以由臣下的依違態度作判斷：

> 違上順道，謂之忠臣，違道順上，謂之諛臣，忠所以爲上也，諛所以
> 自爲也。忠臣安於心，諛臣安於身，故在上者必察乎違順，審乎所爲，愼
> 乎所安。〔註74〕

在職務分工上，君、臣分別爲上司與下屬的關係，而就角色責任言，君臣實又同爲天道的執行者，所謂「天作道、皇作極、臣作輔」，即臣下的本份乃在輔佐君主以實現天道。因此當君王的治術與天道原理發生偏差時，由臣下的違順態度，正可以檢視其忠諛。能夠糾正君王的失政「違上順道」者，謂之忠臣。即忠臣所表現的意義是在輔佐君王實現道體，而不在奉侍人君個人的需求。輔佐君王從道「所以爲上」，雖忤逆君王卻以順道，所以「安於心」。這是忠臣在君、道，違、依之間的抉擇。相反的，「違道而順上」者，謂之諛臣，諛臣善於察顏觀色，取悅君主，所以當君王的施政偏差於道體時，自然擁護君王。

不過諛臣「違道順上」的動機，雖然絕對不在輔弼君王克盡天職，卻也不是出於眞心護愛君王的情誼，而是純爲個人私慾的滿足：

> 其所以事上也，惟欲是從，惟利是務。飾便假之容，供耳目之好，以
> 姑息爲忠，以苟容爲智，以技巧爲材，以佞諛爲美，而親近於左右，翫習
> 於朝夕，先意承旨，因間隨際，以惑人主之心，求贍其私慾，慮不遠圖，
> 不恤大事。〔註75〕

「惟欲是從、惟利是務」是諛臣「違道順上」的眞正企圖，所以諛臣之「諛」，實「所以自爲」，而非爲上，所以「安於身」，而不在順道安心。

因此若依「順」來區別忠諛，則忠臣重於「心順」、「職順」與「道順」〔註76〕，他們順和道體、遵守職位，因此能安順於良心，既使忤逆人主也無所畏遲。而諛臣則專取「體順」、「辭順」與「事順」〔註77〕，只求體需私慾而不求安心，只能阿諛飾容而無能直言，只循姑息便巧而不從遵道義，所以諛臣之「順」，適以「逆節」、「害忠」與「傷道」〔註78〕。

君主審視人臣既在辨其忠諛，其用人乃當摒棄私心，清除諛惑，完全以才任相

〔註74〕《申鑒‧雜言上》卷4，頁122。
〔註75〕《漢紀》卷28「荀悦曰」，頁389。
〔註76〕《申鑒‧政體》卷1，頁37。
〔註77〕同前註。
〔註78〕同前註。

稱爲原則，所謂「不任、不愛，謂之公，惟公是從，謂之明」〔註 79〕、「德必核其眞，然後授其位，然後授其事」〔註 80〕。

（三）人臣侍奉君主的態度

人臣奉事君主常犯兩罪，一是「在職而不盡忠職之道」〔註 81〕；二是「盡忠職之道，則必矯上拂下」〔註 82〕。

「在職而不盡忠職之道」是人臣未善盡輔弼君王的職責，此屬眞罪。人臣以忠直事待君主是天經地義的本份，君主或賢、或愚、或用、或不用，並不影響人臣的天職而有所折扣，所以人臣之義：

> 不曰吾君能矣，不我須也，言無補也，而不盡忠，不曰吾君不能也，
> 言無益也，而不盡忠。必竭其誠、明其道、盡其義，斯已而已矣。不已，
> 則奉身以退，臣道也。〔註 83〕

即謂人臣只要在職的一天，既無不盡忠人主的藉口，故「在職而不盡忠職之道是眞罪。

而「盡忠職之道，則必矯上拂下」也是罪，不過是忤逆人情之罪，而非虧職缺守之過，所以是假罪。忠臣盡忠直之道而不得不矯上拂下，忤逆人情者，實正是忠臣所以爲「忠」的本份。然而人情多好順適周全，而不問是非道義，故人臣盡忠直，也有難言之苦：

> 舉過揚非則有干忤之禍，勸礪教誨則有刺上之譏……違下從上則以諂
> 諛，違上從下則以雷同，言而不效則受其怨責，言而事效則以爲固當，或
> 利於上不利於下，或便於左不便於右，或合於前而忤於後……以難言之臣
> 干難聞之主……此下情所以不得上通。〔註 84〕

動口則左右爲難，出言則動輒得咎，此正人臣所以難言之處，卻也是忠臣可貴的地方。因此人臣盡忠直之道，雖忤逆了人情，卻克盡了天職，何罪之有？

而對應於「不盡忠臣之道」，人臣又有三罪：

> 一曰導非，二曰阿失，三曰尸寵。以非引上謂之導，從上之非謂之阿，
> 見非不言謂之尸。導臣誅，阿臣刑，尸臣絀。〔註 85〕

〔註 79〕《申鑒·雜言上》卷 4，頁 102。
〔註 80〕《漢紀》卷 22「荀悅曰」，頁 310。
〔註 81〕《申鑒·雜言上》卷 4，頁 111。
〔註 82〕同前註。
〔註 83〕同前註。
〔註 84〕《漢紀》卷 29「荀悅曰」，頁 347。
〔註 85〕《申鑒·雜言上》卷 4，頁 111。

　　「以非引上」既違逆了人臣輔弼君王的本務，甚且陷設人主誤入歧途，先失於人臣的本份，又陷君王於不義，故當誅。「從上之非」是缺乏辨識的智慧，或以佞諛為美，而錯亂人臣的職守，故當刑。「見非不言」是以姑息為忠，怠忽警礪的道義，或無能直言，失守於直諫的天職，故當紬。

　　此三罪，對應於人臣之典型，乃為「具臣」、「嬖臣」與「佞臣」之類：「具臣」雖能奉法守職，卻無能往來直諫，是同於尸寵；「嬖臣」便嬖苟容，順意從諛，正等於阿失；「佞臣」傾險讒害，誣下惑上，實即導非。〔註86〕

　　相對於三罪，人臣盡忠乃有三術：

　　　　一曰防，二曰救，三曰戒。先其未然謂之防，發而止之謂之救，行而

　　責之謂之戒。〔註87〕

「先其未然」是人主未及犯罪，即先加以預防，此為人臣防失的見識。「發而止之」是錯失初起，而能即時補救，此為人臣補弊的能力。「行而責之」是對人主過失的事後規諫，此為人臣直諫的勇氣。人臣進忠之術，大抵不失於以道輔上，直諫過非之本分，而為「王臣」、「良臣」與「直臣」之風範：

　　　　以道事君，匡躬之故，達節通方，立功興化，是謂王臣；忠順不失，

　　夙夜匪懈，順理處和，以輔上德，是謂良臣；犯顏逆意，抵失不撓，直諫

　　過非，不避死罪，是謂直臣。〔註88〕

綜論人臣事上之態度，就道義言，不因為人主的賢愚、用棄，而放棄其輔弼的道義。即始終懷抱慕戀之情以盡人情之誼：「猶孝子之於其親，盡心焉，盡力焉，進而喜，非貪位，退而憂，非懷寵，結志於心，慕戀不已，進得及時，樂行其道。」〔註89〕就職務言，君臣共治朝政，原是成敗與共、禍福相依，因此人臣之於人主，有異見之爭執，而無職務之衝突；有情緒之怨責，而無公事之仇憾；有道理之屈服，而無私情之羞辱。是所謂：「有異無乖，有怨無憾，有屈無辱。」〔註90〕

　　由以上申述知，荀悅論君臣關係是以政體結構發明君、臣共治的原理，且兩者互以「股肱」、「元首」為聯繫，又以道義為結盟。

　　而論君王審視人臣的原則，在於觀察人臣的依違。違上順道為忠臣，而違道順上為諛臣。

〔註86〕《漢紀》卷16，頁238。

〔註87〕《申鑒‧雜言上》卷4，頁111。

〔註88〕《漢紀》卷16，頁237。

〔註89〕《漢紀》卷8「荀悅曰」，頁108。

〔註90〕《申鑒‧雜言上》卷4，頁111。

因此君臣選任人才必本於眞實相稱，不任、不愛。而人臣也當以忠直之道事上，防其失、救其弊、糾其非，即就道義言，有慕戀進效之情誼，而無貪位懷寵之邪心；就職務言，有公事業務之異見，而無私人情感之懷恨。

第二節　天人思想

荀悅《漢紀》的另一個特色，爲天人思想的發揮。《漢紀‧序》在包舉其成書性質時，即稱：「凡《漢紀》……有休祥焉，有災異焉。」〔註91〕而卷一之小序也稱：「夫立典有五志焉……於是天人之際，事物之宜，粲然顯著，罔不能備矣。」〔註92〕是天人之際爲荀悅《漢紀》思想中的重要部分，故本節乃就天人感應與天人份際兩部分，說明荀悅《漢紀》之天人思想。

一、天人感應

荀悅的天人感應思想多表現於政治意涵上，其基本用意在於擁護漢統，維護政權的穩定以及監督施政的品質。茲分別說明如下：

（一）擁護漢統的受命論

荀悅的天人感應思想，首先表現於政治意義上的，就是爲漢家帝業鋪陳受天命得天統的神話。在《漢紀》高祖紀正式編年繫事前，荀悅即開宗明義的爲漢家天下立了權威的定義：「漢興，繼堯之胄，承周之運，接秦之弊。」〔註93〕且進一步詳述自伏羲以來德運相承的歷史運勢：

> 劉向父子乃推行五行之運，以子承母。始自伏羲以迄於漢，宜爲火德。其序之也，以爲易稱帝出乎震，故太皞始出于震，爲木德號曰伏羲氏。共工氏因之，爲水德，居木火之間，霸而不王，非其序也。炎帝承木生火，故爲火德，號曰神農氏。黃帝承之，火生土，故爲土德，號曰軒轅氏。帝少昊滅，帝摯承之，土生金，故爲金德，號曰金天氏帝。顓頊承之，金生水，故爲水德，號曰高陽氏。帝嚳承之，水生木，故爲木德，號曰高辛氏。帝堯始封于唐，高辛氏衰而天下歸之，號曰陶唐氏，故爲火德。即位九十載，禪位于帝舜，號曰有虞氏，故爲土德。即位五十載，禪位于伯禹，號曰夏后氏，故爲金德。四百四十二年，湯伐桀，王天下，號曰殷，爲水德。

〔註91〕《漢紀》，頁5。
〔註92〕《漢紀》卷1，頁6。
〔註93〕《漢紀》卷1，頁7。

六百二十九年，武王伐紂，王天下，號曰周，爲木德。七百六十七年，秦
昭王始滅周而諸侯未盡從，至昭王之曾孫政，遂并天下，是爲始皇帝，有
天下十四年，猶共工氏焉，非其序也。自周之滅及秦之亡，凡四十九年，
而漢祖滅秦，號曰漢，故爲火德矣。〔註94〕

藉由這段長文，除了虛處閏位的共工氏與秦外，將天上的德運與人世的王業
譜系相配應發明，由伏羲、神農、軒轅、少昊、顓頊、帝嚳、唐、虞、夏、商、
周至漢，在木、火、土、金、水之間相生輪轉。由此爲漢「承周之運」作了淵源
上的證明。

接下來，荀悅徵引《漢書·高帝贊》〔註95〕爲漢「繼堯之胄」作了血緣的分析：

在昔陶唐之後，有劉累者，以御龍事孔甲，爲御龍氏，在商爲豕韋氏，
在周爲唐杜氏，其適晉國者爲范氏，別處秦國者爲劉氏，當戰國時，劉氏
徙于魏，遷于沛，之豐邑，處中陽里，而高祖興焉。〔註96〕

由此漢室不僅取得德運的憑藉，也證明了堯胄的血統。

而爲了增強說服力，荀悅更進一步編排種種神蹟異象，來顯示高祖天命所歸的
眞實性。如：

高祖母夢與神遇，後有蛟龍臨之，乃生高祖；高祖天生龍顏，左股有
七十二黑子；嘗醉寢於酒家，有怪光環之；呂公驚奇其貌，乃以女妻之；
乞漿老父相高祖貴不可言；豐西澤中斬白蛇，老嫗稱是赤帝殺白帝；呂后
常知高祖亡匿處，以其上常有赤色雲氣；秦始皇東遊欲厭天子氣〔註97〕。

這些神象奇蹟的描述，是繼德運、血統後，進一步以「史實」的方式來證明高
祖的天命。其後，荀悅甚至取了陳勝、吳廣的做作當對比：秦二世胡亥元年，陳勝
起事之初，爲了取信人心，乃：

以繒爲書，置魚腹中，曰陳勝王，令人賣之，又令吳廣夜於叢祠中，
構火作狐鳴曰：「大楚興，陳勝王。」〔註98〕

陳勝、吳廣做作天命的史文，正接於高祖奇蹟異象之後，此種編排，即在宣示「天
統在此，不在彼」之意。

而〈高祖紀〉卷首，對於漢統的宣示，在卷末的帝讚中又得到進一步的詮釋和

〔註94〕同前註。
〔註95〕《漢書·高帝紀（下）》卷1，頁28。
〔註96〕《漢紀》卷1，頁8。
〔註97〕同前註。
〔註98〕同前註。

呼應，於是整個高祖「讚曰」，乃是以「精靈之感」、「神人之助」的天人感應說，以為高祖事業的總評價。

漢高祖的帝業起於布衣，這是漢室政權基礎薄弱的地方，因此為了替這個新政權建立理論憑藉，漢儒乃採五德天命之術，以擁立漢廷。〔註99〕荀悅也是如此。

不過帝讚中，荀悅把高祖的「天命」事業，向「天人共助」、「順天應人」的方面延伸，使得高祖之受命，不光只是帶著神話色彩，也伴有德業的施為。帝讚中首先說明：

> 高祖起於布衣之中，奮劍而取天下。不由唐虞之禪，不階湯武之王……
> 八載之內，海內克定，……登建皇極，上古已來書籍所未嘗有也。〔註100〕

此在敘述高祖布衣事業的特殊性，它不是由歷史經驗中的禪讓或貴族身分而起業。為了解釋這個特殊現象的合理性，荀悅採取了天人感應說做說明：

> 龍行虎變，率從風雲，征亂伐暴，廓清帝宇……非雄俊之才、寬明之略，歷數所授，神祇所相，安能致功如此，夫帝王之作，必有神人之助，非德無以建業，非命無以定眾，或以文昭，或以武興，或以聖立，或以人崇，焚魚斬蛇，異功同符，豈非精靈之感哉。〔註101〕

是漢室的帝業，即在於高祖個人的「雄俊之才、寬明之略」，也出於「歷數所授，神祇所相」，它是「神人之助」的結果：惟依「德」以建業，且賴「命」以定眾，始能「征亂伐暴，廓清帝宇」。

這樣的解釋，使得漢政權同時取得天命與德業的基礎，克服了布衣政權在理論上的薄弱與特殊。而「德」、「命」相互輔成的天人模式，也替漢從火德的德運「形式」，補充了「實質」的意涵。

且，秦居閏位、漢接秦弊的說法，也由此得到理解：

> 書曰：天工人其代之，易曰：湯武革命，順乎天而應乎人。其斯之謂乎！故觀秦、項之所亡，察大漢之所興，得失之驗，可見于茲矣。〔註102〕

秦雖得帝位，卻不能順天應人，修行德業，故在德運的譜系裡並無序位，只能備處於閏。而漢修德、應人、順天，乃接秦弊而受德運，實具備光明正大的意義。

漢接秦弊的德業意義，擺置於文化史上，即為文化承弊的意義：

> 太史公曰：夏政忠，政忠之弊野，故殷承之以敬，以敬之弊鬼，故周

〔註99〕蕭公權：《中國政治思想史》上，台北：聯經出版社，民國81年10月，頁314。
〔註100〕《漢紀》卷4，頁58～59。
〔註101〕同前註。
〔註102〕同前註。

> 承之以文，以文之弊薄，救薄莫如忠，三王之道，周而復始，周秦之間可
> 謂文弊，秦不改文酷刑，漢承秦弊，得天下矣。〔註103〕

忠、敬、文是周而復始的王道治術，殷承夏以敬，周承殷以文，而秦卻不改周文之弊，變本加厲以酷刑，這是漢得承秦弊以得天下的因果。

就此一文化補弊的角度而言：漢不只由秦政的失弊中取得百姓歸附的憑藉，也從周轉補弊的文化史裡，取得了王道的統序。由此使漢德在天命之外，也包含有德業、王道與文化承傳的意涵。

此外荀悅擁立漢統、推其天命的用心又表現於《漢紀》的編排。如前所述，〈高祖紀〉卷首先為漢統推德運、辨譜系、序神蹟。又於帝讚中申論高祖事業得神人之助、德命兼備的理論基礎。這些宣示在《漢紀》全書之卷末，藉由班彪「王命論」的徵引，而得到首尾一氣的呼應。王命論謂：

> 昔在帝堯之禪，曰咨爾舜，天之歷數在爾躬。舜亦以命禹。暨於稷契，
> 咸佐唐虞，光濟四海，奕世載德。至於湯武而有天下，雖然遭遇異時，而
> 禪代不同，至於應天順民，其揆一也。〔註104〕

「雖然遭遇異時，而禪代不同，至於應天順民，其揆一也」正是呼應帝讚，稱許高祖「順乎天而應乎人」的說法，也為高祖「起於布衣之中」的特殊性，再次釋疑。

> 是故劉氏承堯之後，氏族之世，著於春秋。唐據火德而漢運紹之，始
> 於豐沛，神母夜號，以彰赤帝之符。〔註105〕

是又為劉氏澄清血統，推主德運。

> 帝王福祚，必有明聖顯懿之德，豐功厚利積累之業，然後精誠通於神
> 明，流澤加於生民，故為神明所福饗，天下所歸往。〔註106〕

此為神人共助、精靈之感的再申明。

> 若乃靈瑞符應，又可略聞矣。初劉媼妊高祖，夢與神遇，雷電晦冥，
> 有龍蛇之怪。及長而多靈，有異於眾，是以王媼武負感物而折券，呂公覩
> 形而進女，秦皇東遊以厭其氣，呂后望雲而知其處。始受命則白蛇分，西
> 入關則五星聚，故淮陰留侯謂之天授，非人力也。〔註107〕

是又鋪陳高祖之奇蹟與異象。

〔註103〕同前註。
〔註104〕《漢紀》卷30，頁430～431。
〔註105〕同前註。
〔註106〕同前註。
〔註107〕同前註。

　　即《漢紀》藉「王命論」壓軸於卷末，爲漢之承運受統再做宣明，以呼應於卷首之開宗明義：「漢興繼堯之胄，承周之運，接秦之弊。」

（二）承天養民與災異礪君

　　如前所述，荀悅的天人感應說，不僅是空洞的受命形式，也包含了德業的修行與王道的傳承，即必有人力之施爲才能激起「精靈之感」，而後建業立功。因此帝王承統受命後，乃有其進一步的天職：

> 非天地不生物，非君臣不成治。〔註108〕

> 　　人主承天命，以養民者也。民存則社稷存，民亡則社稷亡，故重民者，
> 所以重社稷而承天命也。〔註109〕

即謂人主承受天命始得社稷，故其職責乃在服膺天命而養顧百姓，而非私專社稷以爲己有。

　　這種「承天養民」理論，表現於政體結構，即爲「天作道、皇作極、臣作輔、民作基」〔註110〕。表現於君民關係，即爲「君爲元首，民爲手足。下有憂民則上不盡樂，下有饑民則上不備膳，下有寒民則上不具服」〔註111〕。表現於君民相報之義則爲「君以至美之道道民，民以至美之物養君，君降其惠，民升其功……無往不復」〔註112〕。

　　而人主既然是承天命以養民，天道自然有督勵人君善盡天職的方法，此即爲災異天變的發生。

　　以天人異說來警礪時君，出於鄒衍五德九州之天談，藉以限制戰國日漸專恣之君權，使之明白「主運可移而威勢難恃」，後來漢儒懲於秦弊，也略襲鄒衍的精神，乃言災異，欲藉天權來限制君權。著者如前漢之董仲舒〔註113〕、眭弘、劉向、李尋、谷永、翼奉，後漢之何休、鄭興、尹敏、張衡等，即藉災異勸戒時君，實爲兩漢之風氣。〔註114〕荀悅身處時代風氣下，自也不能免。〔註115〕

〔註108〕《申鑒・雜言上》卷4，頁101。
〔註109〕同前註，頁105。
〔註110〕《申鑒・政體》卷1，頁3。
〔註111〕同前註，頁25。
〔註112〕同前註，頁26。
〔註113〕董仲舒的賢良對策，促使了武帝「罷黜百家，獨尊儒術」的崇儒更化，而另一方面也藉此使公羊春秋的天人之學滲入經說之中，於是「五經師儒無不重視天人相與之際」，乃開展了兩漢以天制君的天人思想。參見戴君仁〈天人相與〉《孔孟學報》17期，民國58年4月10日，頁9。
〔註114〕天人災異說確實有督礪明主的效果。如見災異而下詔罪己、求直言極諫之士陳得失、減免賦稅補救賑濟、大赦減刑安撫民心等。然而對於有心避過卸責的昏君而言，

　　《漢紀》大量刪省《漢書》，然於前漢的災異故事，卻率多取錄，且徵引時人的災異學說，警礪人君之失。這都顯示了荀悅對災異說的看重（參見第三章第一節）。

　　而荀悅對於災異的作用，也有進一步的說明：

　　高后七年冬十二月，己丑，有日食，高后以爲是象己之惡兆。〔註116〕荀悅對於這個天變現象，既引了〈天文志〉〔註117〕指稱：「人君失政，則日月失衍。」〔註118〕又以「荀悅曰」說明天變與失政的關係：

　　　　凡三光精氣變異，此皆陰陽之精也。其本在地，而上發於天也。政失
　　於此，則變見於彼，由影之象形、響之應聲，是以明王見之而悟，敕身正
　　己，省其咎、謝其過，則禍除而福生，自然之應也。〔註119〕

這段申論說明二個重點：首先是以天變與失政相聯繫，所謂「政失於此，則變見於彼」，這使得天人學說具備補弊防失的機制，一方面藉「精靈之感」託付人主以天命，另一方面以天變譴告、督勉人君善盡天職。

　　其次，是把災異的神秘性澄清爲補救的警訊，即天變災異不是社稷亡滅的喪鐘，而是督促人君及時補弊的信號。只要人主「見之而悟，敕身正己，省其咎、謝其過，則禍除而福生」。

　　以同樣的理論，荀悅也用來批評武帝的失政：

　　　　春秋傳曰：作事不時，怨讟起於民，則有非言之物而言者。當武帝之
　　世，賦役繁重、民力彫弊，加以好神仙之術、迂誕妖怪之人，四方竝集，
　　皆虛而無實，故無形而言者至矣。於洪範言：僭則生時妖，此蓋怨讟所生，
　　時妖之類也。〔註120〕

更常見的是將災異的責任轉嫁至大臣身上，或是大臣之間相互推諉、奸陷於政敵，而使災異徒然成爲昏君、奸臣，避罪、害賢的工具。參見蕭公權：《中國政治思想史》（上），頁 314～331。楊清龍：〈兩漢災異說影響下的人君行政措施〉《華學月刊》131 期，民國 71 年 1 月 21 日，頁 41。孫廣德：《先秦兩漢陰陽五行說的政治思想》，台北：嘉新水泥公司文化基金會，研究論文第 147 種，民國 58 年 11 月，頁 200～215。

〔註115〕漢儒言災異又實爲儒家精神在專制政體下，一種微妙的宗教性轉變，即欲藉天變的警誡來導引帝王接受儒家的政治思想。雖然或不免失於迷信，然而其以敬德意識要求人君自省、修政，實出於一種最嚴肅的責任感。因此兩漢思想能如此蓬勃，儒家特具的警君敬德意識，實爲主因。參見林麗雪：〈天人合一思想對兩漢政治的影響〉《書目季刊》9 卷 2 期，民國 64 年 9 月，頁 51～52。

〔註116〕《漢紀》卷 6，頁 77。

〔註117〕《漢書·天文志》卷 26，頁 330。

〔註118〕《漢紀》卷 6，頁 77。

〔註119〕同前註。

〔註120〕《漢紀》卷 13，頁 193～194。

「非言之物而言者」是武帝失政的警訊，原有補救的餘地，只要「通於道，正身以應萬物，則精神形氣，各返其本矣」〔註121〕。但是武帝不思正身謝過，反以求神仙、祈福禳災的方式來應對，是失其本末。所以荀悅批評他：

> 莫夫神君之類，精神之異，非求請所能致也，而非可以求福而禳災矣……人不自知其所以然而然，況其能爲神乎？〔註122〕

綜合以上所論，荀悅言災變，主要在警惕時君勿失政，天人之際實有互相感通之聯繫：

> 善則爲瑞，惡則爲異，瑞則生吉，惡則生禍。〔註123〕

因此只要修善行政，自然災異不生而瑞福降臨。

（三）澄清讖緯符命篡竊之藉口

讖緯之術大約起於西漢哀、平之際。〔註124〕張衡稱：

> 自漢取秦，用兵力戰，功成業遂，可謂大事，當此之時，莫或稱讖。若夏侯勝、眭孟之徒，以道術立名，其所述著，無讖一言。劉向父子領校秘書，閱定九流，亦無讖錄。成、哀之後，乃始聞之。……往者侍中賈逵摘讖互異三十餘事，諸言讖者皆不能說。至於王莽篡位，漢世大禍，八十篇何爲不戒？則知圖讖成於哀平之際也。〔註125〕

而王莽乃乘之篡位。平帝元始五年，武功亭長孟通浚井得「白石丹書」，稱：「告安漢公莽爲皇帝。」於是符命之興由此而始，王莽乃效周公故事，改元爲居攝元年。〔註126〕居攝三年臨淄亭長獲「天公示夢」：「攝皇帝當爲眞。」且又於雍、巴郡得「銅符帛書」傳信天命謂：「天告帝符，獻者封侯，承天命，用神令。」因此又改居攝三年爲初始元年。〔註127〕其後哀章獻「金圖策書」，指王莽爲眞天子，王莽乃到高廟

〔註121〕同前註。

〔註122〕同前註。

〔註123〕同前註。

〔註124〕相傳讖書早始於春秋時代，秦穆公在位時，即有所謂「述上帝之言」的「秦讖」出現，則知讖緯之術由來已久，到西漢末年始大加盛行。參見顧頡剛：《漢代學術史略》，台北，啓業書局，民國64年1月二版，頁177。又讖與緯原非同屬一類，乃後來相互比附，始合流爲一。據《四庫全書總目提要》載：「儒者多稱讖緯，其實讖自讖，緯自緯，非一類也。讖者詭爲隱語，預決吉凶……緯者經之支流，衍及旁義……私相撰述，漸雜以術數之言，既不知作者爲誰，因附會以神其說，迨流傳彌久，又益以妖妄之辭，遂與讖合而爲一。」引自《四庫全書總目提要》卷6《經部·易類》，商務萬有文庫薈要，民國54年2月台一版，頁114。

〔註125〕《後漢書·張衡傳》卷59，頁499。

〔註126〕《漢書·王莽傳》卷99，頁1027。

〔註127〕同前註，頁1031。

拜受金匱，即天子位、改正朔、易服色，正式開始他的新朝帝業。〔註128〕而爲了彰顯新朝受命的正當性，且於始建國元年，遣五威將軍班符命四十二篇，昭告天下。〔註129〕這些即是王莽藉符命篡奪漢家的作爲。

　　王莽失敗後，讖緯符命的迷信依然成爲群雄爭辨天命的憑藉。主張「異姓更王」說者襲巧於王莽的作風，如公孫述以「府殿出龍」據爲符瑞，乃刻文其掌，自稱「公孫帝」立爲天子。〔註130〕主張「劉氏復興」說者，則爲光武鋪設神話，如班彪著「王命論」稱：「劉氏承堯之祚，氏族之世，著乎春秋，唐據火德而漢紹之。始於沛澤，則神母夜號，以章赤帝之符。」〔註131〕

　　光武中興後，在帝王的提倡下，「符讖幾成一種以皇帝爲護法之國教」。〔註132〕王梁因爲「王梁主衛，作玄武」的符文，拜爲司空；孫咸以「孫咸征敵」的讖語而封司馬。〔註133〕桓譚上疏言讖記，「欺惑貪邪，詿誤人主」，光武盛怒而斥其「非聖無法」。〔註134〕鄭興以不擅讖術，而終不任用。〔註135〕可見得光武一世，用廢人才多取據於籤符。

　　光武信讖的熱潮過後，東京大事仍採決於讖緯，但只視如具文，成爲外戚、宦官排擠士大夫的藉口而已。至於太學清流則都已辨明圖錄之妖妄，而摒棄讖緯之說。〔註136〕此爲兩漢讖緯發展的大致情形。而就荀悅個人而言，雖以天人感應說擁立漢德受命，卻反對假託讖緯符命之術，以爲篡竊之藉口。〔註137〕

　　因此對於王莽藉符命篡竊漢祚的做法，即視如陳勝之做作天命一般。而其僥倖崛起，則如秦，只是「亢龍之絕氣，非命之運氣……餘分閏位，爲聖王之驅逐。」

〔註128〕同前註。
〔註129〕《漢書·王莽傳》卷99，頁1036。
〔註130〕《後漢書·公孫述傳》卷13，頁154。
〔註131〕《漢書·敘傳上》卷100，頁1060。
〔註132〕蕭公權：《中國政治思想史》（上），頁327。
〔註133〕《後漢書·景丹、王梁列傳》卷22，頁214。
〔註134〕《後漢書·桓譚傳》卷28，頁261。
〔註135〕《後漢書·鄭興傳》卷36，頁326。
〔註136〕夏曾佑：《中國古代史》，台北：商務印書館，民國56年4月台二版，頁342。
〔註137〕荀悅在《申鑒·俗嫌》中，曾澄清緯書之僞：「世稱緯書，仲尼之作也。臣悅叔父荀爽辨之，蓋發其僞也。有起於中興之前，終、張之徒之作乎。」《辨讖》一書據《後漢書》本傳（卷62，頁535），其書已亡佚，荀爽以古學立場辨識，意在辨明今學講圖讖之非。荀悅承家學，也稱緯書非聖人所作，但卻不劇然決絕，完全摒棄緯書。他認爲：「仲尼之作則否，有取焉則可。」（引自《申鑒·俗嫌》卷3，頁96。）反映了荀悅以古學修養而包容今學學說的態度。而荀悅這種包容的治學態度實又出於古學調和，重融通的學風。參見曾繁康：《中國政治思想史》，台北：大中國圖書公司，民國48年10月，頁252。

〔註 138〕所以《漢紀》對於王莽之事，抑附於平帝紀之末，而不爲其編次帝紀。而且王莽僭簒建國之後，也只以建國元年、二年……至十五年爲其繫事，而盡沒天鳳、地皇之年號。〔註 139〕相對於《漢書》之述王莽「以『傳』爲名，而『紀』爲實，行『貶天子』的批判。」〔註 140〕荀悅的編次筆法，似乎更近於在討伐「亂臣賊子」。因此在平帝的讚詞中，大違帝讚的格調，〔註 141〕改以嘲諷之文來形容王莽的文飾作假：

> 孝平之世，政自莽出，褒美顯功，以自尊盛，觀其文辭，方外百蠻，無思不服，休徵嘉應，頌聲竝作，至於異見於上，民怨於下，莽亦不能文也。〔註 142〕

而在王莽帝業崩敗之後，更引《漢書》贊詞，〔註 143〕嚴詞批判，謂其：

> 起於外戚，折節力行，以要名譽……色取仁而行違……乘四父歷世之權……肆其姦愿而成簒奪之禍。〔註 144〕

這是以緣藉外戚身分，對王莽簒竊漢業的指控。

> 書傳所載亂臣賊子，無道之人，考其禍敗，未有如莽之甚也。〔註 145〕

這是以春秋精神對王莽亂臣賊子的論定。

> 秦燔詩書以立私議，莽誦六經以文姦言，同歸殊途，俱用亡滅。此皆亢龍之絕氣，非命之運會，紫色蠅聲，餘分閏位，爲聖王之驅逐。〔註 146〕

這是以王莽比附於秦，依閏位原則，斥逐出德運之序。

即荀悅之視王莽：論其得位，只是做作天命，一時僥倖，而非「精靈之感」、「歷數所授」。論其事業，只能虛處閏位，而不列序於德運。論其身分，乃是亂臣賊子，而非開統之君。此即是荀悅對王莽個人及其事業的總評價。

〔註 138〕《漢紀》卷 30，頁 429～430。

〔註 139〕據統計《漢紀》各帝紀的字數都遠多於《漢書》本紀，少者 500 字，多者甚且近三萬字。惟獨王莽部分，則少於本紀三萬多字，由此比較，也略可見荀悅對王莽之事的輕蔑。參見 Chen Chi-Yun, "Husn Yueh's works:the Han-chi", Hsun Yueh (A.D. 148～209):The Life and Reflections of an Early Medieval Confucian, Cambridge University Press, 1975, pp114～116.

〔註 140〕雷家驥：《中國史學觀念史》，台北：學生書局，民國 79 年 10 月，頁 250。

〔註 141〕《漢書》與《漢紀》之讚文，多出於對帝業光明面的頌詞，既使有所指疵，也多微婉其言。參見第三章第二節。

〔註 142〕《漢紀》卷 30，頁 415。

〔註 143〕《漢書·王莽傳》卷 99，頁 1056。

〔註 144〕《漢紀》卷 30，頁 429～430。

〔註 145〕同前註。

〔註 146〕同前註。

二、天人份際

　　荀悅論天人份際，乃以天人三勢說爲基礎，即所有天人份際的議題皆可藉三勢說加以詮釋。天人三勢說稱：

　　　　夫事物之性有自然而成者；有待人事而成者，有失人事不成者；有雖加人事，終身不可成者。〔註147〕

由三勢說推及於生死與疾病問題，乃爲：

　　　　譬之疾病，有不治而自瘳者；有治之則瘳者，有不治則不瘳者；有雖治而終身不可癒者……故孔子曰：死生有節，又曰：不得其死，然又曰：幸而免。「死生有節」，其正理也。「不得其死」，未可以死而死。「幸而免者」，可以死而不死。凡此皆性命三勢之理。〔註148〕

「不治而自瘳者」與「雖治而終身不可癒者」即是三勢說中之「有自然而成者」與「有雖加人事，終身不可成者」屬於天命中之定數，不是人力可以施爲或補救的部分。所以以顏回、冉耕之賢卻遇凶早夭，實如「麥不終夏、花不濟春，如和氣何？」〔註149〕天數如此，無可奈何！

　　「治之則瘳，不治則不瘳者」則是三勢說中之「待人事而成，失人事不成者」。此則爲天人合作的領域。即「天數」提供事物可成、疾病可瘳的機會，人力若能把握，則「待人事而成」、「治之則瘳」。相反的，人力若不能把握，則「失人事不成」、「不治則不瘳」。故孔子稱「不得其死」，是未達於死數之期，人力仍可救治，卻不知把握，此爲人力自行放棄存活的機會。又稱「幸而免」，是雖有疾厄，然能及時救治，所以得免死而存活。因此在天人合作的領域裡，「天數」提供了機會，而成敗的決定實在於「人力」。

　　由三勢說再推及於教化，則爲：

　　　　人有不教而自成者；待教而成者，無教化則不成者；有加教化而終身不可成者。故上智、下愚，不移；至於中人可上下者也。〔註150〕

此是由天人三勢說而推展出教化三品。「上智」即「不教而自成者」，「下愚」即「加教化而終身不可成者」此兩者皆屬於三勢說中人力不可施爲補救者，故稱其「不移」。而「中人」即「待教而成者，無教化則不成者」，乃屬於三勢說中，天人合作暨人力可以施爲者，故稱其「可上下者也」。

〔註147〕《漢紀》卷6，頁78～79。
〔註148〕同前註。
〔註149〕《申鑒·俗嫌》卷3，頁96。
〔註150〕《漢紀》卷7，頁89。

　　而教化三品進而又與人性三品相對應：

　　　唯上智、下愚不移，其次善惡交爭。〔註151〕

於是使教化的品次與人性善惡的品次相結合，「上智」不僅是教化品級中的優勢者，且是至善的。「下愚」不僅是教化品級中的失敗者，也是至惡的。至於「中人」則是教化品級中的學習者，表現於人性上，乃爲善惡交爭。這是荀悅以三勢說統括教化與人性，且爲其分類的概念。

　　「中人」善惡交爭，即是承認其性有善惡，這是傳統性善惡論的常態說法，如戰國時的世碩，漢時的董仲舒、劉向、揚雄、鄭玄、徐幹，晉時的傅玄等，其論性之定義，雖各有本質上的差異，然大體而言，也皆是主張性有善惡論。〔註152〕至於「上智」爲至善，「下愚」爲至惡的論定，則屬於比較獨特的觀點。在荀悅之前，講性三品者，還有王充，他也分判人性爲「極善」、「極惡」與「中人」：「先而兆見，善惡可察。無分于善惡，可推移者，謂中人也……夫中人之性，在所習焉，習善而爲善，習惡而爲惡也。至於極善、極惡，非復在習。」〔註153〕此就「先而兆見」的本性，分「極善」、「極惡」與「中人」三品，而「中人」之本性乃無善無惡，待習染推移後始成善惡。王充又說：「人之性善，可變爲惡，惡可變爲善……在所漸染，而善惡變矣。……今夫性惡之人……教導以學，漸漬以德，亦將日有仁義之操……

〔註151〕《申鑒·雜言下》卷5，頁144。荀悅的人性三品說，雖基本上出於天人三勢的創意，然似也有消融前人思想的痕跡，如孔子對於人性的看法即已謂：「性相近也，習相遠也」、「唯上智與下愚不移」、「中人以上可以語上也」（《論語·陽貨》第17）。而班固的〈古今人表〉即本此而品定人物「九等之序」。且在荀悅之前王充也早以三品說來論定人性。參見賀凌虛：〈荀悅的生平、著作及基本觀念〉《書目季刊》14卷1期，民國69年3月，頁22。

〔註152〕參見宇同：《中國哲學問題史》，台北：彙文堂出版社，民國76年11月，頁215～220。

〔註153〕王充撰，劉盼遂集解：《論衡集解》上冊卷三〈本性〉（台北：世界書局，民國47年5月），頁64。

　　　　《申鑒·雜言下》卷5，頁137。參見趙歧：《孟子趙注》卷5〈滕文公〉上，台北：新興書局，民國81年6月，頁51。（參見熊公哲：《荀子今註今譯》卷17〈性惡〉第23，台北：商務印書館，民國79年10月四版，頁482。）（引自《孟子·告子上》卷11，頁95。）（引自揚雄：《法言》卷3〈修身〉，江都秦氏影宋本，台北：中華書局，民國57年8月台二版，頁1。）（《申鑒·雜言上》卷5，頁145。）（《申鑒·雜言上》卷5，頁144。）（《申鑒·雜言上》卷4，頁144。）（董仲舒：《春秋繁露》卷十〈深察名號〉，台北：中華書局，民國57年4月台二版，頁4。）（《中國哲學原論》下冊，香港：新亞書院研究所，民國57年2月，頁104。）（《申鑒·雜言下》卷5，頁139。）（《申鑒·雜言下》卷5，頁141。）（《申鑒·雜言下》卷5，頁142。）

亦在于教，不獨在性也。」〔註154〕此在說明：本性雖為「極善」、「極惡」者，若經漸染，則善惡仍可轉變。

王充和荀悅的三品論在人品的區分上，大體相同，但對於中人的本性以及兩極（「極善」、「極惡」，「上智」、「下愚」）的改造，則有意見上的出入。一、王充把「中人」的本性界定為「無善無惡」，待習染推移，始有善惡之分。而荀悅則將「中人」之本性定位為「善惡交爭」，「教扶其善，法抑其惡」。〔註155〕二、王充認為本性「極善」、「極惡」者，仍可經教化或漸染而轉變其善惡；而荀悅基本上以為「上智、下愚，不移」。三、王充認為不論是「極善」、「極惡」或「中人」皆可因教化、習染而轉變善惡，是即承認全面人性的教化可能；而基於兩極不移，而以法教扶抑中人的觀點，則荀悅似乎較看重於中人多數的教化意義，因此他說：「上智、下愚雖不移，而教之所以移者多矣。」〔註156〕這是荀悅與王充在三品論上的差異，卻也由此看出荀悅依三勢說導出人性三品論之獨特性，即將三勢說中人力無可施為的部分，演繹為「上智」、「下愚」之不移，而將天人合作的部分，推生為「中人」之教化。

雖然如此，荀悅卻也未完全漠視「下愚」改造的可能，只是效果幾微，不甚看重而已：「於是教扶其善，法抑其惡，得施之九品，從教者半，畏刑者四分之三，其不移，大數九分之一也。一分之中，又有微移者矣。」〔註157〕「一分之中，又有微移者矣」指的就是「下愚」改造的可能。

荀悅以獨特的三品論，作為法教化民的宣示，施於治術，或許可期待樂觀的效果。但若持之以批評別說，則明顯失於獨斷。如他批評孟子的性善論，稱：「性善，則無四凶。」批評荀卿的性惡說：「性惡，則無三仁。」批評告子的性無善惡：「人無善惡，文王之教一也，則無周公、管、蔡。」批評揚雄的性善惡渾：「性善惡皆渾，是上智懷惡，而下愚挾善。」〔註158〕是皆取其獨特的三品論，去訐非諸子獨特的人性說，各家對人性的定義各有範疇，對善惡的分別各有約束，而要強質其非，實失公允。

蓋孟子把「性善」當作人異於禽獸的特殊性徵。〔註159〕荀子言「性惡」，但也積極的要求人以禮義之道而「偽善」，所謂：「是以為之起禮義、制法度，以矯世人

〔註154〕王充撰，劉盼遂集解：《論衡集解》上冊卷二〈率性〉，頁39。

〔註155〕《申鑒・雜言下》卷5，頁144。

〔註156〕《漢紀》卷6，頁80。

〔註157〕《申鑒・雜言下》卷5，頁144。

〔註158〕《申鑒・雜言下》卷5，頁137。

〔註159〕參見趙岐：《孟子趙注》卷5〈滕文公〉上，台北：新興書局，民國81年6月，頁51。

之情性而正之。」〔註160〕告子言性無善惡，是就性本身言，至於性之改變，仍可為善惡，故曰：「性猶杞柳也，義猶桮棬也。」〔註161〕揚雄言性善惡渾，故待修習而成善惡：「人之性也，善惡渾。修其善則為善人，修其惡則為惡人。」〔註162〕是諸家論性，分善惡，各有領域，而以三品論拘以質非，顯失公正。

　　此外，荀悅的性三品論，對人性的品質，基本上是傾向於悲觀的。「生而知之者寡矣！」〔註163〕上智者畢竟少，下愚又可移者微，至於中人之善惡交爭，則往往是惡勝於善，荀悅曾以陰降陽升的難易理論為此作說明：「凡陽性升、陰性降，升難而降易。善，陽也，惡，陰也，故善難惡易，縱民之情使自由之，則降於下者多矣。」〔註164〕即若放任善、惡交爭，則人性大體是趨於墮落的。然而法、教化民的理論，則為此一人性陷溺的難局，提供了矯治的希望，所謂：「性雖善，待教而成；性雖惡，待法而消。」〔註165〕這句話說明了兩點意義：一、人性之善惡只是善惡之「端」，性雖善，須待教而成；性雖惡，猶可待法而消。即中人之善惡交爭，原只是人性之端倪，而非人性的完成。二、善惡之端既可待教而成、待法而消，則中心的品質乃由原先善難惡易的墮落傾向，獲得提昇，而對於人性三品的評價，也轉而有較樂觀的期待。荀悅法教化民的期許，即著重於此，因此他說：「於是教扶其善，法抑其惡，得施之九品：從教者半；畏刑者四分之三；其不移，大數九分之一也。一分之中，又有微移者矣。然則法教之於化民也，幾盡之矣。」〔註166〕

　　即以九品來論，其中一品是無須待教的「上智」，其餘八品，從教者半，乃得四品；畏刑者四分之三，又得三品；終究不移的「下愚」只得一品，於是成績斐然：九品中，「上智」居一品；從教而善者居四品；畏刑不為惡者又居三品；真正不能移的「下愚」只佔一品。這使得原先以人性之「端」所界定的三品論，經由法教的作用後，轉為人性「完成」之新三品論：從教而善者是其一，畏刑不為惡者是其二，不移為惡者是其三。在三品論中，「上智」與「下愚」皆屬少數，「中人」則善難惡易，因此人性的基本品質是傾向於惡劣的。但經由法教的扶抑後，新三品論完成，「從善者」合上智，得五品；「不為惡者」得三品；「不移為惡者」只得一品，而且這「一

〔註160〕參見熊公哲：《荀子今註今譯》卷 17〈性惡〉第 23，台北：商務印書館，民國 79 年 10 月四版，頁 482。

〔註161〕引自《孟子・告子上》卷 11，頁 95。

〔註162〕引自揚雄：《法言》卷 3〈修身〉，江都秦氏影宋本，台北：中華書局，民國 57 年 8 月台二版，頁 1。

〔註163〕《申鑒・雜言上》卷 4，頁 99。

〔註164〕《申鑒・雜言上》卷 5，頁 145。

〔註165〕《申鑒・雜言上》卷 5，頁 144。

〔註166〕《申鑒・雜言上》卷 5，頁 144。

分之中，又有微移者矣。」由此使人性的品質幾近於全面翻轉，縱使未必能全部爲善，但至少能大體不爲惡。此即是荀悅欲以法教導正人性所期許的效果。

荀悅於人性論中又主張性情相隨說。性情相隨說是爲「性善情惡」說而發，荀悅之前，董仲舒曾倡此說：「天地之所生，謂之性情……情亦性也。謂性已善，奈其情何？……身之有性情也，若天之有陰陽也，言人之質而無其情，猶言天之陽而無其陰也。人之誠有貪有仁。仁貪之氣兩在於身，身之名取諸天，天兩有陰陽之施，身亦兩有貪仁之性。」〔註167〕由此知，董仲舒是由天道來觀照人性，將天道之陰陽與人性之貪仁相比附，進而使陰陽、貪仁與情性配套成一組彼此對立，卻又同時並生的概念，乃形成「性善情惡」說。故唐君毅先生以爲董仲舒「性善情惡」，乃受陰陽學說的影響，即「就人性與陰陽之關係，以分解一整全之人性，爲兼具陽善陰惡之性情二者」〔註168〕

荀悅的性情相隨說，即相對於此說，而認爲「情是本於性」的，性既有善有惡（以中人言），則自然相隨有好惡之情。因此他反駁「仁義性也，好惡情也，仁義常善，而好惡或有惡」的說法：「不然！好惡者，性之取舍也，實見以外，故謂之情爾，必本乎性矣。」〔註169〕即好惡的決定，實本於「性」，其表現於外者，乃成爲「情」。換言之，「性」是好惡之發動者，「情」則爲好惡之所表現，故「情」本於「性」，「情」隨「性」生。基於此，荀悅自也反對，行仁義是因爲「性多情少」，而爲惡跡則是「性少情多」的說法；「或曰：人之於利，見而好之。能曰：不然。是善惡有多少也，非情也……有人於此好利好義，義勝則義取焉，利勝則利取焉。此二者相與爭，勝者行矣。非情欲得利，性欲得義也。」〔註170〕即善惡義利的角逐，在於「性」中爭勝，義勝，則表現於外者爲行義；利勝，則表現於外者爲取利。而不是性、情分舉義、利互相爭勝，性勝情乃行義，情勝性則取利。

此爲荀悅就性、情的屬性，反駁董仲舒的說法：董仲舒把性、情視如人性之兩面，和陰陽、貪仁配套而互相爭勝。荀悅則把「性」看作天生的氣質，以天生之質「實見以外者」，即爲「情」，一個是本質，一個是外相，兩者相隨而非對抗。因此，性、情之間是靠感應的作用而發生聯繫：「是言情者，應感而動者也，……凡情、義、心、志者皆性動之別名也。情見乎辭，是稱情也；言不盡意，是稱意也，中心好之，

〔註167〕 （董仲舒：《春秋繁露》卷十〈深察名號〉，台北：中華書局，民國57年4月台二版，頁4。）
〔註168〕 （《中國哲學原論》下冊，香港：新亞書院研究所，民國57年2月，頁104。）
〔註169〕 《申鑒‧雜言下》卷5，頁139。
〔註170〕 《申鑒‧雜言下》卷5，頁141。

是稱心也；制其志，是稱志也。惟所宜，各稱其名而已。」〔註171〕由「性」動之感應而表現爲情、義、心、志，這是將天、人感應說：萬物皆應感而動的理論，發揮於人性論的層面，藉此以澄清性、情的對抗關係。總之，荀悅的性情論，是置兩者於相隨的位置，而不是視如敵對的關係，且是以感應，而不是以爭勝來詮釋兩者的互動。

由三勢說又推及於災異：

> 災祥之報，或應或否，故稱洪範咎徵，則有堯湯水旱之災，稱消災復異，則有周宣雲漢……災祥之應無所謬矣，故堯湯水旱者，天數也，洪範咎徵，人事也。魯僖澍雨，乃可救之應也，周宣旱應，難變之勢也。〔註172〕

是天變災異的應否也不出於三勢之理。堯、湯、周宣之時，雖得災異徵戒，仍不免於水旱之災，是天命之定數如此，雖以堯、湯、周宣之賢仍不足以補救。而魯僖公時，澍雨之象，則爲人力猶可施爲之應，故得及時補救。換言之，災異的警示作用，乃發生於人力可以施爲補救的領域，而不及於天數命定之際。此即「可救之應」與「難變之勢」的區別。

由三勢說對天人份際的申明，進一步乃有安置性命的體悟：

> 故天人之道，據其所以異而責其所以同，則成矣。守其所以同而求其所以異，則弊矣。〔註173〕

天人份際之間有合作共成的領域，但也有人力終不可及的部分，故稱「天人之道，有同有異」。若能體悟於此，盡量去責求人力可以施爲的本分，而安守天命之定數，則自然有所成就，此即「據其所以異而責其所以同，則成矣」。相反的，若只是安守本分，卻去強求人力不可及的天數，乃爲不明天人之理，即「守其所以同而求其所以異，則弊矣」。

> 故君子盡心力焉，以任天命，易曰窮理盡性，以至於命，其此之謂乎！〔註174〕

窮透於天人之理，盡心力於人事之本務以安待天命，其中有本份的鼓勵，也有天數之安守，由此解決生死問題，也澄清天人份際，此即是荀悅由三勢說推演而來，以安置性命的方法。〔註175〕

〔註171〕《申鑒・雜言下》卷5，頁142。
〔註172〕《漢紀》卷6，頁79～80。
〔註173〕同前註。
〔註174〕同前註。
〔註175〕荀悅論性命之理，是以「性」、「命」相隨的辯證關係爲出發。他說：「生之謂性也，形神是也，所以立生。終生者之謂命也，吉凶是也。夫生我之制，性命存焉爾。」

　　由三勢說澄清了天人之間的份際，於是也一併清除了種種的迷信與忌諱。所以：

（一）就壽命而言，人的生壽有定數，可以以「道」求高壽

　　天惟壽則惟能用道，惟能用道，則性勝矣。苟非其性，修不至也。學必至聖，可以盡性，壽必用道，所以盡命。〔註176〕

　　用道以修「性壽」，即是以道術來修養壽數的極限。這是人力可以施爲的部分，也爲人力施爲最完滿的境界，所以稱爲「性壽」。然而「性壽」有定數，人力修爲的極限只能至於此，雖多加人力終無可逾越，因此稱「苟非其性，修不至也」。

　　而修「性壽」的秘訣，有所謂的「壽術」：

　　　　仁者，內不傷性，外不傷物，上不違天，下不違人，處正居中，形神

　　以和，故咎徵不至而修嘉集之。壽之術也。〔註177〕

是修壽之術在於「中」、「和」、「不違」，藉此人力的修爲感通於天道，使「咎徵不至而修嘉集之」。這是天人合作完美的模式，然而也是天人合作的極限。如前文所述，天人感應的效果只能作用於人力施爲的領域，如災異之應否，端視於人力之是否可及，若人力可及，則災異自然具備警示的作用，給予人事補救的機會；然若人力不可及，則雖有災異警告，終究不能彌補天命之定數。同樣的，此處的「咎徵不至」、「修嘉集之」也是在天人合作的領域內，感通於「中」、「和」，以助修「性壽」。至於人力極限以外的部分，既然是「苟非其性，修不至也」，則「休嘉」自也無以作用。

　　「性壽」既然有定數，則人之身、神自難逃於疾厄之數：

　　　　夫疾厄，何爲者也？非身則神，身不可避，神不可逃……持身隨天，

（《申鑒・雜言下》卷5，頁135。）即「性」指的是天生的形體與精神。而「命」則是伴隨形體、精神存在之日的吉凶禍福之運勢。有「性」即有「命」，人的形神一旦出生，即勢必有命運與之相隨，這本是性命的基本機制，故稱「生我之制，性命存焉爾」。然而在這個機制裡，人的吉凶禍福並非完全取決於命運的擺佈，而是在於人是否能「循性輔命」以趨吉避凶：「君子循其性，以輔其命。休斯承，否斯守。無務焉，無怨焉。好寵者承天命以驕，好惡者違天命以濫。故驕則奉之不成，濫則守之不終。好以取怠，惡以取甚，務以取福，惡以成禍，斯惑矣。」（《申鑒・雜言下》卷5，頁136。）即循性輔命之理，只在於「承」、「守」二字。「休斯承，否斯守」，運吉之時，即乘勢承受、適時把握；勢凶之時，則守執本分、減輕傷害。此仍是三勢說中「待人事而成，失人事不成」的發揮，只不過將天人合作轉成循性輔命，將人事的修爲具體化爲「承」、「守」而已。因此若不能秉守「承」、「守」之道；或是寵恃於吉運，而疏於人事的把握，以至於流於驕怠；或是怨逆於凶勢，而不知執守避禍，以至流於縱濫，皆是不察於性命之理，也即是失於天人之協調。要之，荀悅論性命之理仍以三勢說之天人合作理論爲張本。

〔註176〕《申鑒・俗嫌》卷3，頁87。
〔註177〕同前註，頁93。

萬里不逸，譬諸孺子，掩目巨夫之掖，而曰逃可乎？〔註178〕

疾厄是天命難逃之定數，雖以正道修爲「持身隨天」，猶是「萬里不逸」，更何況欲以神仙之術而貪求長生：

> 或問神仙之術？曰：誕哉！末之也已矣。聖人弗學，非惡生也，終始，
> 運也；短長，數也。運數非人力之爲也。〔註179〕

「運數非人力之爲也」正是指出神仙長生術的荒誕無謂，而也是聖人對性命歸趨的體悟。

（二）就「卜筮」而言，「卜筮」也如災異的警示一樣，最後的成敗不在於「卜筮」的結果，而在於人事的把握與補救與否？

> 或問卜筮？曰：「德斯益，否斯損。」曰：「何謂也？」「吉而濟，凶而救
> 之謂『益』；吉而恃，凶而怠之謂『損』。」〔註180〕

「吉而濟，凶而救」是天人之間的合作，天道顯示吉凶，人事乃及時把握與補救，故稱爲「益」。「吉而恃，凶而怠」是天人之間的失調，徒有天道的預警，卻失人事的配合，故稱爲「損」。即損、益的關鍵在於天人之間合作與否。

（三）就時令方位之忌諱言，也非干吉凶，只不過在提供四時的規律作息而已

> 或問曰：「時群忌？」曰：「此天地之數也，非吉凶所生也。東方主生，
> 死者不鮮；西方主殺，生者不寡；南方火也，居之不燋；北方水也，蹈之
> 不死。故甲子昧爽，殷滅周興，咸陽之地，秦亡漢隆。」〔註181〕

此在說明時令、方位只是天地之數、自然之形，無關於吉凶的符應。

> 元辰，先王所用也。人承天地，故動靜順焉。順其陰陽，順其日辰，
> 順其度量。內有順實，外有順文，文、實順，理也，休徵之符，自然應也。
>
> 〔註182〕

人生長於天地之間，自然必須順從四時的規律而作息。因此對於陰陽的消長、日辰的好壞，以「作息」的意義去配合，使人事獲得協調，自然能感通於天，於是「休徵之符，自然應也」。換句話說，時令的吉凶實表現在人事作息的安適與否，而不在時令本身的吉凶象徵，因此若只是比附時令的吉凶忌諱以求福，而不明白它實際的

〔註178〕 同前註，頁83。
〔註179〕 同前註，頁85。
〔註180〕 同前註，頁78。
〔註181〕 同前註。
〔註182〕 同前註，頁80。

作息意義，正是本末倒置，是所謂：「苟無其實，徼福於忌，斯成難也」。〔註 183〕

（四）就命相言

　　　　或問：「人形有相？」曰：「蓋有之焉。夫神氣、形容之相包也，自
　　然矣。貳之於行，參之於時，相成也，亦參相敗也。其數眾矣其變矣。」
〔註 184〕

即命相的意義，兼含有天成的「神氣」與「形容」，以及人事「時」、「行」的把握，
兩者共同決定其命運的成敗。此仍為天、人合作的強調，而打破天生形貌決定命運
的迷信。

　　綜合以上所論，荀悅論天人份際，乃是以三勢說為基礎。推及於生死，乃有「君
子盡心力焉，以任天命」的體悟。推及於教化，則分人性三品，並以「中人可上下
者也」為勉勵。推及於災異，則有「可救之應」與「難變之勢」之別，然仍警礪人
君當敬視天變，及時補弊。

　　藉由天人份際的澄清，乃進一步清除種種迷信和忌諱。就壽命言，可以「中」、
「和」之術，求「性壽」，卻不必強求神仙之術以貪長生。就卜筮言，卜筮只是天道
的警示，其成敗仍在於人事的把握與補救。就時令言，時令本身實無關於吉凶之忌
諱，而只為四時作息之自然規律。就命相言，命運之成敗由形貌與人事共同決定，
而非由天生之相貌所獨斷。

　　要之，在天人份際之間，天命之定數，雖人力所不及，但天人合作的領域則猶
有可為。

第三節　鑒戒史觀

　　荀悅《漢紀》之思想又在於強調一種鑒戒之史觀。荀悅曾提出「三鑒說」：
　　　　君子有三鑒，世人鏡鑒，前惟訓、人惟賢、鏡惟明。夏商之衰，不鑒
　　於禹湯也；周秦之弊，不鑒於民下也；側弁垢顏，不鑒於明鏡也。故君子
　　惟鑒之務，若夫側景之鏡，亡鑒矣。〔註 185〕

〔註 183〕同前註。
〔註 184〕同前註，頁 84。
〔註 185〕《申鑒・雜言上》卷 4，頁 100。唐太宗於魏徵死後，曾慨然謂侍臣曰：「夫以銅為
　　　　鏡，可以正衣冠；以古為鏡，可以知興替；以人為鏡，可以明得失。朕常保此三鏡，
　　　　以防己過。今魏徵殂逝，遂亡一鏡矣。（參見吳兢：《貞觀政要》上卷 2〈論任賢〉，
　　　　台北：地球出版社，民國 83 年 7 月，頁 77。）則唐太宗之「三鏡說」顯然是由荀
　　　　悅之「三鑒說」而來。

其中即以史鑒（「前惟訓」）置於第一，且爲關係王朝興亡之重要因素。

故《漢紀》之目錄序於包舉《漢紀》之性質時，即稱：

> 凡《漢紀》……有鑒戒焉……懲惡而勸善，獎成而懼敗。〔註186〕

而在後序申明著作旨趣時，又再次強調《漢紀》之鑒戒目的：

> 易稱：多識前言往行，以畜其德。詩云：古訓是式。中興以前一時之
> 事，明主賢臣，規模法則，得失之軌，亦足以「監」矣。撰《漢書》百篇
> 以綜往事，庶幾來者亦有「監」乎此。其辭曰……爰著典籍，以立舊勳，
> 綜往昭來，永「監」後昆。〔註187〕

不到四百字的著作旨趣，不厭其煩的連用三個「監」字，足見荀悅對史鑒的重視。

因此後人對於《漢紀》的評價，也多有推崇其鑒戒價值者。如張璠稱《漢紀》：

> 因事以明臧否，致有典要，大行於世。〔註188〕

王銍也稱荀紀：

> 於朝廷紀綱，禮樂刑政、治亂成敗、忠邪是非之際，推陳論著，每致
> 意焉，反復辨達，明白條暢，啓告當代，而垂訓無窮。〔註189〕

近人劉隆有先生更指出，將鑒戒意識「作爲其著史的全部和最高的宗旨……並爲此
對所寫史書應當達到的標準和記事範圍做出明確規定，在我國古代史學史上，荀悅
乃是一人。」〔註190〕

由此可知鑒戒史觀實爲荀悅史學思想之重要特色，且爲《漢紀》之主要著作意
旨。

要論史學之鑒戒意義，則必賴「實錄」以爲基礎，換言之，史籍唯在「質之事
實而不誣」〔註191〕的前提下，始能彰顯其懲惡勸善的價值。此外史學之鑒戒作用也
賴一承先啓後、連綿不絕之精神意識以爲維繫，即使史鑒之精神能在「永惟祖宗之
洪業」且「思光啓於萬嗣」〔註192〕的承續中，傳衍不輟。基於此，公正獨立的史官
制度，乃爲必要之急務。

兩漢以來實無名實相符的史官。前漢雖設有太史令，然只爲文書、占候之職。

〔註186〕《漢紀·目錄序》，頁5～6。
〔註187〕《漢紀·後序》，頁435。
〔註188〕《漢紀》，商務人人文庫本，前附〈四庫提要〉，頁1。
〔註189〕同前註。
〔註190〕劉隆有：〈荀悅〉，收於《中國史學家評傳》上，河南：中州古籍出版社，1985年4
月，頁102。
〔註191〕《漢紀·目錄序》，頁5～6。
〔註192〕《漢紀·後序》，頁435。

王莽，又改置柱下五史，以紀錄言行。蓋是仿效古者「左史記動，右史記事」之意。

進後漢後，太史令仍只以天時星曆爲職掌，因此《通典》稱：「秦漢以來太史之任，蓋併周之太史、馮相、保章三職。」〔註193〕即「一直到兩漢，太史之職尚且包括曆算、占卜、望氣等事。」〔註194〕至於後漢之東觀著作，雖爲撰述國史之任，然皆以他官兼領，蓋有著作之任而未爲官員。〔註195〕蘭台令史則又只掌奏及印工文書而已。〔註196〕

因此兩漢實無名實相稱、職任獨立的史官。荀悅於是發建置史官之議：

> 古者天子諸侯有事必告於廟，朝有二史，左史記言、右史記動，動爲《春秋》，言爲《尚書》，君舉必記，臧否成敗無不存焉。下及士庶，等各有異，或欲顯而不得，或欲隱而名章，得失一朝，而榮辱千載。善人勸焉，淫人懼焉，故先王重之，以嗣賞罰，以輔法教。宜於今者，官以其日各書，其盡則集之於尚書，若史官使尚典其事，不書詭常，爲善惡則書，言行足以爲法式則書。〔註197〕

左、右二史分掌言、動之記，原非畫一不變的制度，〔註198〕然而其中所宣示的「君舉必記」的實錄精神，以及「欲顯不得」、「欲隱而名章」、「善人勸焉、淫人懼焉」的鑒戒意識，則正是荀悅所期待恢復者。〔註199〕

除了史官職掌的恢復外，荀悅對前代起居注的故事，也期待有所效行：

> 先帝故事有起居注，日用動靜之節必書焉，宜復其式，內史掌之，以紀內事。〔註200〕

〔註193〕《通典》卷21〈職官三・史官〉頁126、及卷26〈職官八・太史局〉，頁156。

〔註194〕李宗侗：《史學概要》，台北：正中書局，民國66年5月台五版，頁20。

〔註195〕《通典》卷26〈職官八・著作郎〉，頁155。

〔註196〕《漢書・百官志》卷26，頁921。

〔註197〕《申鑒・時事》卷2，頁74。

〔註198〕李宗侗：《史學概要》，台北：正中書局，民國66年5月台五版，頁15。

〔註199〕荀悅此段論議所引之「或欲顯而不得，或欲隱而名章」，以及「善人勸焉，淫人懼焉」等語，乃微引自《左傳》昭公31年之「君子曰」：「……或求名而不得，或欲蓋而名章，懲不義也。……故《春秋》之稱微而顯，婉而辨，上之人能使昭明，善人勸焉，淫人懼焉。」故蔣義斌稱荀悅請設史官之議及對史職鑒戒精神的看重，有得於《左傳》的啓示。參見蔣義斌：〈荀悅家學與漢末晉初史學〉《史學彙刊》15期，民國76年7月，頁9。

〔註200〕同註178。前述周官左、右二史記其言、事，大概即是起居注的張本。漢武帝時有《禁中起居注》，後漢馬皇后也撰《明帝起居注》，則漢之起居注似爲宮中女史的職掌。（《通典》卷21〈職官三・起居〉，頁123。）又據袁宏：《後漢紀》之序，稱後漢靈、獻二帝也皆有起居注。（袁宏：《後漢紀》，台北：商務印書館，民國60年10月台一版，頁1。）但今日著錄於《隋書・經籍志》者，以漢獻帝起居注五卷爲

　　外有史官君舉必書，內有女史錄記起居，由此使史職的意識與精神，得到獨立的地位與意義，也使朝廷內外，獲致鑒戒的憑依。此即是荀悅欲恢復內外注記的根本用心。

　　兩漢以來史官的獨立職掌不顯，至三國時始有名實相符的史官，〔註201〕因此學者以爲荀悅建置史官之議，可謂發其先聲。〔註202〕

　　荀悅除了賦予史籍「勸善懲惡」的使命，並藉由史官制度加以維繫外，更將史籍之鑒戒價值，等視如「典經」之地位。他說：

　　　　昔晉之乘、楚之檮杌、魯之春秋，虞夏商周之書，其揆一也，皆古之
　　　令典。立之則成其法，棄之則墜於地，瞻之則存，忽焉則廢，故君子重之。
　　　漢書、紀其義同矣。〔註203〕

此處荀悅將《漢書》、《漢紀》與古代的史籍，皆視如「立之則成其法」的令典，乃把史書的鑒戒意義等同於常恆不變的「典經」價值，使史籍即如「典經」一般，皆爲道義的體現：

　　　　夫道之本，仁義而已矣，五典以經之，群籍以緯之，詠之歌之、弦之
　　　舞之，前鑒既明，後復申之，故古之聖王，其於仁義也，申重而已，篤序
　　　無疆，謂之申鑒。〔註204〕

史籍既如典經，爲道義之參考，則自然也爲帝王崇立王業、甚且安置性命之教材：

　　　　在上者則天之經，因地之義，立度宣教，以制其中，施之當時則爲道
　　　德，垂之後世則爲典經，皆所以總統綱紀、崇立王業。〔註205〕

是「典經」本於道義，垂訓於後世，乃爲王業綱紀之參考：

　　　　若乃稟自然之數，揆性命之理，稽之經典，校之古今，乘其三勢，以
　　　通其精，撮其兩端以御其中，參伍以變，錯綜其紀，則可以髣髴無咎矣。

　　　〔註206〕

是「典經」也爲安置性命之輔理。

　　又《漢紀》既如「典經」，具有典範的作用，則當有其鑒戒史事之價值與標準，

　　　　最早。(《隋書》卷33，頁964。)
〔註201〕三國時代魏、吳兩國皆曾設官修史，至於蜀漢雖有東觀郎、秘書郎之職，然而卻只
　　　　是典校書籍，而實未修史。繆鉞：〈陳壽與三國志〉，收於《中國史學家評傳》(上)
　　　　(河南：中州古籍出版社，1985年4月，頁125，註7。)
〔註202〕蔣義斌：〈荀悅家學與漢末晉初史學〉《史學彙刊》15期，民國76年7月，頁9。
〔註203〕《漢紀·目錄序》，頁5。
〔註204〕《申鑒·政體》卷1，頁2。
〔註205〕《漢紀》卷25，頁347。
〔註206〕《漢紀》卷6，頁78。

是所謂「立典五志」：

> 夫立典有五志焉。一曰達道義，二曰彰法式，三曰通古今，四曰著
> 功勳，五曰表賢能。於是天人之際、事物之宜，粲然顯著，罔不能備矣。

〔註207〕

達道義者，在申明天人、君臣與君民間之道義。天人之道義表現於君王承天治民之
份際，即前述「在上者則天之經，因地之義，立度宣教，以制其中」的治術原理。
君臣之道義，表現於君臣間「君爲元首、臣爲股肱」的共治關係。〔註208〕君民之道
義，表現於「君以至美之道道民，民以至美之物養君」無往不復的相報之義。〔註209〕

彰法式者在強調道德、典章之典型。如論立政，「必推其公義」〔註210〕；評善
惡當「要於功罪」〔註211〕；立繼嗣則以「貴有常」〔註212〕；正風俗須「一聖人之
至道」〔註213〕。

通古今者，在稽考興亡得失之理，以及承傳王道之統序。故論秦亡項敗，乃由
於「仁義不施」〔註214〕、「欲以力征經營天下」〔註215〕。而大漢之所興，乃出於「順
天應人」之公理，且以補救秦弊之姿態，傳承三代王道之業。〔註216〕

著功勳、表賢能者，在宣揚祖宗功勳、先帝事業、功臣名賢、奇榮善言，以及
殊德異行等。〔註217〕

如前所述，史鑒之眞實價值，須以實錄爲基礎，以道義爲目的，並藉承啓不絕
之史官制度以爲維繫。至於後人對於史鑒之取法，又當以博通應變爲原則，而非一
味食古不化，使扭曲以古鑒今之本意。即所謂：

> 世濟其軌，不殞其業，損益盈虛，與時消息，雖臧否不同，其揆一也。

〔註218〕

「損益盈虛，與時消息」即顯示史鑒取法態度上之時宜性，也即是「聖人之道，必

〔註207〕　《漢紀》卷1，頁6。
〔註208〕　《申鑒・政體》卷1，頁25。
〔註209〕　《申鑒・政體》卷1，頁26。
〔註210〕　《漢紀》卷7，頁89。
〔註211〕　《漢紀》卷10，頁138。
〔註212〕　《漢紀》卷27，頁378。
〔註213〕　《漢紀》卷10，頁139。
〔註214〕　《漢紀》卷2，頁19。
〔註215〕　《漢紀》卷3，頁39。
〔註216〕　《漢紀》卷4，頁58～59。
〔註217〕　《漢紀・目錄序》，頁5。
〔註218〕　《漢紀》卷1，頁6。

則天地，制之以五行，以通其變，是以博而不泥」〔註219〕之理。

　　故論立策決勝之術在於：「權不可預設，變不可先圖，與時遷移，應物變化。」〔註220〕

　　張耳、陳餘勸說陳涉恢復六國共同抗秦之故事，取鑒於後世者，在其「取非其有以與人，行虛惠而獲實福」之判斷。〔註221〕而不在於恢復六國之舉措。因此若只知襲古而不知權通史鑒之眞義，即如酈食其在楚漢相爭之際，猶發復立六國之議，反將造成「割己之有以資敵，設虛名而受實禍」之困境，〔註222〕適扭曲史鑒之意義。

　　同樣的，井田之法，以戶授田、什一而稅，本爲古代中正之美制。然要強行於「土地致富、列在豪彊」之兼併現實，終究易生紛亂而窒礙難行。〔註223〕故所宜取鑒者，在效其均產、贍弱之精神而因時損益，使「以口數占田，爲立科限，民得耕種，不得買賣，以贍民弱，以防兼併。」〔註224〕

　　即史鑒之取法，貴在博通不泥、因時損益，只知食古抄襲而不通古意，反不達史鑒之眞諦。

　　食古不化甚且不足爲取，更遑論假借古制以文飾私心，更非眞誠之尊古態度。王莽假借儒術，「自謂唐虞復出，乃始恣睢」，乃至於「滔天虐民」、「毒被諸夏」者，即是未抱誠實之態度以尊古，是所謂「誦六經以文姦言」，此與「燔詩書以立私議」之滅古運動，實「同歸殊塗」。〔註225〕

　　綜合本節所論，荀悅之鑒戒史觀，乃以實錄爲基礎，而以道義爲目的，並賴承啓不輟之史官制度爲維繫，以達成「達道義」、「彰法式」、「通古今」、「著功勳」、「表賢能」之典經使命。而後人取法史鑒之態度需以博而不泥、因時損益爲原則，食古不化或假借文飾者，均爲扭曲以古鑒今之價值與本意。

〔註219〕《漢紀》卷23，頁326。
〔註220〕《漢紀》卷2，頁31。
〔註221〕《漢紀》卷2，頁30。
〔註222〕《漢紀》卷2，頁30。
〔註223〕《漢紀》卷8，頁103。
〔註224〕《漢紀》卷8，頁103。
〔註225〕《漢紀》卷30，頁429～430。

第五章　結　論

一

在馬、班的紀傳體壟斷史壇數百年之後，荀悅《漢紀》始以編年體獨出，成為史壇之大事。因此就時機而言，《漢紀》的出現，確實在編年體的復興運動中具有示範的作用。但是這樣的示範作用，並不足以令《漢紀》在編年體復興與二體並行的史學意義裡穩居關鍵的角色，此可就幾方面說明：

首先，就《漢紀》的著作動機言，它原只是為了簡化《漢書》，方便獻帝閱讀，而不在於提倡編年古體，使與紀傳相競並行。其次，就《漢紀》的著作體裁言，它是本於省約的原則，援《漢書》的傳、表、志以入本紀，形成《漢書》帝紀的擴大，而不是對於編年史體有自覺性的認識，進而重新整理史料，編纂成一部原創，而非「以副本書」的編年史著。再就荀悅對編年古體的認識言，荀悅對《春秋》與《左傳》的認識，一在於其編年繫事的敘史方式有便利閱讀的好處，二在於《春秋》經傳有「懲惡勸善」的教化功能。即荀悅並不明白《春秋》與《左傳》的編年體裁，實即為「古者國史策書之常」。最後就古體創作風氣的影響言，《漢紀》出後，至杜預始發明史古之正體，又到四世紀初，東晉干寶才正式提倡並創作編年國史，開啟了國史興復的契機。而後復待東晉第二代編年史家如孫盛、習鑿齒、袁宏等人踵跡於後，乃使編年體的寫作形成流風，得與紀傳體並競而行。因此就風氣的倡導言，《漢紀》也未能居其功。所以《漢紀》之突出於紀傳新體的重圍，在史學史上，其對於編年古體的興復意義，只居於形式範例的角色，而不能謂有承先啟後的貢獻。

雖然如此，荀悅倣效《左傳》的經典觀念，塑造《漢紀》成為一代大典的企圖，則在理論上提高了史的價值與地位，另外《漢紀》蘊藉春秋精神於文意的筆法，也

啓示了後世編年史家的效行。總之,《漢紀》雖僅是形式而非實質的古體復興,然於史體概念及史籍地位上,實已起了示範的作用。

二

「辭約事詳」是《漢紀》以編年形式改寫《漢書》,所表現出來的史筆特色與價值。其意義有四:第一、《漢紀》援傳入紀的追述筆法,突破了編年體單調、分割的結構,使史實由「點」、「線」的獨立,進展成「面」的連繫,並加強了傳統編年體容納史文的敘事能力。第二、《漢紀》以簡約之筆,融匯傳、表、志之文,擴大《漢書》本紀,使本紀過分簡略、連繫不明的缺點獲得補救,宜作爲《漢書》全書尋繁領雜的導讀功能。第三、《漢紀》依穩定循序的編年結構整合《漢書》之紀、傳、表、志,使讀帝紀而能兼識傳、志,加以行文簡約,無文繁難省、翻覆查尋之累,乃能在閱讀效率上,貫徹一氣卒讀的樂趣。第四、《漢紀》文筆簡要,備便御覽,其所取材者又皆帝王鑒戒之事,乃不失爲簡便有用的帝王教材。

三

《漢紀》整合紀、傳、表、志之文以簡化《漢書》,其間有因約整之功,而使史實更加分明、文脈更加清晰者。然而也有因過度刪削,導致史實不明,敘次模糊之處。此外,《漢紀》又常見刻意編排史文,使史實互成對照,或彼此相關之深意,此則是荀悅在不造作史實的前提下,孕寄史意的筆法。

而對於《漢紀》改寫《漢書》筆法之探討,由《漢紀》與《漢書》「帝讚」之同異,也略可以觀察荀悅史筆之特色。大體荀讚中多能兼敘君臣之事蹟,以申明帝業之成敗,乃繫於君臣共治之品質。而且相對而言,荀讚比班贊更重於表揚忠臣直節之士,而深抑佞幸取容之徒。

四

《漢紀》基本上是刪省《漢書》而成,雖有追述筆法構成史筆的特色,然而真正流露荀悅原創思想的部分,則在於「荀悅曰」的論議之筆。在筆法上,「荀悅曰」不如「帝讚」傾向於帝王事業的正面評價,而反多出於對君王的諫諍與批評,故在議論之間乃爲嚴肅的褒貶之筆。又「荀悅曰」與「本傳曰」同以論議史實的文體穿插於敘事之間,形成行文上夾議夾敘的風格。而「本傳曰」是荀悅徵引《漢書》之文而成議論者,這種「援傳入議」的筆法又表現出荀悅與班固在評價史事立場上的一致性。

《漢紀》中之「荀悅曰」,共得三十八則,一萬多字,就內容分析,約可歸納爲幾類:

（一）是在申明法式、制度之本原與意義：如其論立政以制度爲本，論制祿、論賞罰、論封建、論制葬、論丞相三公之本、論刺史州牧之別，皆屬此類。

（二）是強調行政決策之權通：如其論立策決勝之術、論井田的恢復、論赦法的時宜、論矯制的功過、論服喪之權通、論白馬誓盟的便計、論刑教的時機，皆屬此類。

（三）是堅持公私義利之辨：如論國家之用度、論貫高逆反之罪、論張敞之放逃、論張放之私愛、論佞臣之私心、論遊俠之私義，皆屬此類。

（四）是護守禮教倫常之節：如論子尊不加於父母、論姊子爲后之不宜於人情、論尙主之制之違禮、論立嗣以有常爲貴，皆屬此類。

（五）是發明名實相稱之理：如論用人、賞罰必本於眞實，論虛、僞、誣、罔之作假，論名器之愼重，論封侯以功不以位，皆屬此類。

（六）是定位君臣之典型：以「六主」、「六臣」同善則治、同惡則亂、雜則交爭之理，申明君臣共治之品質。

（七）是敘述忠臣之境況：如論忠臣之難言、論忠臣慕戀人主之心、論人主之疑忌、論權奸之迫害，皆屬此類。

（八）是申明天人之際：以災異感應說來警礪時君，以天人三勢說來安置性命。

五

　　《漢紀》的成書目的既是便備御覽，則自有它的鑒戒意義。正如《漢紀·序》所云：「可以興、可以治、可以動、可以靜、可以言、可以行，懲惡而勸善，獎成而懼敗。」由此《漢紀》在擇取《漢書》時，自然傾向於挑選有鑒戒價值的史實，作爲帝王資治的教材。而東漢當世的時勢，對獻帝與荀悅而言，正是親切的體驗和急務，故《漢紀》取材於《漢書》者，乃有本於後漢當世時局之迷亂而欲寄鑒戒於前漢故事之意義與用心。如：外戚、外患、宦官、佞幸、災異、州牧、厚葬、舉才、封賞、錢貨、肉刑……諸問題，都是後漢重要之時事而反映於《漢紀》對《漢書》之取材，這是《漢紀》作爲帝王教材所表現出的鑒戒意義。

六

　　荀悅所申論的政體架構，是由天地人三方面共同組成。其推論的方法是由道的本體出發，進而推展出爲政的基本原則：法與教。復藉由法教的作用進一步影響人情、價值及德性的導化，待導化成熟後，諧和天人關係的政體架構於是產生，而君王的職責與治術也孕育於此政體原理之中。

　　其中君王之治術表現在六方面：一曰承天、二曰正身、三曰任賢、四曰恤民、

五曰明制、六曰立業。而承天惟允、正身惟常、任賢惟固、恤民惟勤、明制惟典、立業惟敦。

由君王治術之演申乃有君臣關係之建構。君臣關係首先表現於君臣共治的天道倫理，即君為元首，臣為股肱的政權本質。

其次則表現於君主選任臣下的態度，可由人臣順違態度來判斷其忠諛：違上順道者為忠，違道順上者為諛。因此君主選任臣下須以「不任」、「不愛」為原則，盡量避免任賢之盲點，是謂「十難」：一曰不知、二曰不進、三曰不任、四曰不終、五曰以小怨棄大德、六曰以小過黜大功、七曰以小失掩大美、八曰以訐奸傷忠正、九曰以邪說亂正度、十曰以讒疾廢賢能。

最後則表現於人臣侍事君主的態度。人臣侍事君主當避免三罪：一曰導非，以非引上謂之導；二曰阿失，從上之非謂之阿；三曰尸寵，見非不言謂之尸。而須效習三術：一曰防，先其未然謂之防；一曰救，發而止之謂之救；三曰戒，行而責之謂之戒。由此君臣關係調理和諧，自能構成健全的君臣事業。

七

荀悅的天人感應思想多表現於政治意涵上，基本用意在於擁護漢室並督勵人君的施政品質。可分三方面說明：

（一）是擁護漢統的受命論：此在為漢室的布衣政權鋪陳受命承統的神話，並輔以德業、王道的承繼使命。

（二）是承天養民與災異勵君論：此為天道哲學的發揮，使受命論有防失補弊的機制，以監督人主的施政品質。

（三）是澄清讖緯符命篡竊之藉口：以為王莽篡竊之論定，故論其得位只是做作天命，論其事業只能虛處閏位，論其身分只是亂臣賊子。

八

荀悅論天人份際，主要在天人三勢說的申明，所謂事物之性：有自然而成者；有加人事而成，失人事而不成者；有雖加人事終身不可成者。

由此推及於教化，乃有上智、下愚不移，惟中人可上下者也之「三品論」的產生。推及於生死，則有君子盡心力焉，以任天命之達觀；推及於災異，則有可救之應與難變之勢的辨明；推及於天人之理，則有據其所以異而責其所以同的體悟。

由此乃能一併清除種種的迷信忌諱：故性壽可以道術求，而不必貪求於長生；時令四時可以順守於作息，而不必附會以忌諱；卜筮可以警示於吉凶，而不必陷溺於迷信。

九

荀悅之鑒戒史觀，乃以實錄爲基礎，而以道義爲目的，並賴承啓不輟之史官制度爲維繫，以達成「達道義」、「彰法式」、「通古今」、「著功勳」、「表賢能」之典經使命。而後人取法史鑒之態度，須以博而不泥，因時損益爲原則，食古不化或假借文飾者，均爲扭曲以古鑒今之價值與意義。

總之，從《漢紀》的成書，我們不僅看到荀悅改寫《漢書》的筆法，也看到他寄鑒戒於史著的期望，以及對帝王教材的設計。

而從荀悅思想的分析，我們不僅看到他對政體理論與君臣關係的建構，也看到他以天人學說擁護漢統、督勵人主的忠直，以及窮理盡性、安置性命的達觀。

此即是對荀悅《漢紀》著作初步研究的一個大致結論。

重要參考書目

一、基本史料

1. 于志寧等:《五代史志》(收入《隋書》,台北:鼎文書局新校本,民國 76 年 5 月五版)。

2. 王鳴盛,《十七史商榷》(台北:大化書局點校本,民國 66 年 5 月影印初版)。

3. 王充撰,劉盼遂集解,《論衡集解》(台北:世界書局,民國 47 年 5 月)。

4. 永瑢等撰,《四庫全書總目提要》(台北:商務印書館商務萬有文庫薈要,民國 54 年 2 月台一版)。

5. 杜預,《春秋經傳集解》,上海:商務印書館《四部叢刊初編》;又相台岳氏本,台北:新興書局,民 81 年 6 月)。

6. 杜佑,《通典》,殿本(台北:新興書局,民國 54 年 10 月)。

7. 范曄,《後漢書》(台北:宏業書局點校本,民國 73 年 3 月再版)。

8. 班固,《漢書》(台北:宏業書局點校本,民國 85 年 3 月再版)。

9. 唐太宗御撰,《晉書》(台北:鼎文書局新校本,民國 76 年 5 月五版)。

10. 荀悅,《漢紀》(台北:商務印書館,人人文庫,民國 63 年 11 月台二版)。又台北:華正書局,影印明嘉靖黃姬水刻本,民國 63 年 7 月台一版)。

11. 荀悅撰,黃省曾注,《申鑒》(台北:世界書局,影印清代漢魏叢書本,民國 64 年 12 月三版)。

12. 袁宏,《後漢紀》(台北:商務印書館,人人文庫,民國 60 年 10 月台一版)。

13. 陳壽,《三國志》(台北:鼎文書局新校本,民國 76 年 5 月五版)。

14. 許慎撰,段玉裁注,《說文解字注》(台北:百齡出版社,民國 62 年)。

15. 揚雄,《法言》,江都秦氏影宋本(台北:中華書局,民國 57 年 8 月台三版)。

16. 趙翼,《二十二史箚記》(台北:仁愛書局,民國 73 年 9 月)。

17. 葛洪,《抱朴子內外篇》(台北:商務印書館,民國 54 年 11 月台一版)。

18. 董仲舒，《春秋繁露》，抱經堂本（台北：中華書局，民國 57 年 4 月台二版）。

19. 楊家駱主編，《漢紀西漢年紀合刊》（台北：鼎文書局，民國 66 年 9 月）。

20. 劉知幾撰，浦起龍釋，《史通通釋》（台北：里仁書局，民國 82 年 6 月）。

21. 劉勰，《文心雕龍》（台北：粹文堂書局，民國 65 年 3 月）。

22. 劉昫，《舊唐書》（台北：鼎文書局新校本，民國 76 年 5 月五版）。

23. 魏徵，《隋書》（台北：鼎文書局新校本，民國 76 年 5 月五版）。

24. 顧炎武，《日知錄》，何義門批校精抄本（台北：明倫出版社，民國 59 年 10 月三版）。

二、一般論著

（一）中　文

1. 尹達，《中國史學發展史》（河南：中州古籍出版社，1985 年）。

2. 皮錫瑞，《經學通論》（台北：商務印書館，民國 78 年 10 月台五版）。

3. 宇同，《中國哲學問題史》（台北縣：彙文堂出版社，民國 76 年 11 月）。

4. 杜維運，《中國史學史》（台北：三民書局，民國 82 年 11 月）。

5. 李宗侗，《中國史學史》（台北：中國文化大學出版部，民國 80 年 11 月三版）。《史學概要》（台北：正中書局，民國 66 年 5 月台五版）。

6. 林家驪、周明初注釋，《新譯申鑒讀本》（台北：三民書局，民國 85 年 2 月）。

7. 屈萬里，《先秦漢魏易例述評》（台北：學生書局，民國 58 年 4 月）。

8. 孫廣德，《先秦兩漢陰陽五行說的政治思想》（台北：嘉新水泥公司文化基金會，研究論文第 147 種，民國 58 年 11 月）。

9. 唐君毅，《中國哲學原論》（香港：新亞書院研究所，民國 57 年 2 月）。

10. 高國抗，《中國史學史概要》（廣東：1985 年）。

11. 夏曾佑，《中國古代史》（台北：商務印書館，民國 56 年 4 月台二版）。

12. 梁啓超，《中國歷史研究法》（台北：里仁書局，民國 73 年 10 月）。

13. 曾繁康，《中國政治思想史》（台北：大中國圖書公司，民國 48 年 10 月）。

14. 程南洲，《賈逵之春秋左傳學及其對杜預注之影響》（台北：文津出版社，民國 70 年）。

15. 雷家驥，《中古史學觀念史》（台北：學生書局，民國 79 年 10 月）。

16. 熊公哲，《荀子今註今譯》（台北：商務印書館，民國 79 年 10 月修訂四版）。

17. 劉節，《中國史學史稿》（廣州：中州出版社，1985 年 12 月）。

18. 蕭公權，《中國政治思想史》（台北：聯經出版公司，民國 81 年 10 月）。

19. 賴炎元注釋，《韓詩外傳今註今譯》（台北：商務印書館，民國 70 年 11 月四版）。

20. 錢穆，《國史大綱》（台北：商務印書館，民國 77 年 12 月修訂十六版）。

21. 瞿兌之，《秦漢史纂》（台北：鼎文書局，民國 68 年 2 月）。

22. 瀧川龜太郎,《史記會注考證》學人版（台北：洪氏出版社,民國 71 年 10 月再版）。

23. 顧頡剛,《漢代學術史略》（台北：啟業書局,民國 64 年 1 月二版）。

（二）外　文

1. Chen Chi-Yun, Hsun Yueb 〔A.D.148-209〕: The Life and Reflections of an Early Mediveal Confucian, Cambridge University Press, 1975., Hsun Yueh and the Mind of Late Han China, Princeton University Press, 1980.

三、期刊論文

1. 王爾敏,〈周禮所見婦女之地位及職司〉（《漢學研究》12 卷 2 期,民國 83 年 12 月）。

2. 李書蘭,〈漢紀史論的政治觀點〉（《史學史研究》,1985 年 3 月）。

3. 林麗雪,〈天人合一思想對兩漢政治的影響〉（下）（《書目季刊》9 卷 2 期,民國 64 年 9 月）。

4. 程南洲,〈東漢時代之春秋左傳學〉,（政治大學文學研究所博士論文,民國 67 年）。

5. 賀凌虛,〈荀悅的生平、著作及其基本觀念〉（《書目季刊》14 卷 1 期,民國 69 年 6 月）。

6. 勞幹,〈秦漢時期的中國文化〉（《大陸雜誌》4 卷 3 期,1952 年 2 月）。

7. 鄒賢俊,〈漢紀〉（收於《中國史學名著評介》第一卷,台北：里仁書局,民國 83 年 4 月台一版）。

8. 楊清龍,〈兩漢災異說影響下的人君行政措施〉（《華學月刊》131 期,民國 71 年 11 月）。

9. 蔣義斌,〈荀悅家學與漢末晉初史學〉（《史學彙刊》15 期,民國 76 年 7 月）。

10. 劉隆有,〈荀悅漢紀在史論方面的特色及其歷史地位〉（《史學史資料》,1980 年 4 月）。

11. 劉隆有,〈荀悅〉（收於《中國史學家評傳》上,河南：中州古籍出版社,1985 年 4 月）。

12. 劉隆有,〈極為治之體,盡君臣之義——荀悅史學思想試析〉（《史學史研究》,1983 年 4 月）。

13. 劉詠聰,〈漢代之婦人災異論〉（《漢學研究》9 卷 2 期,民國 80 年 12 月）。

14. 繆鉞,〈陳壽與三國志〉（收於《中國史學家評傳》（上）,河南：中州古籍出版社,1985 年 4 月）。

15. 戴君仁,〈天人相應〉（《孔孟學報》17 期,民國 58 年 4 月）。

16. 韓復智,〈兩漢經濟問題的癥結〉（《思與言》雙月刊 5 卷 4 期,民國 56 年 11 月）。